「十三五」国家重点图书出版规划项目
国家出版基金资助项目
国家社科基金重点项目「精准扶贫精准脱贫机制、路径和创新模式研究」（15AZD074）研究成果

扶贫机制创新的理论与实践

中国扶贫攻坚
前沿问题研究
丛书

ZHONGGUO FUPIN GONGJIAN
QIANYAN WENTI YANJIU CONGSHU

丛书主编◇黄承伟
本册著者◇张 琦 万 君 等

CNS | 湖南人民出版社

总序

加强中国新时代脱贫攻坚的理论创新和实践创新研究

习近平总书记在2018年新年贺词中指出："到2020年我国现行标准下农村贫困人口实现脱贫，是我们的庄严承诺。一诺千金。到2020年只有3年的时间，全社会要行动起来，尽锐出战，精准施策，不断夺取新胜利。3年后如期打赢脱贫攻坚战，这在中华民族几千年历史发展上将是首次整体消除绝对贫困现象，让我们一起来完成这项对中华民族、对整个人类都具有重大意义的伟业。"这既是打赢脱贫攻坚战的动员令，也为加强脱贫攻坚实践总结、理论研究指明了方向。

一

中国改革开放以来的扶贫开发取得了举世瞩目的减贫成就，新时代脱贫攻坚取得决定性进展，创造了人类发展史上的奇迹。

中国曾是世界上贫困人口最多的国家，也是世界上最早进行国家救助的国家之一。几千年来，在中华民族发展史上，扶危济困、改善民生始终是中国传统文化的内在追求。从先秦诸子百家倡导的"仁爱""民本""兼爱""大同"等思想理念，到中国共产党消除贫困、改善民生的使命追求，消除贫困始终是华夏民族孜孜不倦的向往追求。中国共产党成立至今97年来，一直把为人民谋幸福、为中华民族谋复兴作为使命。中华人民共和国成立以后，更是把全心全意为人民服务作为执政理念和根本宗旨，建立了社会主义制度，为消除贫困奠定了制度基础。改革开放以来，特别是从20世纪80年代中期开始，我国开始实施有组织、有计划、大规模的扶贫开发，先后制定实施了《国家八七扶贫攻坚计划（1994—2000年）》《中国农村扶贫开发纲要（2001—2010年）》，2011年颁布实施《中国农村扶贫开发纲要（2011—2020年）》。改革开放以来的中国扶贫开发取得了举世瞩目的成就，7亿多贫困人口脱贫，对全球减贫贡献率超过70%。

2012年11月，中国共产党召开第十八次全国代表大会。此后，以习近平同志为核心的党中央把扶贫开发纳入“五位一体”总体布局和“四个全面”战略布局进行部署，把贫困人口脱贫作为全面建成小康社会、实现第一个百年目标的底线任务和标志性指标，在全国范围全面打响了脱贫攻坚战，中国扶贫开发进入新时代脱贫攻坚阶段。经过全党全国全社会的共同努力，中国新时代脱贫攻坚战取得决定性进展。截至2017年末，全国农村贫困人口从2012年末的9899万人减少至3046万人，减贫幅度达到70%；贫困发生率从2012年末的10.2%下降至3.1%，累计下降7.1个百分点；年均脱贫人数1370万人，是1994—2010年间年均减贫人数的两倍多，取得了中国减贫历史上最好的成绩。脱贫攻坚明显改善了贫困地区的生态环境，促进了贫困地区农村基础条件的明显改善和公共服务水平的明显提升，明显提高了贫困地区基层治理能力和管理水平；脱贫攻坚激发了贫困地区贫困群众的内生动力，为建立稳定脱贫长效机制奠定了基础；脱贫攻坚还培养锤炼了一大批干部和人才，营造了良好的社会氛围。

联合国秘书长古特雷斯在致“2017减贫与发展高层论坛”的贺信中，高度评价中国的精准扶贫成就，称赞“精准减贫方略是帮助贫困人口、实现2030年可持续发展议程宏伟目标的唯一途径。中国已实现数亿人脱贫，中国的经验可以为其他发展中国家提供有益借鉴”。脱贫攻坚不仅成为中国特色道路自信、理论自信、制度自信、文化自信的生动写照，而且也成为全球反贫困事业的亮丽风景。

二

习近平扶贫思想为新时代脱贫攻坚理论创新和实践创新研究提供了指导思想。根据党的十九大关于脱贫攻坚的新部署新要求，新时代脱贫攻坚进入了决战决胜阶段，形成了新时代脱贫攻坚理论创新和实践创新研究的宏观背景。

习近平扶贫思想成为新时代中国特色社会主义思想的伟大创新，为新时代脱贫攻坚理论创新和实践创新研究提供了根本遵循。第一，习近平扶贫思想是马克思主义反贫困理论的继承和发展。习近平运用马克思主义立场、观点、方法，深刻思考中国贫困问题演变规律，基于长期担任地方领导的实践积淀，深刻阐述了中国扶贫开发在治国理政中的战略地位作用，科学提出了精准扶贫精准脱贫方略，鲜明指出了深化国际减贫合作、共建人类命运共同体的前进方向，是马克思主义反贫困理论中国化的最新成果。第二，习近平扶贫思想体现了中国传统优秀文化继承及与现代的结合。习近平创新性地提出文化自信，作为“四个自信”的重要内容。显然，中国几千年的优秀传统文化滋养和涵养着习近平扶贫开发思想。第三，习近平扶贫思想具有丰富内涵。坚持党对脱贫攻坚的领导，是政治基础；实施精准扶贫精准脱贫，是思想内核；构建大扶贫格局，是动力保障；激发内生动力，是目标导向；实行最严格考核制度，是根本要求；携手共建人类命运共同体，是价值取向。六个方面的重要思想逻辑严密、自成体系，具有长远性、普遍性，是中国特色社会主义的重要理论创新和实践创新。第四，习近平扶贫思想具有鲜明的理论品格。集中体现在人民性、实践性、科学性、开放性、国际性等方面，这些理论品格和新时代中国特色社会主义思想所贯穿的精神实质完全一致，为我们解决贫困问题、制定更好的扶贫政策提供了思想方法和指导原则。第五，习近平扶贫思想的核心——精准扶贫精准脱贫方略，不仅为打赢脱贫攻坚战提供了理论武装和思想动力，而且对推进国家治理体系和治理能力现代化具有方法论的意义。第六，习近平扶贫思想呈现出巨大的国际价值。这种价值体现在习近平扶贫思想回应了其他发展中国家在解决贫困问题中的世界难题，比如：如何在经济下行、经济复苏缓慢进程中发挥政府在减贫中的主导作用，更好地动员更多力量、构建更完善有效的贫困治理体系？如何通过由上到下、由下到上的互动，形成一个更精准的识别机制，把大规模的贫困人口识别出来？如何采用更综合性、更体系化的机制应对综合性贫困、多维贫困的治理挑战？等等。伟大的思想引领伟大的实践。习近平扶贫思想的中国实践既是扶贫理论实践研究的动力，更为新时代脱贫攻坚理论创新提供了广阔的发展空间。

新时代脱贫攻坚的艰巨性、复杂性进一步凸显，对新时代脱贫攻坚理论创新和实践创新研究提出了新挑战、新需求。习近平总书记指出，脱贫攻坚不是敲锣打鼓一下子就能够完成的。随着攻坚进入深水区、决胜期，其艰巨性、复杂性在多个方面呈现。第一，在最贫困的地方按照最精准的要求开展扶贫工作，各种不精准问题的必然性就是其中的重要挑战。这些挑战在实践中贯穿精准扶贫真正生根落地的全过程。如何通过深入总结不同的实践，总结各种成功做法，从而促进精准扶贫真正落地生根，成为需要研究的重要议题。第二，党的十九大把精准脱贫作为三大攻坚战之一，而且有明确的时限、明确的目标，是中国共产党对人民、对全球的庄严承诺，必须兑现。打好精准脱贫攻坚战，攻克深度贫困地区脱贫任务是关键的关键。深度贫困问题，包括深度贫困区域、深度贫困群体以及深度贫困中的深度贫困。所谓深度贫困中的深度贫困，是指老人、留守妇女、残疾人等深度贫困群体中的特殊贫困群体，解决这类特殊贫困群体难度更大、更复杂，是“坚”中之“坚”。第三，激发内生动力的问题。习近平总书记高度重视扶贫同扶志扶智相结合，多次对此做出重要论述、重要批示。贫困人口内生动力的激发培育是一个世界难题，不少拉美国家陷入福利陷阱，形成“养懒汉”现象，根本原因就是没有把内生动力的建立、提高作为扶贫的根本目标。对于我国脱贫攻坚实践中出现的各种对政府过于依赖的思想、行为，必须予以高度关注和切实解决。同时，内生动力的建立需要以社会整体发展、整体提升为支撑。如果整个社会风气没有在脱贫攻坚战中得到相应的改善，全社会互助互爱的社会氛围没有在高强度的脱贫攻坚投入中形成，都是脱贫攻坚战没能打好的表现。这也体现了脱贫攻坚战的艰巨性和复杂性。上述三个方面的问题，是目前最突出的，需要持续、深入地研究，寻找问题演变规律，形成破解难题对策。

新时代脱贫攻坚的战略性、长期性特征逐步呈现，要求新时代脱贫攻坚理论创新和实践创新研究立足当前、面向长远。脱贫攻坚的战略性和长期性集中体现在习近平总书记在党的十九大报告中提出的"脱真贫、真脱贫"要求上。这六个字富含哲理，意味着脱贫攻坚既是短时间内要实现的目标，更是长远治理要实现的目标。"脱真贫"，要求各种资源一定要瞄准贫困人口，一定要保证经济社会发展中落在后面的区域和群体能够通过精准扶持，赶上主流发展的水平。这是解决不平衡、不充分发展的前提，是实现共同富裕的基础。如何把脱真贫落到实处，不仅是短期问题，更是长期问题。还应该看到，脱贫攻坚建立的治理体系，不是到2020年就结束了，而是将在2020年后的扶贫工作中继续发挥作用，确保始终实现脱真贫。"真脱贫"，富含一系列精准脱贫体系。从政策资源的整合投入、大扶贫格局的完善、东西部扶贫协作、攻克深度贫困地区脱贫任务、扶贫同扶志扶智结合，到实行最严格的考核评估制度，都是围绕真脱贫而逐步形成的精准脱贫体系。同样，这套治理体系也不应随着2020年脱贫攻坚战的结束而结束，而是要在新征程的发展中继续发挥真脱贫的作用。由此，扶贫理论实践的研究，不仅要总结研究经验的有效性，更需要从制度、机制、理念等层面研究脱贫攻坚制度体系对于国家更平衡发展、更充分发展，为我们实现共同富裕的进程奠定基础的角度，进行总结和判断、提炼。

脱贫攻坚取得决定性进展所呈现的多重意义及深远影响，为新时代脱贫攻坚理论创新和实践创新研究提供了新视角新议题。就一般性的总结来说，脱贫攻坚成效明显，贫困人口大幅度减少，贫困地区基础设施明显改善，公共服务水平不断提高，同时锻炼了干部，促进了大扶贫格局的完善，营造了更好的社会氛围。除此之外，脱贫攻坚的意义和影响还体现在以下方面：第一，打赢脱贫攻坚战是中国2020年前发展的底线任务。实际上，从人类发展史看，任何的发展阶段，减贫都是必须面对的底线任务。如何分析其中蕴含的规律，需要深入研究。第二，脱贫攻坚中形成的理论和实践启示，对于农村治理、乡村振兴、新发展理念的落实，都具有重要价值，这些价值需要总结、提炼和转化。第三，在脱贫攻坚中体现出的“短板意识”“底线思维”，是国家治理的宝贵经验。“短板意识”不仅重视在现实发展进程中促进均衡发展，促进不平等状况的改善，更重要的是提供了科学的思维方法，这对完善政策，提升社会经济发展的包容性有重要启示。第四，从价值观层面看，脱贫攻坚是以人民为中心的发展思想的生动体现和实践。以人民为中心是中国共产党最重要的发展理念，是初心和使命。脱贫攻坚正是最能呈现共产党执政理念、呈现初心的最生动实践。如何理解和体现习近平扶贫思想的价值观及其影响，是需要加强研究的重要内容。第五，脱贫攻坚成就成为坚定“四个自信”的重要载体。有效解决最底层、最贫困人群的脱贫和发展问题，体现发展尊严，这是中国特色社会主义制度优越性的呈现，这就是制度自信、道路自信、理论自信和文化自信的底气。第六，脱贫攻坚是国家治理体系和治理能力现代化的呈现。习近平扶贫思想引领下的脱贫攻坚，逐步建立中国特色扶贫制度体系，是国家治理体系的重要组成部分。打赢脱贫攻坚战的过程，实际上就是国家治理能力现代化的过程。可见，新时代脱贫攻坚理论实践研究，不仅需要从直接影响效果层面进行全面总结，而且需要从更高、更理性层面，从治国理政层面，从中国共产党执政新思想新理念层面进行深入系统的理论凝练。

三

习近平扶贫思想指引下的新时代脱贫攻坚的理论创新和实践创新，产生了一系列总结研究新议题，这些研究将为打赢脱贫攻坚战提供理论支撑，将推进中国特色扶贫开发理论的丰富发展以及为全球减贫治理提供中国智慧、中国方案。

新时代脱贫攻坚理论创新和实践创新研究，是习近平扶贫思想引领中国扶贫理论丰富发展的需要。很显然，中国最终要为全球、为全人类的进步做出更大的贡献，扶贫是不可或缺的重要领域。扶贫的贡献不仅仅体现在贫困人口的减少，更体现出支撑减贫成效的理论体系具有普遍价值，而这套中国特色扶贫理论正是在习近平扶贫思想的引领下得到了不断丰富和发展。基于实践创新提炼理论创新成果，既是习近平扶贫思想价值的体现，也是在习近平扶贫思想引领下推动实践创新取得的重要成效。只有经过足够的理性思考和理论提炼，中国的扶贫经验才能形成新的理念，才能既可用于指导脱贫攻坚进程，也可为2020年后扶贫工作提供理性层面的指导。新时代脱贫攻坚理论创新和实践创新的目的，正是适应国家扶贫战略转型、新贫困治理体系构建奠定理论基础的需要。

新时代脱贫攻坚理论创新和实践创新研究，是完善脱贫攻坚顶层设计及其政策体系的需要。脱贫攻坚战打响以来，中央致力于脱贫攻坚的顶层设计，创新建立了责任、政策、投入、动员、考核、督查等六大制度体系，出台了两百多项政策，全党、全国、全社会都动员起来了。从顶层设计到基层落实，各种政策与实际的适应以及产生的综合效应需要评估，以为部分政策的完善提供依据。当然，这里的总结不仅是一般性的经验总结，而更应该是从理性层面进行深入思考的普遍性、规律性总结。这样的总结，才能够为进一步完善顶层设计、完善政策措施提供有力支撑。

新时代脱贫攻坚理论创新和实践创新研究，是深化精准扶贫、不断提高脱贫攻坚管理水平的需要。习近平总书记2017年提出了深化精准扶贫的重要思想。深化精准扶贫，需要对实践进行梳理总结，需要明确深化方向，需要把深化落到实处。只有在深化精准扶贫精准脱贫过程中，不断解决现存问题，才能实现从以顶层设计为主向完善顶层设计和促进政策落实并重转变，促进脱贫攻坚管理水平的不断提高。而只有脱贫攻坚管理水平不断提高，精准扶贫、精准脱贫工作中所产生的问题和风险才能够得到及时的化解和防范。由此证明习近平扶贫思想的科学性和正确性。

新时代脱贫攻坚理论创新和实践创新研究，是充分发挥典型引领作用、有力有效地推进工作的需要。从全国看，各地涌现出各种各样的脱贫攻坚典型。总结、推广一批立得住、叫得响、可复制的好典型，对于引领扶贫工作可以起到提高效果、减少成本、培养队伍、激发理念、推动创新的作用。需要从丰富的成功实践中总结、提炼经验，加以理性地总结运用，充分发挥典型的示范引领作用。

新时代脱贫攻坚理论创新和实践创新研究，是营造良好社会氛围、广泛动员社会参与脱贫攻坚的需要。通过总结研究，其成果一方面用于促进顶层设计、政策措施的不断完善，另一方面通过总结推出一系列生动案例和成功实践，可以让更多人在更大范围形成共识，这对于社会良好氛围的形成无疑具有重要推动作用。比如，2017 年有一位残疾人通过办电商平台，自强自立并带动邻里脱贫，这看起来只是一件小事，但是，它所产生的社会正能量却是不可估量的。其中的精神就需要总结、需要研究。再比如，一些革命老区，在脱贫攻坚中，把老区精神、优秀传统文化结合起来，探索出各种文化扶贫、精神扶贫模式。这既是中国共产党精神财富的传承，更是夯实党的执政基础的重要途径。加强这方面的实践总结和理论研究，其重要性不言而喻。

新时代脱贫攻坚理论创新和实践创新研究，是讲好中国扶贫故事、增强中国软实力和参与全球治理话语权的需要。中国扶贫实践特别是脱贫攻坚波澜壮阔的伟大实践，需要总结，需要研究，需要凝练。通过丰富的中国扶贫故事、科学的中国扶贫理论，可以以理性的方式让国际社会更深入地了解、理解中国的减贫事业。讲好中国扶贫故事，需要对实践的生动呈现，需要用更生动的方式、国际化的语言和视野，促进中国扶贫经验的国际分享。

四

湖南人民出版社组织的“中国扶贫攻坚前沿问题研究”丛书，是新时代脱贫攻坚理论创新和实践创新研究的尝试和探索，也是至今关于新时代脱贫攻坚最为全面的理论读物。

该丛书被列入“十三五”国家重点图书出版规划，并获得2018年国家出版基金资助，这表明这套丛书得到了国家层面的认可，体现了丛书出版的价值。丛书共10卷。1卷1个主题，10个方面的选题都是扶贫攻坚的前沿问题。所谓前沿问题，是指在扶贫实践中呈现出趋势，但在理论研究上尚未深入开展，而且很可能对扶贫政策产生影响的问题集合。

第1卷《减贫目标与减贫手段》，在分析以人民的幸福感作为扶贫目标的背景和意义的基础上，阐释了党和国家与时俱进调整减贫的手段和任务。全书围绕扶贫手段的变与扶贫脱贫目标的不变这一矛盾统一体的对立统一关系展开。

第2卷《多维贫困与贫困治理》，通过总结贫困测量的国际国内理论与实践发展进程及趋势，分析多维贫困的特征及测量方法，探讨当前贫困类型的精准识别问题和未来的发展趋势，阐释了各种贫困治理模式的理论成果和实践效果。

第3卷《三维资本协同反贫困机制》，总结了扶贫从物质资本范式到人力资本范式再到社会资本范式的历程及模式，对扶贫理论框架中涉及的基础概念及物质资本、人力资本、社会资本等三维资本结构做了原创性的界定和内涵延伸，构建了三维资本结构的扶贫理论框架及作用机制，阐述了三维资本协同激发内生动力的机理及对策。

第4卷《社会保障与减贫发展》，从贫困、减贫与社会保障概念出发，阐述了社会保障减贫发展的机理，深入分析社会保障视角下的贫困和贫困人口特征以及社会福利、社会保险、社会救助与减贫发展的关系，总结论证了社会保障与扶贫开发的衔接与协作，对社会保障减贫发展进行了展望。

第 5 卷《新型城镇化与减贫发展》，围绕新型城镇化快速进程中如何脱贫发展这一主题，深刻地阐述了如何通过建机制、转方式，在城乡统筹发展的框架下实现工业化与农业现代化相协调，人口、经济、资源与环境相协调，大中小城市与小城镇相协调，人口积聚、“市民化”与基本公共服务相协调，按照产城融合、节约集约、生态宜居的路子走下去等诸多重大理论和实践问题。

第 6 卷《扶贫对象主体性与组织化》，从扶贫对象的组织化定义、内涵、意义出发，对扶贫对象主体性建构过程进行了回顾总结，分析了扶贫对象主体性的现状，阐述了扶贫对象主体性建构动力，从组织化视角分析了扶贫对象主体性的实践，对扶贫对象组织化进行了反思，就社会工作参与扶贫对象组织化提出了相关建议。

第 7 卷《扶贫机制创新的理论与实践》，系统回顾了中国农村扶贫开发的历程，系统分析新时代脱贫攻坚面临的新形势以及新战略定位，全面阐述扶贫攻坚机制创新的目标任务、农村扶贫开发模式创新发展重点，指出扶贫机制模式创新的发展趋势和规律，阐释了扶贫机制的理论创新和实践创新。

第 8 卷《政府市场社会大扶贫格局》，针对扶贫工作“政府热、社会弱、市场冷”的局面，阐述构建政府、市场和社会三者之间各司其职、协调发展、共同作用的和谐互动模式和符合国情、政情的“政府主导、市场能动、社会参与”的中国特色大扶贫格局，总结提炼了国内外引导并鼓励社会力量和市场力量参与扶贫工作的经验及模式。

第 9 卷《政治制度优势与贫困治理》，以中国减贫发展的政治制度承诺为导论，回顾了中国减贫发展的政治逻辑，对深化贫困治理面临的制度挑战进行分析，阐述了精准扶贫与中国政治制度的立体嵌构关系，总结了贫困治理与社会建设的关系和以党建促扶贫的政治定力，通过地方探索的成功案例，呈现了政治制度优势与贫困治理关系，最后以从贫困治理到建设人类命运共同体的大国担当作为结论。

第 10 卷《精准扶贫精准脱贫方略》，系统地分析和阐释了精准扶贫精准脱贫方略提出与形成的国际国内背景、基本内涵、重要内容、实施体系和重大意义，总结评估了精准扶贫精准脱贫从顶层设计到基层落实的实践现状、主要做法、经验和模式。以习近平精准扶贫思想为指导，论证了精准扶贫精准脱贫方略的创新发展方向。

丛书体现了以下特点：一是始终坚持以习近平扶贫思想为指导，二是始终坚持问题导向，三是坚持规范性与实证性相结合，四是坚持理论性和前瞻性并重。

五

党的十九大把打好精准脱贫攻坚战作为决胜全面小康社会的三大攻坚战之一，再次展现了中国共产党决战决胜贫困的信心和决心。2018 年 5 月 31 日，习近平总书记主持召开中央政治局会议，审议《关于打赢脱贫攻坚战三年行动的指导意见》，对未来三年打赢脱贫攻坚战做出全面部署，新时代脱贫攻坚的理论创新和实践创新研究的重要性将进一步凸显。

到 2020 年，中国将在人类历史上第一次消灭绝对贫困问题，这注定会载入人类发展的史册。但消灭绝对贫困现象，并不意味着中国与贫困做斗争的事业终结。随着经济社会的快速转型，相对贫困问题的有效治理将成为推动乡村振兴战略、城乡一体化发展和社会主义现代化建设中的重大议题。

2020 年后中国将继续加强扶贫工作。首先，这是由中国共产党的性质决定的。中国共产党的初心和使命，就是为中国人民谋幸福，为中华民族谋复兴。扶贫开发，最能体现中国共产党的初心和使命，最能体现中国共产党以人民为中心的发展思想，最能体现中国共产党的宗旨和社会主义的本质要求。其次，理论和国际发展实践表明，任何社会，即使是发达国家，总会存在一定比例的相对贫困人口。扶贫开发，是中国解决新时代不平衡不充分发展主要矛盾的重要举措，是实施乡村振兴战略的重要基础，是逐步实现共同富裕的重要途径。再次，从国内外减贫历史看，扶贫工作往往会进入“扶贫—脱贫—返贫”的恶性循环，要打破这一循环，就必须始终保持对扶贫工作的重视，避免贫富差距越拉越大，增加工作成本及难度。最后，我国是全球最大的发展中国家，人口众多，不管采取什么标准，相对贫困人口规模都不会小，短期内很难像西方国家那样主要通过福利救济兜底解决贫困问题，必须坚持开发式扶贫和保障性扶贫结合，不仅要减贫，而且要通过开发增强贫困人口的劳动技能，提升民族的整体素质。

今后三年，中国政府在全力打赢打好脱贫攻坚战的同时，将同时研究2020年后扶贫战略，这既是建立稳定脱贫机制的需要，更是实现脱贫攻坚战和战后扶贫工作无缝衔接的需要；既是中国共产党向第二个百年奋斗目标进军的需要，也是在提前10年完成联合国2030年发展议程减贫目标的基础上继续引领全球减贫事业、为全人类做出更大贡献的需要。

立足当前三年，面向新征程的长远，加强新时代脱贫攻坚理论创新和实践创新研究，更显得紧迫而重要。一方面，需要加强精准扶贫精准脱贫前沿问题研究，为完善相关政策、确保打赢脱贫攻坚战提供参考。另一方面，需要加强2020年后扶贫工作的相关研究。可以预期，中国在2020年后将瞄准相对贫困问题，需要在扶贫标准、目标任务、工作范围、基本方略、体制机制、政策体系、保障措施等方面开展深入研究，同时有力、有效地向国际社会推介习近平扶贫思想和中国减贫方案，为全球减贫贡献中国智慧。

但愿本丛书的出版，能够为推动中国新时代脱贫攻坚理论创新和实践创新研究贡献一份微薄力量。

2018年6月

目录

第一章 概述

党的十八大以来，党和国家高度重视扶贫开发任务，多次强调消除贫困、改善民生、逐步实现共同富裕，是社会主义的本质要求，是我们党的重要使命；指出扶贫开发事关全面建成小康社会，事关人民福祉，事关巩固党的执政基础，事关国家长治久安，事关我国国际形象。十八届五中全会更是明确到2020年我国现行标准下农村贫困人口实现脱贫，贫困县全部摘帽，解决区域性整体贫困的历史任务。中国政府也多次在不同场合郑重承诺未来5年，每年减贫1000万人口。这诸多表态和承诺，无疑对我国未来一个时期的脱贫攻坚提出了更高、更严的要求，可以说，完成2020年脱贫攻坚任务，时间愈发紧迫、任务愈发艰巨。截至2016年底，我国仍有4335万贫困人口，中国的确进入了脱贫攻坚啃硬骨头、攻坚拔寨的冲刺期。因此，亟须在扶贫脱贫机制进行创新，助力我国脱贫攻坚历史任务的完成。系统回顾我国扶贫机制的创新历史，探讨当下我国扶贫机制面临的现实挑战和历史担当，扶贫机制创新的迫切性和历史责任担当，成为新时代面临的重要任务。

一、历史追索：我国扶贫机制的艰难摸索

中华人民共和国成立以来的扶贫机制变化，明显地分为六个阶段，不同阶段的贫困状况有所不同，扶贫机制也有所差别，随着扶贫开发事业的不断发展，我国的扶贫机制在不断的艰难摸索中逐步完善。

（一）1949—1978 年：大规模绝对贫困与小规模救济式扶贫共存

1949 年，百废待兴的新中国面临的是大规模的绝对贫困。由于经历长期战乱，彼时中国人民的收入水平和生活水平都极度低下，中国人均国民收入只有 27 美元，是世界上最贫穷的国家之一。虽然目前还没有确切的 1949 年至 1978 年的贫困人口和贫困发生率的具体数据，但从现有的资料和研究来看，可以说在 1949 年到 1978 年之间，中国面临的是大规模的、普遍的绝对贫困。1995 年，世界银行以“马丁法”测算农村的贫困线，马丁法的基本前提是每人每天需要 2100 大卡的营养摄入量，然后再折算食品支出和非食品支出，确定具体的贫困线。因此，有学者以 2100 大卡营养摄入量为基线，研究了 1978 年以前我国的贫困状况，发现 1957 年至 1977 年间，我国农村居民的人均热量摄取量都小于 2100 大卡，说明这个时期农民平均营养水平都未达到维持人体最低营养需要的标准，也说明全国农村基本都处在绝对贫困之中。此外，研究还发现，从 1949 年至 1978 年的 30 年间，农民的营养摄入水平也一直没有发生太大的变化。①

这一时期，我国的扶贫机制是小规模的救济式扶贫。由于人口数量大、贫困程度深，国家整体的经济发展水平、社会治理水平还较为低下，农村的贫困状况还很难有大的改变。针对贫困地区，这一时期国家开展了一些基本社会建设，主要有：一是在全国开展了大规模的基础设施建设，改善了农村交通条件和灌溉设施；二是在全国建立了农村信用合作体系，发展了农村基础教育和农村基本医疗卫生事业；三是初步建立了以社区“五保”制度和农村特困人口救济为主的社会基本保障体系。但是，这一时期党和政府没有能力对贫困人口展开大规模的扶贫救助，只能采用小规模的救济扶贫手段。新中国农村扶贫试点工作恰恰开始于这种小规模的救

① 周彬彬，高鸿宾．对贫困的研究和反贫困实践的总结［J］．经济开发论坛，1993（1）．

济式扶贫手段：1951 年初，热河省民政厅首先提出，只有帮助贫困群众发展生产，才能从根本上摆脱贫困，并制定出扶助贫困户发展生产的办法，解决他们生活上的困难。该省将中央下拨的 25 万元贷款，用来购买了 3000 余头耕畜，分别贷给隆化、宁城、平泉等 11 个县的贫困户，帮助他们解决缺少畜力的困难。银行下拨了种子贷款、牲畜贷款共计 74.8 万元，重点贷给贫困户。这些扶持，消除了贫困户的悲观失望情绪，使他们能够安心进行生产，逃荒现象大量减少。5 月，热河省民政厅向政务院、内务部提交了《扶助困难户生产的报告》。时任国务院副总理的黄炎培做出批示："扶助困难户生产，是值得努力的一件事。希望热河积累经验，使困难村户逐渐减少，做出一个典型来。"① 从此，救济式扶贫登上了历史舞台，随着人民公社化的进程，这种针对贫困户的救济式扶贫也逐步拓展到公社和大队，救济式扶贫成了这个时期我国脱贫扶贫的主要方式，虽然没有大规模地缓解当时我国贫困状况，但在脱贫扶贫机制上做了有益的探索。

（二）1978—1985 年：农村改革催生扶贫脱贫机制探索

1978 年开始，我国进入新的历史阶段，经济、社会发展重新步入正轨，对农村的扶贫开发工作也更加重视。在此期间，随着农村改革的逐步深入，对贫困人口、贫困地区的扶贫方式也逐步发生变化，纯粹的"输血式"救济式扶贫开始向"造血式"开发式扶贫转变。

在农村改革推动减贫方面，通过家庭联产承包制、农产品价格改革、农村市场化改革大幅缓解了农村的贫困状况：第一，农村家庭联产承包责任制试点推广和普遍推行。经过由人民公社集体经营到家庭联产承包责任

---

① 当代中国丛书编辑委员会. 当代中国的民政（下）[M]. 北京：当代中国出版社，1994：166.

制的推行，农民拥有了使用和管理土地的权利，大大提升了农民的生产积极性，提升了农村生产率，提高了农民收入，对农村减贫起到了至关重要的作用。第二，改革农产品价格制度。改变了长期实施的工农产品价格“剪刀差”制度，中央大幅度提高了农产品的收购价格，从而增加了农民的收入。第三，推进农村市场化制度改革。在农产品交易上逐渐建立以市场化为导向的资源配置机制，从完全限制到鼓励农村劳动力进城务工、经商，提升农村整体收入水平，带动了农村减贫。

在扶贫脱贫机制探索方面，主要是开始探索“造血式”的开发式扶贫。1982 年 12 月，国家经委、民政部、财政部等 9 个部委联合发出的《关于认真做好扶助农村贫困户工作的通知》指出，各地要有计划、有组织地从人力、物力、财力上积极帮助贫困户发展生产和解决生活困难，要从各地的实际情况出发，采取多方面的措施帮助贫困户摆脱贫困。该通知的历史意义不仅在于催生各地成立专门的扶贫机构，更重要的在于意识到了“造血式”扶贫的重要意义，开始强调扶贫开发过程中的“扶志”和“扶本”。1984 年，中共中央、国务院出台《关于帮助贫困地区改变面貌的通知》，这是中华人民共和国成立后第一次把扶贫工作作为国家重点任务执行。该文件明确了扶贫理念和思想，由原先救济式的扶贫理念转变为增强地区内部发展的扶贫理念。强调要进一步放宽政策，实行比一般地区更灵活、更开放的政策；减轻负担，给予优惠；搞活商品流通，加速商品周转；增加智力投资和加强领导，督促各项措施的落实。在此期间，我国开始实施“以工代赈”和“三西”农业建设等专项扶贫政策。其中“三西”农业发展政策主要是针对甘肃河西、定西和宁夏西海固而实施的专门的区域性扶贫政策。

（三）1986—1993 年：大规模、有组织地以区域发展带动扶贫开发的新机制开始确立

改革开放后，农村优先减贫，农村改革成效显著，大大缓解了农村贫困。但是，市场化改革的推进也逐渐引起农村贫困的新问题：一方面，在连续的农业大丰收后，1986 年农业产量开始出现减产，农产品购销体制面临新的变革。另一方面，城市改革开始推进，国内工业企业承包制开始实施，农民收入快速增长势头受到城市经济和工业企业快速增长的冲击，全面改革使农村发展失去优先效应，农村经济增长对减贫的拉动作用变弱。与此同时，国内工业品上涨和消费品物价上涨，对农村经济、农业发展和农户增收形成了一定冲击。在此情况下，依靠整体性的制度变革和依赖经济增长拉动的扶贫模式效应下降，扶贫脱贫面临着新瓶颈和新挑战。针对新形势下的问题和挑战，我国扶贫开发政策进行了大幅度调整，从减贫思路理念和方式上进行全面改革，扶贫开发在目标性和系统性确立方面有了新的变革和创新，扶贫开发机制也有了新的变化：

在组织建设层面，建立专门的扶贫机构，推进减贫工作规范化、有序化。80 年代初，在农村调整产业结构的新形势下，扶贫工作开始向工业、服务业等第二、第三产业发展，使贫困户联合起来，治穷致富，发挥更好的效益。山西省潞城县东邑乡在扶贫工作中率先闯出了一条新路子，通过组建扶贫扶优服务中心，组织了 200 多名贫困对象为当地工厂挖土方，运石料以增加收入，仅 3 个月就收入 3.3 万元，人均收入 150 至 200 元。1984 年 10 月，民政部在长治市召开了东邑乡现场经验交流会，推广该乡创建扶贫、扶优经济实体的经验。此后，全国相继办起了一大批各种形式的经济实体和经济联合体，专业扶贫队伍的作用也逐步凸显。在此基础上，1986 年 5 月 16 日，成立了国务院贫困地区经济开发领导小组，领导

全国扶贫开发工作，自此，大规模、有组织的扶贫开发活动正式进入中国的政治生活。

在扶贫机制层面，确定了国家重点扶持的贫困线，在此基础上明确了以区域发展带动扶贫开发的总体思路，实现了救济式扶贫向开发式扶贫的转型。1986 年国家根据贫困程度确定了 331 个国家重点扶持贫困县，对照国家做法，各省份另确定 368 个省级重点贫困县；1987 年，国务院《关于加强贫困地区经济开发工作的通知》针对我国 18 个集中连片贫困带划定了 592 个国家重点贫困县，确立以县级行政单元为地域单元的扶贫标准，并针对贫困县出台了一系列优惠政策，通过基础设施建设和特色产业培育等方式，增强贫困地区和贫困人口的内生发展能力。1994 年，国家制订《国家八七扶贫攻坚计划（1994—2000 年）》，进一步确定了国家级贫困县 592 个。在这一阶段，我国扶贫政策主要呈现出两个特点：一是区域性，以县为单位，强调区域重点扶贫；二是组织性，通过建立反贫困组织，对扶贫对象、扶贫区域、扶贫机制、扶贫资金等进行系统谋划，这有助于提升减贫效果。

（四）1994—2000 年：扶贫开发机制的初步完善阶段

经过改革开放后一系列的扶贫开发工作，中国大规模的绝对贫困得到了很大程度的缓解。1994 年，国家制订了《国家八七扶贫攻坚计划（1994—2000 年）》，决定用 7 年时间在千禧年来临之前解决当时处于标准贫困线以下的 8000 万贫困人口。随着“八七扶贫攻坚计划”的全面推进，扶贫开发机制也进一步得到了完善，为 2000 年以后的扶贫开发工作夯实了基础。在此期间，扶贫开发机制在以下几个方面得到创新和完善：

第一，贫困人口能力建设成为扶贫开发过程中重要的一环。这一时期，“春蕾计划”“希望工程”等关注贫困人口教育发展的大型工程开始推进，“八七扶贫攻坚计划”专门安排了“贫困地区九年制义务教育”资金用于贫困地区教育事业发展。同时，通过东西协作等手段推进了劳动力转移、科技扶贫等多元化的扶贫措施，大大地提升了贫困人口的能力建设水平，大幅度提高了贫困地区和贫困人口的自我发展能力，使之较快地走上了脱贫道路。

第二，东西协作机制初步建立。1996 年 2 月 13 日，国务院扶贫开发领导小组向国务院提交了《关于组织经济较发达地区与经济欠发达地区开展扶贫协作的报告》，确定北京市与内蒙古自治区，天津市与甘肃省，上海市与云南省，广东省与广西壮族自治区，江苏省与陕西省，浙江省与四川省，山东省与新疆维吾尔自治区，辽宁省与青海省，福建省与宁夏回族自治区，大连、青岛、深圳、宁波 4 个计划单列市与贵州省开展扶贫协作。此项机制后经逐步完善，东西之间开展了全方位的交流和互动，从东西扶贫协作 20 年的实践来看，东西协作为加快西部贫困地区的减贫进程，促进政治稳定、民族团结、边疆巩固和区域协调发展起到了重要作用，也充分体现了我国的制度优势和政治优势，是小平同志共同富裕和两个大局战略思想最生动的实践。

第三，开始将特殊困难群体、贫困人口纳入扶贫脱贫的重点，以此为契机也催生了社会扶贫机制的萌发。1998 年制订《残疾人扶贫攻坚计划》，使残疾人扶贫纳入国家扶贫脱贫整体规划中。与此同时，国内外民间机构开始参与到扶贫脱贫工作中。如联合国开发计划署、联合国难民署、联合国人口基金、联合国环境规划署等在我国设立扶贫项目或者通过向我国扶贫减贫提供贷款资金等形式支持和参与我国减贫事业，为社会扶贫奠定了基础。

第四，扶贫监测系统构建和实施。在 1992 年国务院扶贫开发领导小组研制的《贫困县经济开发统计报表》基础上，1995 年根据国家统计局计算确定了贫困标准，进而在 1997 年增加对贫困县农户抽样调查和对扶贫政策实施及减贫情况进行监测。扶贫检测系统的建立，为科学扶贫提供了必要的支撑。

（五）2001—2010 年：综合性扶贫开发的大扶贫机制全面建立

2000 年以后，减贫效果的边际效应递减现象愈发突出，农村贫困问题也愈发复杂，尤其是影响农村贫困人口增收的体制性问题愈发凸显，2001 年，中央出台了《中国农村扶贫开发纲要（2001—2010 年）》。在这一纲领性文件的指导下，农村的扶贫工作进入了综合性扶贫开发的大扶贫时代。

第一，影响农民增收的体制性问题得到解决。进入新世纪以来，中央对农村政策进行了大刀阔斧的改革，2003 年全面取消农业税，2006 年开始建设社会主义新农村，2007 年实行农村义务教育阶段免费教育，并建立农村最低生活保障制度，实行新型农村合作医疗制度等，都对农村扶贫脱贫起到了重要的推动作用。

第二，区域发展带动扶贫开发的机制有了大幅创新。进入 21 世纪，尤其是 2003 年后，我国经济进入新一轮增长周期，资源约束日益凸显。我国由非均衡发展战略进入均衡发展战略新阶段，并从区域轮动进入西部大开发、振兴东北老工业基地和中部崛起的区域联动新阶段，通过对西部、中部、东北部的整体开发，有力地促进了当地的减贫事业发展。

第三，扶贫瞄准机制得到进一步完善。扶贫瞄准机制的完善体现在两方面：一方面，扶贫区域的瞄准机制得到完善，在此期间，将扶贫工作重点县放在西部地区，同时，确定贫困村为扶贫瞄准对象，以村为单位进行综合开发和整村推进的参与式扶贫全面实施，集中整合多方面、多部门资金和资源，将农民建房、土地整理、宅基地整理复垦、基础设施配套、土地流转和农业产业化经营等农村发展项目进行统一谋划、统一推进。另一方面，扶贫技术也更加完善，更加注重科学技术、教育和医疗卫生事业在扶贫开发中的作用，更加积极推进产业扶贫，加大扶贫可持续性能力建设力度，积极开展生态移民和易地扶贫搬迁工作，小额信贷等金融扶贫试点也开始出现并发挥重要作用。

（六）2011 年以来：精准扶贫机制推动脱贫机制全面创新

2011 年，中央制定和出台了《中国农村扶贫开发纲要（2011—2020 年）》，这是我国农村扶贫开发领域又一具有指引性的重要政策，标志着我国在上一阶段扶贫工作圆满完成后进入一个新的起点。

区域发展与精准扶贫结合机制融洽发展。该纲要将区域发展与扶贫攻坚充分结合，从扶贫理念、扶贫内容、扶贫方式以及扶贫对象等方面进行新一轮的调整和改革，以 2020 年全面建成小康社会为目标，对我国贫困地区和贫困人口实施扶贫攻坚计划。同时，明确了扶贫开发转向以集中连片特殊困难地区为主战场，即国家将六盘山区、秦巴山区、武陵山区、乌蒙山区、滇桂黔石漠化区、滇西边境山区、大兴安岭南麓山区、燕山—太行山区、吕梁山区、大别山区、罗霄山区等区域的连片特困地区和已明确实施特殊政策的西藏、四川藏区、新疆南疆三地州作为扶贫攻坚主战场。

贫困县考核机制、精准扶贫工作机制、干部驻村帮扶机制、财政专项扶贫资金管理机制、金融服务机制、社会参与机制等重点机制得到全面创新。2014 年以来，“精准扶贫”的提出又极大地推动了我国扶贫脱贫机制的全面创新。2014 年 1 月，中央出台了《关于创新机制扎实推进农村扶贫开发工作的意见》，明确提出了改进贫困县考核机制、建立精准扶贫工作机制、健全干部驻村帮扶机制、改革财政专项扶贫资金管理机制、完善金融服务机制、创新社会参与机制。自此，各地基于这六项机制，对扶贫脱贫机制展开的全面创新，也取得了巨大成就。以贫困线考核为例，《关于创新机制扎实推进农村扶贫开发工作的意见》中提出由主要考核地区生产总值向主要考核扶贫开发工作成效转变，对限制开发区域和生态脆弱的国家扶贫开发工作重点县取消地区生产总值考核，把提高贫困人口生活水平和减少贫困人口数量作为主要指标，引导贫困地区党政领导班子和领导干部把工作重点放在扶贫开发上。中组部、国务院扶贫办在中央层面提出《关于改进贫困县党政领导班子和领导干部经济社会发展实绩考核工作的意见》，从操作层面对改进贫困县考核工作提出了九点更为具体的意见。基于这两个意见，各省又基于地方实际，进行了创新实践。例如，贵州省印发《关于全省贫困县党政领导班子和领导干部经济社会发展实绩的考核办法》，甘肃省印发《省委组织部省扶贫办关于全省贫困县党政领导班子和领导干部经济社会发展实绩的考核办法》，对贫困县的考核机制都做了大量的创新实践。

开始了丰富多彩的脱贫攻坚机制创新。为了解决好“怎么扶”的问题，党中央按照贫困地区和贫困人口的具体情况，实施“五个一批”工程，即发展生产脱贫一批、易地搬迁脱贫一批、生态补偿脱贫一批、发展教育脱贫一批、社会保障兜底一批，并进行了相应的任务分解，开展了丰富多彩的扶贫机制创新。此外，精准扶贫以来，中央出台的各类纲领性文件对扶贫机制创新的具体模式也都进行了引导，例如《关于打赢脱贫攻坚战的决定》，明确对发展特色产业脱贫、引导劳务输出脱贫、开展医疗保险和医疗救助脱贫、实行农村最低生活保障制度兜底脱贫、探索资产收益扶贫以及健全留守儿童、留守妇女、留守老人和残疾人关爱服务体系等方式做了要求和引导。自此，脱贫攻坚机制创新全面开花。

二、百年梦想：历史担当与现实挑战

党的十八大报告提出两个百年奋斗目标：一个是在中国共产党成立一百年时全面建成小康社会，一个是在中华人民共和国成立一百年时建成富强民主文明和谐的社会主义现代化国家。这两个百年奋斗目标最早是在党的十五大报告中提出的，此后，党的十六大、十七大报告以及胡锦涛同志在纪念党的十一届三中全会 30 周年大会上的讲话中都做了重申。2015 年 1 月，习近平总书记在云南考察时指出，扶贫开发是我们第一个百年奋斗目标的重点工作，是最艰巨的任务。现在距实现全面建成小康社会只有五六年时间了，时不我待，扶贫开发要增强紧迫感，真抓实干，不能光喊口号，决不能让困难地区和困难群众掉队。党和国家也在不同场合多次强调：消除贫困、改善民生、实现共同富裕，是社会主义的本质要求。改革开放以来，我国扶贫开发工作取得举世瞩目的成就，走出了一条中国特色扶贫开发道路。但是，贫困地区发展滞后问题没有得到根本改变，贫困人口生产生活仍然十分困难。全面建成小康社会的重点和短板都在贫困人口和贫困地区，脱贫攻坚任务仍然艰巨而繁重。

（一）历史担当：全面建成小康社会是党的郑重承诺

实现脱贫致富，是全面建成小康社会的要求，也是全国人民的期待，更是中国共产党对人民的郑重承诺。中国共产党第十八次全国代表大会提出“为全面建成小康社会而奋斗”，从十六大提出的“全面建设小康社会”到十八大提出“全面建成小康社会”，从“建设”到“建成”，既体现了党对国家富强、人民幸福的信心，也是党对人民的郑重承诺。全心全意为人民服务，是我们党的根本宗旨；我们党成立 96 年来的奋斗牺牲，都是为了让人民过上更好的生活。中华人民共和国成立以来特别是改革开放以来，我们党用治国理政的历史性成就践行全心全意为人民服务的宗旨，兑现向人民的承诺。

实际上，共同富裕既是全国各族人民长期以来追求的梦想，也是中华儿女长期孜孜不倦努力的目标。“共同致富，我们从改革一开始就讲，将来总有一天要成为中心课题”，可以说，共同富裕是当代中国特色社会主义基本的也是迫切的课题，而脱贫攻坚则是实现共同富裕最基本的环节。

因此，在党的十八届五中全会中又提出了共享发展理念，强调必须坚持发展为了人民、发展依靠人民、发展成果由人民共享，做出更有效的制度安排，使全体人民在共建共享发展中有更多获得感，增强发展动力，增进人民团结，朝着共同富裕方向稳步前进。同时指出，农村贫困人口脱贫是全面建成小康社会最艰巨的任务，脱贫攻坚战的冲锋号已经吹响，确保到2020年所有贫困地区和贫困人口一道迈入全面小康社会。习近平总书记提出的精准扶贫理论体系，为欠发达地区推进扶贫攻坚、实现与全国同步全面建成小康社会提供了重要遵循。

（二）现实挑战：脱贫攻坚任务艰巨繁重

全面建成小康社会最艰巨最繁重的任务在农村，特别是贫困地区。没有农村贫困地区的小康，是不完整的小康。从我国脱贫攻坚的具体状况来看，脱贫攻坚的任务仍然艰巨而繁重。

第一，从我国目前的贫困状况来看，脱贫攻坚进入了啃硬骨头的冲刺期。从发展时期来看，扶贫开发已进入啃硬骨头、攻坚拔寨的冲刺期。通过30多年的扶贫开发，我国贫困人口大量减少，贫困地区面貌显著变化。剩余的贫困程度深，扶贫开发的成本更高、难度更大。我国现行脱贫标准是农民年人均纯收入2300元（2010年不变价），按照现行标准，2017年初全国还有4335万农村贫困人口。到2020年实现农村贫困人口脱贫，贫困县全部摘帽，每年需要减贫1000万人。目前所剩的贫困人口，有相当一部分是长期贫困、难以脱贫的群众，要在限定的时间节点完成这一宏伟目标，时间紧、任务重、难度大，未来一个时期是扶贫工作的攻坚期。

第二，从我国经济发展的态势来看，经济新常态减缓了减贫进程，通过经济增长带动减贫的速度减慢。一般认为影响新世纪以来农村减贫的两个最重要的因素：一是持续的经济增长和农村劳动力的流动，带来了大幅的非农收入的增加；二是2000年以后，农村扶贫战略开始由贫困县的瞄准转向对贫困村的瞄准，并以此实施整村推进的扶贫开发。从2013年开始，我国经济开始进入新的发展阶段，即“经济新常态”，其主要特点是：其一，经济增长速度“从高速增长转为中高速增长”；其二，经济结构开始转入不断优化升级；其三，经济增长动力“从要素驱动、投资驱动转向创新驱动”。“经济新常态”给扶贫工作带来的重要影响主要体现在两个方面：一方面，经济增长速度放缓将会相应地降低减贫效应。经济增长速度减低，导致通过区域经济发展带动扶贫开发的能力相对应会减弱。另一方面投资增长减少，带动贫困地区扶贫开发和贫困人口就业能力的减弱。

第三，从贫困发展阶段来看，脱贫攻坚由解决温饱问题转到加快脱贫致富的阶段。贫穷是社会的伤疤，减贫是党和政府的重要职责。改革开放以来，经过全国范围有计划有组织的大规模开发式扶贫，实施了一大批扶贫工程和扶贫项目，我国有6亿多贫困群众实现了脱贫，成为全球首个实现联合国千年发展目标、贫困人口减半的国家，为人类减贫事业做出了重要贡献。党的十八大以来，中央把扶贫开发纳入“四个全面”战略布局，扶贫开发已由解决温饱问题，转向加快贫困地区和贫困人口的脱贫致富、实现全面建成小康社会的阶段。无论是脱贫致富，还是全面建成小康社会，对我国脱贫攻坚都提出了更高的要求。

第四，从脱贫攻坚的目标要求看，党中央对于脱贫攻坚的目标细致而严格，无疑对未来的脱贫攻坚机制创新也是一大挑战。在《关于打赢脱贫攻坚战的决定》中，党中央事无巨细，对脱贫攻坚工作做了全方位的部署，在健全精准扶贫工作机制、发展特色产业脱贫、实施易地搬迁脱贫、结合生态保护脱贫、加强教育脱贫、开展医疗保险和医疗救助脱贫、实行农村最低生活保障制度兜底脱贫、探索资产收益扶贫，以及健全留守儿童、留守妇女、留守老人和残疾人关爱服务体系等方面都做了具体要求，此外，在加强贫困地区基础设施建设，加快破除发展瓶颈制约等方面也提出了比以往更严更高的要求，对未来一个时期的脱贫攻坚也是巨大的挑战。

三、机制创新：迫切性和战略定位

总体来看，脱贫攻坚机制创新的迫切性在于：2020 年脱贫的目标和此期间年度目标亟须脱贫攻坚机制创新，解决长期贫困人口的脱贫问题需要脱贫攻坚机制创新，城镇化带来的城市贫困问题需要脱贫攻坚机制创新，精准扶贫机制创新以来没有解决的老问题和新形势下产生的新问题需要脱贫攻坚机制创新，2020 年后减贫战略的制定需要脱贫机制的创新探索。基于此，其战略应该定位于：是提高国家治理能力的重要环节，完善贫困治理的制度手段，“四个全面”在减贫领域的新体现，绿色减贫的新契机，共享发展的新实践，讲好中国故事、提升四个自信的新源泉，实现联合国《变革我们的世界：2030 年可持续发展议程》的新基石。

（一）脱贫攻坚机制创新的迫切性

第一，2020 年脱贫的目标和此期间年度目标亟须脱贫攻坚机制创新。扶贫开发事关全面建成小康社会、人民福祉、巩固党的执政基础、国家长治久安和我国国际形象。一方面，从 2020 年脱贫目标来看，实现到 2020 年让现行标准下农村贫困人口全部脱贫、贫困县全部摘帽，时间十分紧迫、任务相当繁重。必须在现有基础上不断创新扶贫开发思路和办法，坚决打赢这场攻坚战。另一方面，从短期的年度目标来看，每年脱贫 1000 万人口，在减贫边际效应递减的情况下，不仅要进一步推进精准扶贫各项政策措施落地生根，也需要脱贫攻坚机制创新，确保年度脱贫 1000 万人以上。例如，2017 年中央 1 号文件，在脱贫机制创新方面做了明确规定：深入推进重大扶贫工程，强化脱贫攻坚支撑保障体系，统筹安排使用扶贫资源，注重提高脱贫质量，激发贫困人口脱贫致富积极性主动性，建立健全稳定脱贫长效机制。加强扶贫资金监督管理，在所有贫困县开展涉农资金整合。严格执行脱贫攻坚考核监督和督查巡查等制度，全面落实责任。坚决制止扶贫工作中的形式主义做法，不搞层层加码，严禁弄虚作假，务求脱贫攻坚取得实效。

第二，解决长期贫困人口的脱贫问题需要脱贫攻坚机制创新。我国目前剩余的贫困人口当中，有一部分属于长期性贫困人口，这些贫困人口由于各种原因无法分享经济、社会发展的成果，逐步成为社会底层，尤其是一部分农村贫困人群，难以通过自身努力脱贫致富。这些群体有一部分是因为结构性因素难以脱贫，但更大一部分是因为没有能力脱贫。另外，在短期性贫困的群体中也会有一部分处于短期性的相对贫困状态，这部分中可能会有一部分转变为短期性的绝对贫困，也可能会有一部分转变为长期性绝对贫困。这些人大多属于“五个一批”中“社会保障兜底一批”的人，且存在很强的代际传递倾向。这些长期贫困人口，尤其是没有能力脱贫的贫困人口，如何共享经济、社会发展的成果，如何在现行的社会保障体制和脱贫攻坚中实现自我发展，是近几十年扶贫开发没有十分重视的。因此，通过脱贫攻坚机制创新让这部分贫困人口实现2020年脱贫攻坚目标，也是一个亟待解决的现实问题。

第三，城镇化带来的城市贫困问题需要脱贫攻坚机制创新。迅猛的城镇化是未来几年仍然持续的趋势，也是党和国家现代化战略的重要组成部分，城镇化带来的城市贫困问题是我国现行扶贫开发机制完全忽视的领域，需要重新审视城市贫困问题，创新城市扶贫脱贫机制。2016年，我国的城市化率为57.35%，从现在的趋势来看，以后每年可能以1.2%~1.5%的水平持续上升，最终可能达到70%至75%。这表明未来一个时期，每年都有大量的农村人口要进入城市，有可能是贫困人口单纯地从农村流动到城市，也很可能发生在农村本已脱贫的人口到城市后，由于生活和就业能力有限，变成城市的边缘人或者贫困人口，分散到城市的各个角落里，形成这些地方的贫困人口。此外，我国还有大量的农村进城务工人员，城市低保、城市五保户，目前还没有把这部分人算在城市人口之内，如果这部分人随着户籍制度的改革也被看作城市人口的一部分，要在城市沉淀下来的话，就可能成为城市的一个低收入阶层。这部分人的一些问题和扶贫的方式，相比现在我们对农村人口的扶贫方式，可能需要有一个大的变化。因此，城镇化带来的城市贫困问题，是我国目前脱贫机制创新需要重点关注的问题之一。

第四，精准扶贫机制创新以来没有解决的老问题和新形势下产生的新问题需要脱贫攻坚机制创新。《关于创新机制扎实推进农村扶贫开发工作的意见》明确提出了改进贫困县考核机制、建立精准扶贫工作机制、健全干部驻村帮扶机制、改革财政专项扶贫资金管理机制、完善金融服务机制、创新社会参与机制等6项机制的创新，自2014年以来，各项机制进行了全面的创新，产生了很大的效果，但仍然有一些老问题没有解决。比如，扶贫资金的整合问题，虽然国务院办公厅下发了《关于支持贫困县开展统筹整合使用财政涉农资金试点的意见》以解决扶贫资金的条块问题，此后财政部、国务院扶贫办也都发了专门的文件以解决涉农资金、扶贫资金的条块和整合问题，财政部2016年还在全国展开了试点。但从实际情况来看，扶贫资金整合仍然困难重重，尤其是在工作机制上，基层各部门间的协调、管理、整合在操作中都存在很大困难。此外，随着各项机制的创新，一些新的问题也不断凸显，需要通过机制创新完善脱贫攻坚机制。例如，贫困县考核机制创新倡导的第三方评估，2014年机制创新以来，从中央到地方成立了各种各样的评估小组，不同层级的上级政府对同一贫困县重复评估，其评估体系也互有出入，让基层政府不堪其扰。诸如此类的新问题，如何解决，也需要脱贫攻坚机制的创新。

第五，2020年后减贫战略的制定需要脱贫机制的创新探索。虽然2020年完成“现行标准下的贫困人口全部脱贫”，但并不代表2020年后就没有贫困问题，仅仅是贫困结构发生了变化。也就是说，即使到2020年完成全面脱贫的任务时，绝对贫困问题基本解决，可也并不意味着贫困完全消除，贫困问题始终是人类面临的任务和挑战，我国扶贫减贫重点也将转向相对贫困方面。因此，2020年后中国减贫战略研究是我国减贫目标、减贫内容、减贫体系和减贫策略的创新和升级，更是自改革开放以来中国减贫之路的延续。首先，从减贫结构来讲，2020年后现行标准下贫困人口全部脱贫后，贫困结构转向高标准的相对贫困，减贫结构从单纯提升减少贫困人口转变为缩小相对贫困人口和非贫困人口的差距，减贫结构更加多层次化，难度也会有所上升；其次，随着相对贫困的突出，我国减贫目标也从“脱贫”转变为“动态脱贫”，即打破绝对贫困概念，从相对贫困出发，根据相对贫困人口与非贫困人口间的差距制定动态的减贫目标，减贫目标更加灵活化，同时，减贫内容也更加多元化，在全面解决绝对贫困的基础上，相对贫困人口生活水平整体提高，此时的减贫内容也需进一步丰富，在相对贫困人口原有生活水平上有所拔高，达到减贫的意义。除了衣食住行等基本生活要素外，还要增加环境、公共设施、心理健康、权益享受等软要素，全面提升相对贫困人口的生活水平。2020年后这些减贫方向的新变化，也需要提前探索，为2020年后减贫战略的制定夯实基础。

（二）脱贫攻坚机制创新的战略定位

第一，定位于提高国家治理能力的重要环节。十八大以来，习近平总书记多次论述完善国家治理体系和提高国家治理能力。所谓国家治理体系和治理能力就是一个国家制度和制度执行能力的集中体现。国家治理体系是在党领导下管理国家的制度体系，包括经济、政治、文化、社会、生态文明和党的建设等各领域体制机制、法律法规安排，也就是一整套紧密相连、相互协调的国家制度；国家治理能力则是运用国家制度管理社会各方面事务的能力，包括改革发展稳定、内政外交国防、治党治国治军等各个方面。国家治理体系和治理能力是一个有机整体，相辅相成，有了好的国家治理体系才能提高治理能力，提高国家治理能力才能充分发挥国家治理体系的效能。

实际上，怎样治理社会主义社会，怎样治理中国这样一个地广人多的大国，怎么解决这样一个大国的贫困问题，在以往的历史中并没有解决得很好的经验。扶贫脱贫机制的创新，是推进国家治理体系和治理能力现代化的重要组成部分，就是要在不断变化的环境中，不断创新脱贫攻坚机制，不断适应发展要求、不断完善脱贫攻坚机制，使脱贫攻坚机制各方面的制度更加科学、完善，从而推进国家治理体系和治理能力的提升。所以，脱贫攻坚机制创新是完善国家治理体系和提高国家治理能力的重要环节。

第二，定位于完善贫困治理的制度手段。脱贫攻坚工作已成为我国政治、经济建设的重中之重，但从我国扶贫工作的实践来看，运动式治理在扶贫工作中还占据很大的位置。我国大规模扶贫始于 1986 年，在过去的 30 年中主要依靠政府主导和推动，大规模、有组织、有计划地将扶贫开发作为党委政府的一项重要任务，尤其是精准扶贫以来，国家采取了超常规的举措，出台了一系列扶贫脱贫的政策，将扶贫开发纳入全党全社会的重点工作，中央和国家部委配合扶贫脱贫任务出台了一系列支持政策，这也正体现了我国社会主义的制度优势和政治优势，尤其是对于贫困问题，制度和政治优势是其他国家所无法具备的。在贫困人口比较集中、突出的形势下，集中性的举措占有十分重要的地位。但是，如何突破传统运动式治理的窠臼，通过建立现代化贫困治理体系，把“超常规”的扶贫开发工作纳入常规的贫困治理体系中，让扶贫开发工作、扶贫治理与国家治理结构和治理体系对接，并能够通过“基础性国家能力”提升扶贫治理能力，仍是完善贫困治理的重要议题。因此，在这个意义上，脱贫攻坚机制创新有必要从完善贫困治理的制度手段层面进行战略定位。

第三，定位于“四个全面”在减贫领域的新体现。要使脱贫攻坚机制创新成为“四个全面”在减贫领域的新体现。在全面实现小康层面，要以脱贫攻坚机制创新为制度基础，加快推进精准扶贫，以全面小康的时间表倒逼精准扶贫的路线图，完善各项脱贫攻坚机制。例如完善脱贫资金使用机制，完善公共服务对贫困人口的覆盖机制，完善产业脱贫激发内源扶贫机制，确保到2020年实现全国同步实现全面小康社会；在全面深化改革层面，就是要以全面深化改革引领脱贫攻坚机制创新的顶层设计，针对制约经济社会发展的突出矛盾和问题，通过制度创新手段，不断提升脱贫攻坚的效能，不断促进脱贫攻坚各项机制的公平公正程度；在全面依法治国层面，就是要以全面依法治国营造良好脱贫攻坚的法治环境，让良好的法治环境成为贫困地区可持续发展的金山银山；在全面从严治党层面，就是要以全面从严治党筑牢脱贫攻坚机制创新的政治保障，构建覆盖全面、功能健全的基层党组织体系，建设素质较好、作用突出的扶贫干部队伍，建立便利管用、约束力强的制度机制，营造风清气正的政治生态，配强基层党组织领导班子，团结带领农民群众脱贫致富奔小康。

第四，定位于绿色减贫的新契机。在党的十八届五中全会上，习近平总书记提出创新、协调、绿色、开放、共享“五大发展理念”，其中，绿色发展理念与其他四大发展理念相互贯通、相互促进，集中体现了我们党关于生态文明建设的新要求，对于推进我国经济社会科学发展具有重大意义。多年的减贫实践证明，绿色减贫是中国推进精准扶贫精准脱贫方略的有效方式，不仅是有效提高精准扶贫精准脱贫科学性和完整性的途径，而且是精准扶贫精准脱贫有序性和持久性效果实现的保证。无论是《关于打赢脱贫攻坚战的决定》还是党中央2017年“1号文件”，对绿色减贫的主要机制都提出了新的要求。从当下减贫实践来看，诸如易地扶贫搬迁、旅游扶贫、生态保护扶贫等传统的绿色减贫手段仍然有机制创新的空间，诸如电商扶贫、资产收益扶贫、乡村休闲旅游、大数据产业扶贫等新型的绿色减贫手段仍需要探索建立一套科学可行的减贫机制。因此，完全有必要也有可能以脱贫攻坚创新为契机，在绿色减贫机制方面进行创新实践。

第五，定位于共享发展的新实践。党的十八届五中全会首次提出创新、协调、绿色、开放、共享五大发展理念，为全面建成小康社会提出新的发展目标，指出："坚持共享发展，必须坚持发展为了人民、发展依靠人民、发展成果由人民共享，做出更有效的制度安排，使全体人民在共建共享发展中有更多获得感，增强发展动力、增进人民团结、朝着共同富裕方向稳步前进。"习近平总书记在2017新年贺词中也强调"新年之际，我最牵挂的还是困难群众……部分群众在就业、子女教育、就医、住房等方面还面临一些困难，不断解决好这些问题是党和政府义不容辞的责任。全党全社会要继续关心和帮助贫困人口和有困难的群众，让改革发展成果惠及更多群众，让人民生活更加幸福美满。"在2017年达沃斯论坛上，习总书记也指出：坚持公平包容，打造平衡普惠的发展模式，发展的目的是造福人民。要让发展更加平衡，让发展机会更加均等、发展成果人人共享，就要完善发展理念和模式，提升发展公平性、有效性、协同性。因此，脱贫攻坚机制创新，有必要定位于共享发展战略的新实践，通过脱贫攻坚机制的创新，让贫困人口共享发展成果，让贫困人口更加平等、均等的参与社会竞争和发展机会。

第六，定位于讲好中国故事、提升四个自信的新源泉。党的十八大提出要坚定道路自信、理论自信、制度自信。十八大后，习近平同志提出，实现中华民族伟大复兴的中国梦必须走中国道路，全国各族人民一定要增强中国特色社会主义的理论自信、道路自信、制度自信、文化自信，坚定不移沿着正确的中国道路奋勇前进。归根结底，四个自信的来源和底气，还是中国不断勇攀高峰的经济、社会发展。中国在减贫领域取得了巨大成就，贫困地区面貌日新月异，有必要继续通过脱贫攻坚机制的创新促进贫困地区不断发展，不断形成新的中国脱贫攻坚机制创新模式、中国减贫模式、中国发展模式乃至中国模式，不断讲好中国故事、不断提升四个自信的新源泉。

第七，定位于实现联合国《变革我们的世界：2030 年可持续发展议程》的新基石。联合国《变革我们的世界：2030 年可持续发展议程》指出“决心从现在到 2030 年的这一段时间内，在世界各地消除贫困与饥饿”，并将“在全世界消除一切形式的贫困”作为 17 个可持续发展目标的首要目标。中国的减贫为全球的减贫事业做出了极大的贡献，联合国《2015 年千年发展目标报告》显示，中国极端贫困人口比例从 1990 年的 61%下降到 2002 年的 30%以下，率先实现比例减半，2014 年又下降到 4.2%，中国对全球减贫的贡献率超过 70%。中国成为世界上减贫人口最多的国家，也是世界上率先完成联合国千年发展目标的国家。中国在过去的全球减贫事业中做出如此贡献，有理由也有必要为《变革我们的世界：2030 年可持续发展议程》的实现继续发挥力量，实现大国担当。因此，在实现联合国《变革我们的世界：2030 年可持续发展议程》的层面上看，脱贫攻坚机制创新的意义既在于通过解决最大发展中国家的贫困问题，也在于通过机制创新输出中国的减贫经验，为实现《变革我们的世界：2030 年可持续发展议程》提供新的策略选择。

· 第二章 ·

扶贫机制的理论创新与发展

中国政府历来重视扶贫开发工作，中国领导人在各阶段的扶贫探索中，逐步形成了中国特色扶贫道路及扶贫理论体系。从理论溯源看，马克思主义贫困理论是中国扶贫思想形成的基础，共同富裕是贯穿扶贫思想体系的核心。从理论内容看，扶贫开发理论要解决的根本问题是贫困的产生以及贫困的缓解和消除。中国特色扶贫思想体系经历了由奠基到发展，以至完善、创新的历程，中国扶贫理论和扶贫实践从追求平等、公平的救济式扶贫到促进区域发展、能力提升的开发式扶贫，再到嵌入国家发展战略、推动小康社会建设的综合性扶贫和攻坚阶段精准扶贫、精准脱贫等理念方式的阶段性演进。中国扶贫开发理论是马克思主义贫困理论中国化的重要成果，也是中国共产党历届中央领导集体立足国内扶贫开发实践，不断形成、发展和完善的社会主义建设理论成果，不但推动了马克思主义贫困理论中国化的进程，也为全球减贫发展做出了重要贡献。

一、1949—1978 年：建国立制艰难摸索中的扶贫机制理论摸索

中华人民共和国成立以后，百业待兴，新生的无产阶级政权从国民政府手里接过来的是一个一穷二白的烂摊子，多数人处于显著贫困的状态是当时不争的事实。对此，以毛泽东为代表的党的第一代中央领导集体并未回避这一问题，而是以实事求是的态度接受了这一事实。毛泽东说：“中

国六亿人口的显著特点是一穷二白，这些看起来是坏事，其实是好事。穷则思变，要干，要革命。一张白纸，没有负担，好写最新最美的文字，好画最新最美的画图。"① 党的第一代中央领导集体认为社会主义新中国之所以存在贫困，主要是因为过去一些旧的生产关系并未完全消除，受这些旧的生产关系的影响，生产力的"创造热情"并没有完全发挥出来。带着这样的主观认知，党的第一代中央领导集体对马克思主义贫困理论的中国化进行了初次尝试。他们对反贫困问题以及扶贫理论思想的探索，主要体现在以下三个方面：一是从社会主义制度建立的历史背景角度分析社会主义新中国存在的贫困问题，明确指出社会主义可以彻底消灭贫困；二是从满足人民利益角度阐述扶贫理论思想，提出了实现共同富裕、社会救济思想等理论；三是开创了扶贫理论的实践机制。

（一）社会主义是消灭贫困的制度保障

按照马克思的贫困与反贫困思想，无产阶级要想解决贫困问题就必须通过制度革命实现社会主义来实现，所以马克思假设的社会主义国家是在高度发达的资本主义经济基础之上建立的，从而理所当然地不存在社会主义国家贫困问题。但是结合我国基本国情，毛泽东同志深刻地认识到我国虽然已经建成了社会主义国家，但是现实的贫困问题还是存在并且程度非常严重的。我国是在长期遭受帝国主义、封建主义以及官僚资本主义的压迫之下通过革命而建立的社会主义国家，所以在此之前的剥削、腐败、充满阶级斗争的情况必定造成相当严重的贫困问题，这也是因为我国步入社会主义国家的起点低、底子薄，而无法像马克思所设想的在物质经济极大丰富的情况下不存在贫困问题。所以毛泽东指出，我们要在坚持马克思主义指导思想的基础下通过大力发展生产力来体现社会主义国家对于反贫困

① 毛泽东．毛泽东选集：第五卷［M］．北京：人民出版社，1991：187.

事业的制度优势。毛泽东同志在20世纪50年代曾这样说过："中央人民政府将领导全国人民克服一切困难，进行大规模的经济建设和文化建设，扫除旧中国所留下来的贫困和愚昧，逐步地改善人民的物质生活和提高人民的文化生活。中国共产党人革命的目的就是解放被压迫、被剥削的劳苦大众，实现全社会的公平，为大多数人谋福利。"① 毛泽东同志不但对待社会主义国家存在贫困问题有着正确的认识态度，不会因与马克思经典论述的相违背而回避问题；而且更深刻地领悟了马克思贫困与反贫困理论的思想精髓，大力提倡解放与发展生产力来实现我国的反贫困目标，从此实现了马克思贫困与反贫困思想的中国化，拉开了马克思主义贫困与反贫困理论在我国不断发展的序幕。

中国通过坚持马克思主义理论的指导，在不断斗争努力下终于建成了社会主义新中国，选择了走社会主义道路，这是对社会主义制度符合我国国情，并能促进我国生产力发展的肯定。马克思贫困与反贫困理论中阐述了社会主义制度对生产力发展的优势，指出了社会主义制度是发展先进生产力的制度保障。所以在此基础上毛泽东同志通过中国社会主义国家具体反贫困工作，向全世界展示社会主义国家在反贫困问题上的制度优势。这既是社会主义国家的具体扶贫实践，也是马克思贫困与反贫困思想的真正实践应用，其强大的制度优势将帮助我国贫困人口脱贫致富，实现真正的国富民强。

（二）满足人民利益，突出人民主体地位

第一，共同富裕思想为新中国扶贫理论的形成奠定了坚实的基础。1955年，毛泽东在《关于农业合作化问题》中提出"共同富裕"理念，并阐述了实现共同富裕的具体设想："在逐步地实现社会主义工业化和逐

① 中共中央文献研究室．毛泽东文集：第五卷［M］．北京：人民出版社，1996：348.

步地实现对于手工业、对于资本主义工商业的社会主义改造，即实行合作化，在农村中消灭富农经济制度和个体经济制度，使全体农村人民共同富裕起来。”① 随后，毛泽东发表《关于正确处理人民内部矛盾的问题》一文，阐述了共同富裕的具体目标，即在几年内，使现在还存在的农村中一小部分缺粮户不再缺粮，除了专门经营经济作物的某些农户以外，统统变为余粮户或者自给户，使农村中没有了贫农，使全体农民达到中农和中农以上的生活水平。毛泽东提出的共同富裕思想，主要针对的是中国的农民。在毛泽东看来，由于农民占中国人口的绝大多数，解决了农民的共同富裕问题，也就基本上解决了中国人民的共同富裕问题。在毛泽东看来，中国通过革命建立起来的工农联盟要能长久地巩固，就需要党有新的利益给农民，否则，政权就不能巩固。而如果党不能让农民摆脱贫困，不能使他们的生活得到改善，后果将非常严重。

毛泽东提出的共同富裕思想，为新中国扶贫理论的形成奠定了坚实的基础。之所以这样说，是因为：第一，毛泽东在新中国历史上第一次提出共同富裕思想，为新中国的扶贫实践指明了方向和奋斗目标。第二，毛泽东指出了实现共同富裕的现实途径。毛泽东认为，要实现共同富裕，必须走社会主义道路，而社会主义革命的目的是解放生产力。换句话说，就是要在坚持社会主义道路的前提下，通过不断发展生产力来实现共同富裕。改革开放之后，我国在扶贫方面取得了巨大成就，这正是将这种思想付诸实践的结果。党的十一届三中全会后，邓小平正是在总结中华人民共和国成立以来我国社会主义建设经验教训的基础上，提出了更适合中国发展的共同富裕思想。邓小平的共同富裕思想，可以看作是对毛泽东共同富裕思想的继承和完善。

第二，农民是消除贫困的根本力量。毛泽东对农民主体地位的认识是

---

① 中共中央文献研究室. 毛泽东文集：第 5 卷［M］. 北京：人民出版社，1977：197.

随着中国革命和建设实践逐步发展和完善起来的，在漫长的中国发展历史进程中，他率先自觉认识到了农民问题的重要性。毛泽东在七大口头政治报告中提出："所谓人民大众，主要的就是农民""忘记了农民，就没有中国的民主革命；没有中国的民主革命，也就没有中国的社会主义革命，也就没有一切革命。我们马克思主义的书读得很多，但是要注意，不要把'农民'这两个字忘记了，这两个字忘记了，就是读一百万册马克思主义的书也是没有用处的，因为你没有力量。"① 毛泽东深刻地认识到了农民的重要作用，看到了农民的主体地位，这就奠定了中华人民共和国成立后解决农民问题、实现脱贫致富的基础。在社会主义改造时期，依靠广大农民既是成功实现国民经济社会主义改造的需要，也是维持社会政治稳定的需要。广大农民组织起来，积极参与社会主义改造，既促进社会主义改造和现代化发展，又为社会主义制度的建立奠定了坚实的经济基础和政治基础。另一方面，在社会主义建设时期，国家实现共同富裕和社会主义政权得以巩固发展，都需要农民群众的支持和参与。只有农民积极投入社会主义建设，才能保障国民经济的持续快速发展。因此，要实现社会主义现代化，实现全国人民的共同富裕，必须依靠农民，农民的地位和作用无以替代。

第三，维护农民利益。一方面，从政治上维护农民的利益。农民的政治利益是农民利益的重要组成部分，也是维护其他利益的体现和保障。一是保证农民的选举权，使农民更好地参与到农村政治事务中。"在乡村中可以而且应当依据农民的要求，召集乡村农民大会选举乡村政府，召集区农民代表大会选举区政府。"② 有了农民选举产生的对农民负责受农民监督的代表农民利益的政府，农民的其他利益才能进一步得到保护和实现。二

① 中共中央文献研究室. 毛泽东文集：第三卷［M］北京：人民出版社，1996：305.

② 毛泽东. 毛泽东选集：第四卷［M］. 北京：人民出版社，1991：1272.

是加强农村基层组织建设。中华人民共和国成立初期，新的政治制度和秩序在全国逐步建立，按照第一届全国人大制定的新宪法建立完整的稳定的政权，在农村建立了完整的基层组织体系。农村基层政权纵向从乡到村再到居民组，横向从生产合作、文教卫生、治安保卫、人民武装、民政、财粮到调解，分科层、分部门，形成一个全国性的纵横交错的严密的组织体系，广泛地影响着农民的生活和生产，这就从多方面维护了农民的政治利益。三是反对农村基层干部的官僚主义作风。由于受中国几千年的封建等级制度的影响，中华人民共和国成立后很多农村干部身上的官僚主义作风和官本位思想仍然表现明显。一些农村基层干部腐蚀变质，严重脱离群众，引起了群众的不满，这一现象在当时比较严重，因此，1950 年 4 月毛泽东说："各阶层人民相当普遍地不满意我们许多干部的强迫命令主义的恶劣作风，尤其是表现于征粮收税和催缴公债等项工作中的上述作风，如不及时加以整顿，即将脱离群众。"① 所以，毛泽东清醒地认识到农村干部的作风建设将直接影响到农村政治的安定和谐，坚决反对农村基层干部的官僚主义作风。四是正确处理人民群众来信，畅通沟通渠道。毛泽东指出："要给人民来信以恰当的处理，满足群众的正当要求，要把这件事看成是共产党和人民政府加强和人民联系的一种方法，不要采取掉以轻心置之不理的官僚主义的态度。"②

第四，社会救济理论。社会救济主要是指国家和政府对公民的无偿救助，这些公民由于各种原因无法维持最低生活，在这种情况下，国家政府和社会给予一定的物质救助。由于处在中华人民共和国成立初期，国家在恢复战争对经济造成的创伤，财政还未根本好转，相应的生活救济政策还不完善，但对于那些陷入极度贫困的人说，还是可以起到一定的救济作

① 毛泽东. 建国以来毛泽东文稿：第 1 册［M］. 北京：中央文献出版社，1987：315.
② 毛泽东. 建国以来毛泽东文稿：第 2 册［M］. 北京：中央文献出版社，1988：310.

用。对困难群众实施生活救济的政策很好地向群众展示了无产阶级政权的优越性，巩固了政府的公信力，进一步扩大了党的影响力，这对于稳定国家形势和社会秩序都起到了非常重大的作用。

在毛泽东共同富裕思想的指导下，我国国家救济与集体补助相结合的农村社会救济制度逐步建立起来了。由于国家实行公有制，虽然国家总体上贫困，但是，不论是城市还是乡村，人们之间的贫富差距很小，相对贫困并不突出。同时，在消费普遍低水平的条件下，城乡人们的生活基本能够得到保障。在农村，由于实行了农村社会救济制度，那些少数生活有困难的农民，由集体公益金给予一定的困难补助。当然，在国家不富裕的情况下，这种救济也只能是低水平的。但国家在这方面确实很努力。据统计，自 1954 年到 1978 年的 25 年间，国家累计发放农村救济款达 22 亿元。这种做法，在某种程度上提高了农村社会保障的能力，有效地缓解了农村贫困。

（三）扶贫实践理论

第一，土地所有制理论。中华人民共和国成立之初，部分农村仍然是封建土地所有制占着统治地位。毛泽东认为农民问题的核心是土地问题。所以，中华人民共和国成立之后，要使广大农民摆脱贫困，毛泽东认为还得从土地问题入手，解决广大农民的土地问题。刘少奇认为，不合理的土地制度是中国农村穷困、落后的根源，也是我们国家民主化、工业化、独立统一及富强的基本障碍。他说："这种情况如果不加改变，中国人民革命的胜利就不能巩固，农村生产力就不能解放，新中国的工业化就没有实现的可能，人民就不能得到胜利的基本果实。"改变土地制度极不合理的情况，是党在农村首先要实现的任务。为此，1950 年 6 月国家颁布了《土地改革法》，实行土地改革。这对于解决当时农民的贫困和社会稳定问题，有着举足轻重的作用。到 1952 年冬，新的土地制度在中国建立起来，把封建地主阶级的土地所有制，改变成为农民的土地所有制，实行耕者有其田，中国农村原来不同阶级间土地占有不均的状况基本得到解决。农民获得土地所有权，这给予农村发展以及农民生活一定的保障，在一定程度上解放和发展了生产力。此外，土地改革为农民实现共同富裕提供了根本性的制度保障，使中国农村基本消除了土地占有不均这一导致农村贫富不均和农民贫困的制度因素，为以后中国农村反贫困奠定了一个较为有利的制度基础。

第二，农业合作化理论。土地改革改变了传统农业的所有制基础，然而由于农村的工业化水平极低，这导致农民在生产活动中所承担的风险较大，难以通过微弱的生产力实现贫困面貌的打破。个体农业经济分散、土地狭小、劳动工具落后、生产资金缺乏、力量薄弱无力进行扩大再生产，满足不了工业化发展需要的商品粮和农产品做原料的需求等问题；个体经济不可避免地催生贫富两极分化、土地买卖及部分农民雇工、危害工农联盟的现象。面对这种问题，毛泽东进行深入思考，认为农民问题的解决办法就是将单一的劳动力集合起来，将个体经济转变为集体经济，通过农民的组织实现社会主义集体经济的发展，最终达到共同富裕。早在 1943 年，毛泽东针对农民如何富裕的问题展开思考，在列宁合作社理论的基础上，毛泽东认为要想解决农民的贫困问题，实现农民的共同富裕，就必须搞集体经济，通过合作社将农民集中起来。①

毛泽东关于通过农业生产合作化改造不适应生产力发展要求的个体经济，实现全体农民的共同富裕“三步走”的设想非常符合当时农村的经济政治形势，是农村社会主义改造和社会主义农村建设的客观要求。农业合作化把汪洋大海般的小农经济改造为社会主义集体经济，实现了土地公有避免了两极分化，解决了社会主义工业化同小农经济的矛盾，在新的基础

---

① 毛泽东：毛泽东选集：第三卷［M］. 北京：人民出版社年，1991：931.

上巩固了工农联盟和社会主义制度，促进了农业生产力的发展。合作化后，兴修了许多水利工程，进行了大规模农田基本建设，极大地推动了农业生产的发展，基本上保证了城乡人民对农产品的需要，使农民生活有所改善并为国家工业化积累了资金，为此后许多年的社会主义建设奠定了思想基础、组织基础、经济基础。

第三，农村工业化理论。毛泽东设想通过农村工业化，使农民就地成为工人。他说："中国农村有五亿多农村人口从事农业生产，每年劳动而吃不饱，这是最不合理的现象。美国农业人口只占13%，平均每人有两千斤粮食，我们还没有他们多，农村人口要减少怎么办？不要涌入城市，就在农村大办工业，使农民就地成为工人""将来达到一半劳动力搞工业，这样我们的国家就像个样子了。"在毛泽东看来，只有实现工业化，实现城市工业化与农村工业化相结合，才能从根本上解决农民问题这一中国革命与建设的根本问题。农业机械化是农村工业化的主要内容。毛泽东认为农业的机械化和科技化反映了农业的现代化特征，同时也是符合农业未来工业化发展要求的。农业如果不实现机械化和科技化，那么农业的生产效率就难以提高，工业生产也将失去充足的原料，同时工人的粮食也难以得到保障。应当说，这一认识是符合中国农业人口占绝大多数、而农业生产方式又极端落后的社会主义大国的国情的，也抓住了中国农业发展的根本出路问题。他提出公社工业化，希望通过公社和大队办工业来实现农村工业化，把农村工业化作为实现中国工业化的重要组成部分，这不仅为中国工业化的实现指明了道路，也为发展中国家改变二元经济结构，从农业国走向工业国找到了途径，但他忽视了实现工业化的具体条件和工业化的基本规律，新中国的农业机械化在实践中出现了较大的失误，但农业机械化运动为提高农业生产力、缩小城乡差距、实现城乡协同发展是做出了一定贡献的。

第四，统筹城乡发展理论。中华人民共和国成立后，国家的工作重心由农村转移到了城市，并逐步确立了优先发展重工业的战略。为了防止片面重视工业而忽视农业，重视城市而忽视农村的倾向，毛泽东着重强调了中共七届二中全会所提出的正确处理城乡关系的思想，强调要统筹兼顾。1957 年毛泽东在《关于正确处理人民内部矛盾的问题》的讲话中，明确提出了“统筹兼顾，适当安排”的思想。城乡统筹思想是毛泽东农村建设的重要内容，也是寻求农村建设的途径和方法。

毛泽东认为知识青年是社会中最富有朝气和活力的群体，他激励中国的知识青年们一定要到工农群众中去，因为衡量一个青年革命与否的标志就是看他愿不愿意和广大的工农群众结合在一起。城市中的新生劳动力不能被工厂全部吸收，同时农村建设又急需大批的知识青年，这种城市劳动力的剩余问题和城乡经济教育发展不平衡的状况要想解决，就要号召广大的知识青年深入农村同农民相结合。他提出，要求知识分子同农民相结合不仅仅是指导农民，而且还要向农民学习并调动起农民同帝国主义和封建主义斗争的积极性，使各类知识分子在广大的农民群众中都得到锻炼，同时团结教育旧的知识分子使其获得新观点和新方法。毛泽东认为，知识青年变成农民有利于帮助农民脱贫致富，消除城乡差别。知识青年支援农村建设是受到欢迎的，他们将成为帮助和教育农民的重要力量。知识青年上山下乡在开始阶段是正常范围内的活动，是符合国家建设要求的积极运动，它促进了我国社会主义农村的建设与发展。虽然这一运动在后期因过度强调阶级斗争而出现了“左”的错误倾向，但在一定程度上是满足国家和社会需要的，对加强农业发展并缩小城乡差距发挥了积极作用。

我国农业经济基础薄弱，要使农业有大规模的发展，农民的自身努力是一方面，同时还需要政府和其他行业的大力支持。毛泽东在《关于进一步巩固人民公社集体经济、发展农业生产的决定》中提到，工业部门的各项工作都必须坚持以农业为基础，加快建立并完善服务农业生产的工业体系。同时各行业都必须面向农村把支援农业放在首位。毛泽东强调农村市场非常广阔，工业只有依靠农业这个市场才能拥有生产所需的原料来源。同时，农业有了工业的支援才能更好地发展。在出台的工业和交通企业支持农业的十条措施中，政府指出，工业和交通企业要积极支持地方企业的建设，地方工业生产应把为农业服务放在第一位，要为支援农业办好事，继续实施厂社结合及亦工亦农的劳动办法以实现工业和农业结合，提高地方工业对农业生产的带动能力，组织技术服务队到农村开展技术服务。把多余的水电应用于当地农业生产并清理有害农业的工业污染，同时降低以工支农的费用，等等。这些措施的制定不仅对提高农业生产起到了较大促进作用，而且对缩小城乡之间的差距也具有重要意义。

历史证明，中华人民共和国成立初期的土地改革以及农村基础教育、医疗卫生及社会保障等一系列广义的扶贫措施，逐步提高了全国人民的收入和福利水平，取得了一定的减贫成效。后来的农业合作化运动和人民公社运动尽管取得了一定的经济效果，却在某种程度上挫伤了农民群众的生产积极性，很难说它们是成功的扶贫机制。但是，以毛泽东同志为核心的党的第一代中央领导集体基于当时国情的认识，解释了贫困问题的根源，确定了反贫困的奋斗目标以及消除贫困的步骤和战略。此外，坚持社会主义、实现共同富裕、以农民为主体等思想为我国扶贫理论的发展奠定了坚实的基础。

二、1978—2016 年：改革开放创新中的扶贫机制理论突破

从改革开放之初中国农村处于普遍贫困状态，到现阶段的脱贫攻坚战役，这段时间，国家发展面临着怎样摆脱国家贫困面貌、怎样解决温饱问题、怎样实现小康社会等重大现实问题。为此，中国共产党不断探索扶贫理论的发展，推动了中国扶贫理论的突破和创新，主要体现在协调发展的

共同富裕理论、开发式扶贫理论、精准扶贫理论三个方面的理论创新。

（一）协调发展的共同富裕理论

改革开放后，以邓小平同志为核心的党的第二代中央领导集体完善了共同富裕思想，使新中国扶贫理论基本定型。邓小平在毛泽东共同富裕思想基础上，总结了新中国近三十年的建设实践，结合对马克思主义贫困理论的认识和理解，进一步深化了共同富裕思想。从社会主义公有制的基础地位出发，创立了先富带动后富的经济增长极理论，为国家摆脱贫困面貌、实现协调发展提供了理论依据。

第一，消灭贫困的制度基础是社会主义公有制。有关消灭贫困的制度性保证这一问题，邓小平坚持认为，只有坚持社会主义公有制，才能真正消灭贫穷，才能实现共同富裕。他说："如果走资本主义道路，可以使中国百分之几的人富裕起来，但绝对解决不了百分之九十几的人生活富裕问题。而坚持社会主义，实行按劳分配的原则，就不会产生贫富过大的差距。"①

这里，邓小平等党的第二代中央领导集体并没有将社会主义视为单纯之"一大二公"，而是理解为一种以公有制为主兼有多种所有制共存的制度形式，这种制度形式，在整体上坚持公有制的主体地位，以保证大多数人的分配利益，局部上引入个体及私有制经济，以便更好地服务于生产力发展需要。这既避免了过去的"平均主义"，又防止了贫富分化，为消灭贫困指出了新的发展方向。

当然，邓小平在注重公有制的同时，将发展生产力放在了首要位置。他认为："落后国家建设社会主义，在开始的一段很长时间内生产力水平不如发达的资本主义国家，不可能完全消灭贫穷。所以，社会主义必须大

① 邓小平．邓小平文选：第三卷［M］．北京：人民出版社，1993：64.

力发展生产力，逐步消灭贫穷，不断提高人民的生活水平。”① 但是，如何避免因生产力的发展而带来的贫富分化？邓小平指出，要坚持按劳分配为主体，多种分配形式并存的社会主义分配制度，在提高生产效率的同时，最大限度保证分配公平，避免相对贫困的扩大化。

第二，先富带动后富的中国经济增长极理论。一个国家要实现平衡发展只是一种理想，在现实中是不可能的，经济增长通常是从一个或数个增长中心逐渐向其他部门或地区传导。因此，应选择特定的地理空间作为增长极，以带动经济发展。邓小平在《解放思想，实事求是，团结一致向前看》中指出：“在经济政策上，我认为要允许一部分地区、一部分企业、一部分工人农民，由于辛勤努力成绩大而收入先多一些，生活先好起来。一部分人生活先好起来，就必然产生极大的示范力量，影响左邻右舍，带动其他地区、其他单位的人们向他们学习。这样，就会使整个国民经济不断地波浪式地向前发展，使全国各族人民都能比较快地富裕起来。”邓小平认为部分先富是达到共同富裕的必要途径，鼓励一部分地区、一部分人先富裕起来，也正是为了带动越来越多的人富裕起来，从而达到共同富裕的目的。与毛泽东的共同富裕思想相比，邓小平的共同富裕思想更完善，更具有现实可行性。邓小平的共同富裕思想打破了过去受所有制和分配方式局限的社会主义本质认识观以及单纯强调共同富裕对反贫困的思想禁锢，强调“逐步富裕”，这更适合中国当时的现实国情，更具有现实可行性。此外，邓小平主张将农村经济的发展、农民生活水平的提高与中国经济的发展、摆脱贫困紧密结合起来。同时，邓小平反复强调改革对于发展和消除贫困的重要性，主张用改革促进反贫困工作的开展。他首次提出了制度性贫困以及中国反贫困的总体战略，主张在中国社会改革、开放、发展的进程中消除贫困。

① 邓小平．邓小平文选：第3卷［M］．北京：人民出版社，1993：10.

理论的确定带来了制度的变革。随着理论的创新性发展，土地制度、农村联产承包责任制、城市企业、乡镇企业、区域经济、农工产品等多方面产生了相应的变化。在解决富余劳动力的同时，对贫困人口的生活改善起到了重大的推动作用。

农村制度性变革的减贫成效较为突出。我国农村率先实行的家庭联产承包责任制变革和提高农产品价格等一系列措施，以及农户家庭主体确立和农户财产权利等解放和革命性的变革，大大调动了农民积极性和创造性，多年蕴藏在农村的生产力得到了超前性的集中释放。超前性反映在农村率先改革带来的效应在城市和工业企业尚未具备，这种优势再加上国家提高农产品收购价格，乡镇企业（社队企业）开始在发达地区的农村出现和壮大，农产品流通和集市贸易开始逐渐放开，以致农村减贫效应得以集中释放，在短时期内农村经济有了大幅度提升，减贫效果显著。

（二）基于外源和内源建设的开发式扶贫理论

经过长期的实践得知，救济式扶贫理论在广大的中国地区实现效果不佳。改革开放的初期实践也证明，各地区区位优势差别较大，资源禀赋和人力资本状况不尽相同。东部地区在改革开放的理论实践中凭借地理优势迅速发展起来，然而广大的老少边穷地区的发展状况依然与改革开放前相差无异。给钱给物只能解决表面问题，难以触及贫困的深处。为此，扶贫理论需要进一步发展。

开发式扶贫理论主要表现为外源式和内源式扶贫开发理论，都强调贫困人口的积极参与，从外在和内在条件带动贫困群体和贫困地区发展。1986 年，全国人大六届四次会议将扶持“老、少、边、穷”地区尽快摆脱经济文化落后状况作为一项重要内容列入国家“七五”发展计划，同时国务院成立了贫困地区经济开发领导小组，提出了解决贫困问题的总方针：从改革入手，从发展着眼，彻底改变过去那种单纯分散救济的扶贫办法，实行新的开发方式，即充分调动贫困地区广大干部、群众的积极性，发扬自力更生精神，克服小农经济思想，在国家必要的扶持下，利用地上地下丰富的自然资源，进行开发性生产建设，发展商品经济，启动贫困地区内部的经济活力，走依靠自己力量脱贫致富的道路。为解决贫困人口的温饱问题奠定了基础。

第一，“输血”为目的的外源式扶贫开发理论。外源式扶贫理论，即贫困地区无法依靠自身资金和技术优势解决对区域经济发展有决定性作用的交通、水利、电力等基础设施的问题，需要依靠外部力量改善基本生存、生产和生活条件。因此，国家通过确定重点扶贫地区、利用发达地区优势资源破除贫困地区的发展瓶颈等方式，为贫困地区的发展创造外部条件，主要是以“输血”为目的。

1987 年，国务院《关于加强贫困地区经济开发工作的通知》针对我国 18 个集中连片贫困带划定了 592 个国家重点贫困县，确立以县级行政单元为地域单元的扶贫标准，并针对贫困县出台了一系列优惠政策，通过基础设施建设和特色产业培育等方式，增强贫困地区和贫困人口的内生发展能力。1994 年，国家制订《国家八七扶贫攻坚计划（1994—2000 年）》，进一步确定了国家级贫困县 592 个。在这一阶段，我国扶贫政策主要呈现出两个特点：一是区域性，以县为单位，强调区域重点扶贫；二是组织性，通过建立反贫困组织，对扶贫对象、扶贫区域、扶贫机制、扶贫资金等进行系统谋划，这有助于提升减贫效果，同时调整政府扶贫战略。

通过外源式扶贫理论确定了两种区域协调发展理论。一是对口帮扶理论。对口帮扶是党中央、国务院为加快西部贫困地区扶贫开发进程，缩小东西部差距、促进区域经济协调发展做出的一项重要战略决策。主要是安排东部经济较发达省、市与西部省份开展东西扶贫协作工作。对口帮扶形式主要有政府援助、企业合作、社会帮扶、人才支持等。正是在有效的政策执行下，我国逐渐由刚开始的东部单向帮扶西部拓展为在对口帮扶框架下的东西部双向互动、共同发展、实现共赢；由最初主要是政府间的援助行为拓展为各类市场主体的共同参与，再发展到包括各类社会团体、民间组织、爱心人士在内的社会各界多形式、宽领域的广泛参与，按照优势互补、互惠互利、长期合作、共同发展的原则，开展多层次、多渠道、多形式的经济技术合作，带动西部地区脱贫致富。二是西部大开发理论。20 世纪 90 年代末，中央政府逐步意识到了区域发展政策的不平衡给西部地区贫困人口带来的经济、政治等方面问题，如何平衡东西部经济发展差距并利用西部地区丰富的自然资源来解决紧迫的贫困问题成为国家制定大政方针的依据。2000 年 3 月，朱镕基总理在全国九届人大三次会议的《政府工作报告》上阐述了西部大开发战略这一重大决策。自此，加快西部地区的开发成为新世纪中国发展的重大战略，西部贫困地区的发展由此迈上了新台阶。西部大开发战略的实施对于西部地区的发展具有重大意义，对西部贫困地区的经济发展和贫困人口的脱贫进程将有深远影响。

外源式扶贫理论的确定以及政策的实施，使国家确定了重点扶贫开发县，从区域帮扶和区域发展的角度，在资金、政策等方面为广大贫困地区的发展创造了经济发展的基本条件，形成了全社会扶贫的思想意识，初步建立了贫困地区致富的产业基础。

第二，“造血”为目的的内源式扶贫开发理论。内源式扶贫开发理论，即贫困地区要靠内生动力来实现自身发展。外源式扶贫理论解决了贫困地区的基本问题，但是并没有解决贫困群众脱贫致富的根本问题。扶贫必先扶智，创造贫困地区的内生发展动力才是解决贫困的根本之道，主要以“造血”为目的。

在外源式扶贫理论主导下，在一定时期内我们的扶贫效果会较为显著，但是实践证明若是内源动力不足，产业带动型收入相对缺乏，就会导致贫困群体收入过于依赖转移收入和外源收入，很容易出现“返贫”怪象。贫困地区内源性资本、技术和劳动力要素普遍匮乏，限制了农户的自身发展和资本积累。

“授人以鱼不如授人以渔”“不能光输血不造血”，扶贫工作中，内源式扶贫理论主要围绕贫困群众的自我发展动力，通过教育、文化、科技等内容培训新型农民，提高自我致富能力。内源扶贫立足于培养农民的内在生机。变输血式帮扶为造血式帮扶，构建基于内源资源的可持续增收机制，形成内生发展的动力，让农民真正拥有生产经营和生活的能力。

通过外源和内源的扶贫理论，实现了“输血”和“造血”的结合，带动了贫困地区和贫困群体的快速发展。外援扶持和内源增长理论也是我们在扶贫开发工作中必须坚持的长期理论，从外在条件到内在思想，给予贫困地区和贫困群体全方面的帮扶。通过开发式扶贫理论，在新千年到来之际，中国广大贫苦人口解决了温饱问题。

（三）实现全面小康社会的精准扶贫理论

随着前期扶贫工作的进行，一方面，中国在经济社会发展过程中已经取得了举世瞩目的减贫成就，是全球首个实现联合国千年发展目标中贫困人口减半的国家。另一方面，相对贫困凸显，贫困地区经济社会发展总体水平不高，制约贫困地区发展的深层次问题没有得到根本解决，我国贫困现状逐步转为贫困人口数量大幅减少、分布零散，呈现出区域性、点、片、线分布的特点。习近平在继承马克思主义贫困理论的基础上，从贫困的相关概念及理论渊源入手，结合当前中国的贫困现状，分析了致贫的主要因素，回顾了中国扶贫开发的历史演变过程，提出了精准扶贫思想，为全面建成小康社会提供了理论支撑。

2013 年 11 月 3 日至 5 日，习近平在湖南湘西考察时，首次做出“实事求是、因地制宜、分类指导、精准扶贫”的重要指示，提出反对“一刀切”，要根据具体情况，灵活开展扶贫的工作思路。2015 年 11 月 23 日，习近平参加中央政治局会议时进一步提出“把精准扶贫、精准脱贫作为基本方略”。基于对中国贫困现状以及新阶段扶贫任务转变的认识，习近平在一系列考察、讲话中还阐述了一系列扶贫新思想、新观点、新要求。

精准扶贫理论主要体现在以下几个方面。一是消除贫困是社会主义的本质要求。消除贫困，改善民生，逐步实现全体人民共同富裕，是社会主义的本质要求。二是扶贫工作要从战略上重视和规划。解决欠发达地区的问题，是战略性问题，也是政治性问题，必须切实抓好脱贫致富这个战略性任务。三是扶贫工作成效是全面建成小康社会的重要组成部分。“没有农村的小康，特别是没有贫困地区的小康，就没有全面建成小康社会。”“小康不小康，关键看老乡。”四是扶贫责任主体与责任思想。各级党委和政府要增强做好扶贫开发工作的责任感和使命感，各级党委都很重视扶贫，还要更重视。五是以人为本的扶贫思想。“把贫困地区孩子培养出来，这才是根本的扶贫之策。”有的人认为这是教育扶贫。其实，这不仅是教育扶贫，也是知识、思想、文化、精神等方面的扶贫，更是着眼于人生的战略扶贫。六是产业扶贫思想。“贫困地区发展要靠内生动力”“一个地方必须有产业，有劳动力，内外结合才能发展”。七是要重视精准扶贫成效，不能“手榴弹炸跳蚤”，要看真贫、扶真贫、真扶贫，少搞一些盆景，多搞一些惠及广大贫困人口的实事。八是系统扶贫思想。“扶贫要实事求是，因地制宜”“要分类指导，把工作做细，精准扶贫”。九是培育共同扶贫的社会价值观思想。对于弘扬中华民族扶贫济困的传统美德、培育和践行社会主义核心价值观、动员社会各方面力量共同向贫困宣战、继续打好扶贫攻坚战，具有重要意义。

精准扶贫一系列扶贫开发思想，解决了扶持谁、谁来扶、怎么扶的问题，形成扶贫开发完整的组织保证、政策措施、方法途径和管理机制，为中国扶贫开发指明目标方向，从全方位提供新的理论指导，是先富带后富理论的新探索和重大创新。

总结改革开放以来中国扶贫实践和理念的发展演变，在总体上呈现出从追求平等、公平的救济式扶贫到促进区域发展、能力提升的开发式扶贫，再到精准扶贫、精准脱贫等理念方式的阶段性演进。同时，扶贫开发机制的不断完善，为扶贫理念形成和发展提供了实践基础，扶贫理念的提出、检验、修正和完善也为推动扶贫开发实践提供了理论支持。从先富带动后富的共同富裕理论，到协作扶贫的全面建设小康社会、解决温饱问题，再到精准帮扶的全面建成小康社会、达到小康水平，体现着扶贫理论的创新和完善。

三、理论与实践：扶贫机制创新中的发展与提升

作为世界上最大的发展中国家，中国历来重视贫困问题的解决。自 20 世纪 80 年代开始，中国在农村推行了有组织、有计划、大规模的开发式扶贫。从当前来看，中国政府主导下的农村反贫困取得了显著成效，成为世界上减贫人口最多以及率先完成联合国千年发展目标的国家，并形成了具有中国特色的扶贫开发理论体系。不断进行扶贫开发的理论创新和制度完善是中国扶贫开发的重要特征。从宏观来看，从救济式扶贫到开发式扶贫再到精准扶贫，中国扶贫开发的理念和实践方式不断创新、完善。在具体的反贫困过程中，中国政府不断学习和借鉴包括国际组织在内的其他扶贫主体的扶贫模式和方式方法，改善政府扶贫在对象瞄准、资源传递、成效评估等方面的实施方式。因此，中国农村扶贫开发越来越重视经济开发与社会公平、传统文化和环境保护等方面的关系，坚持扶贫开发与社会发展、生态建设和环境保护相结合原则，采取有效的激励措施，防止贫困陷阱的出现，并通过提升贫困人口人力资本方式，鼓励发挥贫困人口的积极性、主动性，防止其陷入贫困的代际传递。

我国从 1986 年开始实施大规模有计划的扶贫工作以来，一直十分重视扶贫机制的改革和创新，取得了世所公认的扶贫成就，在长期的扶贫实践

过程中，中国的扶贫理论机制实现了精准扶贫、扶贫模式、绿色减贫、扶贫格局等方面的发展与提升。

（一）“靶向瞄准”：科学有效的精准扶贫理论体系

扶贫开发贵在精准，重在精准，成败之举在于精准。精准扶贫理论围绕“扶贫对象精准、项目安排精准、资金使用精准、措施到户精准、因村派人精准、脱贫成效精准”的“六个精准”，形成了新时代的扶贫开发理论体系。由此看出，精准扶贫理论体现的都是人的因素，集中表现为精准识别、驻村帮扶以及考核与管理。精准扶贫工作理论是新时期扶贫理论中最大的创新，也是脱贫攻坚战役取得成功最强有力的保障。

第一，基于瞄准理论的精准识别。在扶贫开发早期，为获得资金支持，扶贫对象中夹杂着很多关系户、人情户。这严重挫伤了贫困群众的扶贫参与积极性，也损害了政府的公信力，把一些真正的贫困群体排斥在了帮扶救助之外，降低了扶贫效果。

精准识别则是由国家制定统一的扶贫对象识别办法，按照县为单位、规模控制、分级负责、精准识别、动态管理的原则，对每个贫困村、贫困户建档立卡，建设全国扶贫信息网络系统。各项扶贫措施要与贫困识别结果相衔接，深入分析致贫原因，逐村逐户制定帮扶措施，集中力量予以扶持，切实做到扶真贫、真扶贫，确保在规定时间内达到稳定脱贫的目标，为扶贫开发瞄准对象提供科学依据。

精准识别改变了以往的大水漫灌的普惠式扶贫，通过建立贫困户的信息平台，时时更新贫困户数据库、追踪贫困户脱贫动态、实现了精准扶贫的高效管理，实现了贫困户的精准识别、贫困政策的精准落实、资源的优化配置。针对不同致贫原因，因户施策，最大限度地发挥精准效应。尤其是精准识别的回头看，实现了贫困户的动态调整，真正帮助了需要帮扶的贫困群体，所以说精准识别是精准扶贫理论的先导。

第二，基于贫困治理的驻村帮扶。驻村帮扶机制作为扶贫开发工作机制的伟大创新，通过驻村工作队制度，确保了每个贫困村都有驻村工作队，每个贫困户都有帮扶责任人。驻村帮扶是提高扶贫开发有效性和针对性的重要举措。干部驻村帮扶机制在脱贫攻坚战役中的意义十分重大。在驻村帮扶过程中，加强了基层组织建设，配强了村级领导班子；拓宽了路子，因地制宜开辟了致富门路。通过驻村帮扶人员的积极作为，农村基础设施得到了改善，农村面貌有了改变；干群关系更加密切，干部作风明显转变。

在实施驻村帮扶工作机制过程中，一是选取了一支有思想、高素质、有眼见、懂经营的驻村干部队伍。驻村干部服务于贫困群众，扎根贫困村，驻村干部扶贫开发能力建设得到了提高，在带领贫困群众脱贫致富的道路上为群众想方法出点子。二是形成了一支敢闯敢拼、敢于打胜仗的驻村干部队伍。队伍精干度直接关系到事业成败和人心向背，因此承担扶贫开发任务的单位，要落实主管领导和干部负责制，履行好扶贫开发责任，确保责任到人，任务到肩，选派德才兼备、具有发展潜力和培养前途的优秀干部驻村帮扶，保证队伍的优良和精干实力，确保在发展农村经济、服务基层百姓方面出实效。三是建立了一支甘于奉献、敢于吃苦的驻村干部队伍。“但愿苍生俱温饱，不辞辛苦出山林”，扶贫从来都是攻坚克难的“硬骨头”。驻村干部零距离接触了解群众疾苦，面对面感受群众的困难，对群众的感情才更深，解决问题的主动性才更强。因此驻村干部要有耐得住寂寞、守得住清贫和访贫问苦、甘于扎根基层的奉献精神和吃苦精神。四是完善了一支心系群众、服务群众的驻村干部队伍。只有把群众当亲人，才能赢得群众的真信任。

实践证明，在开展农村和群众工作中，积极作为的驻村帮扶，既能了解农村基层情况，又能推进精准扶贫工作的落实，还能提升驻村帮扶干部的工作能力，是了解基层党情、政情的有效方式。

第三，基于科学管理的考核机制。从扶贫规划到项目落地再到扶贫效果评价，都需要有一套行之有效的管理和考核机制，一方面是为了扶贫项目的科学合理，另一方面是为了督促各级政府和人员严格落实各项扶贫政策，真正沉下心来打赢脱贫攻坚战役。

科学有效的管理和考核机制包含三层内容。一是强化扶贫资金管理。以往的财政专项扶贫资金管理机制存在着专项资金太多、太乱、不利于统筹使用，专项转移支付分配审核不够严格，资金使用没有监督机制，造成资金浪费和腐败、资金使用效果不佳等问题。因此政府改革了资金分配机制、使用机制、监管机制，实行资金整合机制、金融服务机制、社会参与机制。二是扶贫工作考核。包括贫困县考核和驻村干部考核。贫困县考核的重点是转变不考虑贫困地区功能和职责差异的、以地区生产总值为主的考核制度，建立了以扶贫开发为中心指标的考核制度，驻村干部考核，以百姓满意、脱贫成绩为主要考核项目，接受群众监督。三是强化扶贫绩效管理。建立了扶贫工作绩效评估制度，对重大扶贫举措、重点扶贫项目、专项扶贫资金加强绩效评估。加大了扶贫工作绩效考核力度，将精准扶贫工作作为党政领导干部实绩考核、乡镇和部门工作考核、机关干部年度考核的重要内容之一，科学设置考核指标，提高扶贫工作考核权重，完善考核奖惩措施，强化考核结果运用，促进了精准扶贫工作落到实处、取得实效。

（二）“利益联结”：多元化、可持续的长效增收机制

围绕农民增收、地区发展的目的，将贫困户的利益植入扶贫开发路径中。通过实施新型扶贫模式，创新农户参与机制，探索利益分红制度，将贫困群体的收入植入扶贫路径发展的全过程，带动贫困群体和贫困地区共同发展。

第一，多元化扶贫模式。多元化扶贫模式重点解决“怎么扶”的问

题。按照贫困地区和贫困人口的具体情况，实施了“五个一批”工程。一是发展生产脱贫一批。引导和支持所有有劳动能力的人依靠自己的双手开创美好明天，立足当地资源，实现就地脱贫。二是易地搬迁脱贫一批。贫困人口很难实现就地脱贫的要实施易地搬迁，按规划、分年度、有计划地组织实施，确保搬得出、稳得住、能致富。三是生态补偿脱贫一批。加大对贫困地区生态保护修复力度，增加重点生态功能区转移支付，扩大政策实施范围，让有劳动能力的贫困人口就地转成护林员等生态保护人员。四是发展教育脱贫一批。治贫先治愚，扶贫先扶智，国家教育经费向贫困地区倾斜、向基础教育倾斜、向职业教育倾斜大幅度倾斜，帮助贫困地区改善办学条件，对农村贫困家庭幼儿特别是留守儿童给予特殊关爱。五是社会保障兜底一批。对贫困人口中完全或部分丧失劳动能力的人，由社会保障来兜底，制定了农村扶贫标准和农村低保标准，同时加大其他形式的社会救助力度。

通过“五个一批”工程，实现了贫困群体的多种致富路径。通过扶持生产和就业发展一批，为贫困群众打造“造血”能力；通过易地搬迁安置一批，挪出“穷窝”斩“穷根”；通过生态保护脱贫一批，以生态补偿反哺贫困地区；通过教育扶贫脱贫一批，发展职业教育、技术培训提升就业技能；通过低保政策兜底一批，保证困难群众“一个都不掉队”。五个一批是一种列举和思考，但又不仅仅局限于此。最关键的是隐含其中的因人因地施策、因贫困原因施策、因贫困类型施策的分类施策思想。时刻注重农民利益的增收，这是对新阶段扶贫理论的创新，也是扶贫开发“啃硬骨”的根本路径。

第二，与贫困群体的利益联结机制。多元化的扶贫路径不仅仅简单表现为区域经济发展的思路，更重要的是体现了扶贫过程中的贫困群体的利益分享机制，集中表现为完善的利益联结机制。完善的利益联接机制是维护贫困群体利益的关键环节，也是科学推进精准扶贫的重点任务。分散的农户特别是贫困户在市场中通常处于弱势地位，在资源整合和利益分配的过程中需要政府的协助来保障自己的利益。用什么样的机制将新型经营主体与贫困户联接起来，在发展现代产业的同时，让贫困户和贫困村分享产业发展的红利，是做好产业扶贫工作必须回答的一个问题。

在打造利益联结机制的过程中，各地积极推行“政府主导型、能人带动型、企业运营型、村组引领型”等多种利益联结扶贫方式，改普惠政策为差异化扶持政策，改“给钱给物”、打卡到户为直接帮扶、委托帮扶和股份合作等多样化的帮扶方式，鼓励贫困地区农业企业、农民合作社、家庭农场与贫困农户建立了紧密的利益联结机制，提高了贫困农民参与当地特色产业发展的组织程度。多种扶贫方式并存从而完善了利益联结机制，破除了产业扶贫瓶颈，利益联结机制事关扶贫的持续性和有效性，通过引导贫困户之间、贫困户与普通农户、贫困户与新型经营主体加强联合合作，把千家万户的小生产与千变万化的大市场联结到一起，实现了稳定增收、稳定脱贫。

（三）“两山理论”：注重生态效益的绿色减贫理论

扶贫开发不能只简单追求经济利益，习近平总书记指出既要经济发展又要保护环境，既要金山银山也要绿水青山，注重生态效益和扶贫脱贫同步发展。

我国的贫困地区往往是自然资源富集区，又是重要的生态屏障区和生态脆弱区；既是经济发展、生态保护战略区，又是经济社会相对落后和贫困人口聚集区，具有一般性贫困和生态性贫困的双重特征。因此，这些地区的发展必须走绿色发展的道路，脱贫攻坚必须以绿色发展为原则。积极推进绿色与减贫无缝对接，贫困地区要走出绿色减贫、生态减贫的创新之路。

绿色减贫的最大意义在于其产生的减贫效应不仅体现在收入的提高，

同时还体现在环境、生态、文化等综合效应上。同时，绿色扶贫也实现了经济目标、社会目标和生态目标的统一。我国主要探索了生态工程与减贫结合、发展绿色产业和生态移民三种绿色减贫的方式。围绕“绿水青山就是金山银山”的理念，牢固树立创新、协调、绿色、开放、共享五大理念，大力弘扬生态文明建设、大力实施大扶贫战略行动、不断探索生态文明和反贫困的路径，取得了显著的经济效益和社会效益。

（四）“大扶贫”：全社会共同参与扶贫开发的格局

扶贫开发不是一个部门、一个行业的内部事情，是全社会的大事。倡导全社会共同参与扶贫开发，就是鼓励推进民营企业、社会组织和公民个人参与扶贫开发，推进扶贫开发由以政府为主向社会多元化转变，不断增强贫困地区群众脱贫的自信心和应变能力。广泛动员全社会力量共同参与扶贫开发，是我国扶贫开发事业的成功经验，是中国特色扶贫开发道路的重要特征。民营企业、社会组织和个人通过多种方式积极参与扶贫开发，社会扶贫日益显示出巨大发展潜力。

通过社会组织和社会力量引进了项目、资金和技术等参与到了贫困地区的扶贫开发工作。通过引导企业到贫困地区投资兴业、招工就业、捐资助贫、捐资助学、技能培训等多种形式，开展村企共建、结对帮扶等扶贫活动，形成了资金、项目、人才、技术等方面向贫困地区聚焦的趋势。通过引导社会成员捐资助贫，开展助教、助医等扶贫活动，构建了扶贫志愿者网络和服务体系。

扶贫开发是一项系统工程，需要全社会共同努力。一方面，由政府主导，加大对扶贫资金的投入，项目的整合，为贫困乡村提供更多更好的公共服务，创造公平公正的环境；另一方面，充分挖掘各种社会帮扶资源，积极引导民营企业、社会组织、驻地部队以及扶贫志愿者开展多种形式的扶贫帮扶活动，努力营造“扶贫向善、济困光荣”的社会氛围。实施精准扶贫，必须广泛动员和凝聚社会力量参与扶贫，形成政府、市场、社会互为支撑，专项扶贫、行业扶贫、社会扶贫“三位一体”的大扶贫格局。

党的十八大以来，以习近平同志为核心的党中央将扶贫攻坚任务上升到新的战略高度，在实现“全面建成小康社会”第一个百年奋斗目标的关键阶段，将“精准扶贫”作为当前和今后一个时期中国贫困治理的指导思想，既体现了认识论和实践观的高度统一，也为全国各条战线齐心协力开展扶贫攻坚工作发出了总动员。“精准扶贫”从理论到实践形成了系统的思想，不仅成为指导我国扶贫工作的重要方针，为我国扶贫攻坚、全面建成小康社会取得成功奠定了思想基础，而且提升了关于社会主义共同富裕的思想认识，是马克思主义中国化的又一个重要的最新成果，具有深远的实践意义和广泛的理论意义。由“精准扶贫”理论产生的一系列针对性强的“滴灌式”扶贫机制创新举措密集出台，提升了贫困群众的增收能力，促进了贫困地区的经济发展。对贫困认识的转变以及扶贫机制体制的改革和创新，体现了我国政府与时俱进的特点。根据实践效果和未来前景看，中国扶贫理论和实践机制体制的改革与创新正在迅速推进，且精准扶贫工作已取得明显成效。

·第三章·

扶贫机制创新实践的成效与问题

十八大以来，各项扶贫机制推陈出新，取得了很大的成效。2014 年，中共中央办公厅、国务院办公厅印发了《关于创新机制扎实推进农村扶贫开发工作的意见》，这是继《中国农村扶贫开发纲要（2011—2020 年）》实施之后，指导扶贫开发的又一个纲领性文件。《意见》突出强调改革创新，集中力量解决突出问题，对于落实中央新时期扶贫开发战略，形成更加协调、更有效率、更可持续的扶贫开发体制机制，加快贫困群众脱贫致富、贫困地区全面建设小康社会步伐，具有重要的指导意义。2015 年 11 月，中共中央、国务院印发了《关于打赢脱贫攻坚战的决定》，这可以说是 2020 年前我国脱贫攻坚的总纲领，尤其是明确了 2020 年的减贫目标：到 2020 年，稳定实现农村贫困人口不愁吃、不愁穿，义务教育、基本医疗和住房安全有保障。实现贫困地区农民人均可支配收入增长幅度高于全国平均水平，基本公共服务主要领域指标接近全国平均水平。确保我国现行标准下农村贫困人口实现脱贫，贫困县全部摘帽，解决区域性整体贫困。

总的来看，通过两年的扶贫机制创新，不仅精准扶贫的工作机制得到了全方位的完善，各类扶贫模式也有很大突破，通过机制创新大幅提升了脱贫攻坚的水平。从机制创新角度看，精准扶贫以来通过对精准扶贫工作机制、内源发展机制、外源推动机制、绿色减贫机制等机制的创新，创造了具有中国经验的精准扶贫脱贫机制；从其取得的成效看，通过机制创新，精准扶贫精准脱贫有序推进，减贫成效更加突出、减贫的各项机制也更加完善、减贫的绩效水平也显著上升并且形成了一批可复制可推广的精准扶贫精准脱贫模式。

一、机制创新：精准扶贫精准脱贫机制的实践探索

近两年来，基于2020年脱贫攻坚目标，各地围绕精准扶贫精准脱贫机制创新开始了实践探索。精准扶贫工作机制进一步得到了完善，脱贫攻坚的内源发展机制和外源推动机制不断创新，绿色减贫机制也开始了大量的实践探索并且取得了很多效果。

（一）精准扶贫工作机制创新

十八大以来，各地围绕精准扶贫的工作机制展开了大量的创新实践，各地主要围绕精准扶贫的责任机制、瞄准机制、监测机制、评价机制和资金使用机制五个方面取得了卓有成效的探索。

第一，责任机制：完善中央统筹、省负总责、市县落实的扶贫工作机制。精准扶贫伊始，即对扶贫开发各级的领导责任有具体的要求，中央在各种场合通过不同方式强调精准扶贫要切实落实领导责任，不仅要坚持党对精准扶贫开发的统领工作，还要强化扶贫开发工作的领导责任机制。2015年6月18日，习近平总书记在贵州召开部分省区市党委主要负责同志座谈会，在听取对“十三五”时期扶贫开发工作和经济社会发展的意见和建议时，指出精准扶贫要“切实落实领导责任。坚持党的领导，发挥社会主义制度可以集中力量办大事的优势，这是我们的最大政治优势。要强化扶贫开发工作领导责任制，把中央统筹、省负总责、市（地）县抓落实的管理体制，片为重点、工作到村、扶贫到户的工作机制，党政一把手负总责的扶贫开发工作责任制，真正落到实处。”并对中央、省级政府、基层政府在精准扶贫过程中具体的责任定位做了详述：“中央要做好政策制

定、项目规划、资金筹备、考核评价、总体运筹等工作，省级要做好目标确定、项目下达、资金投放、组织动员、检查指导等工作，市（地）县要做好进度安排、项目落地、资金使用、人力调配、推进实施等工作。党政一把手要当好扶贫开发工作第一责任人，深入贫困乡村调查研究，亲自部署和协调任务落实。”2016 年 10 月 17 日，中办、国办印发了《脱贫攻坚责任制实施办法》，正式明确了“中央统筹、省负总责、市县落实、合力攻坚”的脱贫攻坚责任体系，并就具体责任进行了细化，同时明确了比较详细的奖惩办法。各地也就有关内容进行了探索，基本是通过签订《脱贫攻坚责任书》或《脱贫攻坚军令状》的形式，进一步明确了领导责任。例如，甘肃省委副书记等 8 名省委、省政府分管领导、13 个有扶贫任务的市州党政一把手和《甘肃省“1+17”脱贫攻坚方案》涉及的 22 个省直厅局主要负责同志向省委、省政府签订《脱贫攻坚责任书》，明确了直接领导责任和任务分解。

第二，瞄准机制：建成了符合各地实际的精准识别机制，贫困瞄准的精准程度大幅提升。精准扶贫以来，在扶贫工作机制方面最大的创新之一就是瞄准机制，各地围绕“扶贫对象精准”探索建成了符合各地情况的瞄准机制。从实践情况来看，各地的做法基本是对贵州省威宁县迤那镇“四看法”的应用和创新，在此基础上形成了适合各地情况的贫困瞄准机制。所谓的“四看法”就是“一看房，二看粮，三看劳动力强不强，四看家中有没有读书郎”的方法精准识别扶贫对象和是否成功脱贫，通过看贫困对象住房条件及其生活环境估算其贫困程度；通过看贫困对象现实的耕地拥有及收成情况和生产生活条件估算贫困程度；通过看贫困对象今天劳动力的强弱和掌握生产技能情况估算贫困程度；通过看贫困对象明天可持续发展能力和掌握科技知识情况估算贫困程度。此外，威宁县制定了详细的评分标准，对农户的居住条件、土地状况与生产条件、劳动力状况和技能掌握以及发展潜力和教育支出状况进行评价。由于四看法对传统仅靠收入判断贫困状况的瞄准方法有了大幅的突破，且取得了极好的效果，各地也效仿“四看法”探索了适合各地的做法。例如，青海省根据省内贫困户有大量牧民的情况，探索了“五看法”，在“四看法”的基础上增加了“看牛马羊”的内容；湖南省、贵州省的某些地市，探索了“六看法”或“六看一比较”，即一是了解该户居住环境条件，二是了解该户是否有四轮车和日常生活情况，三是了解该户家庭劳动力情况以及家庭成员中是否有大病人员，四是了解该户近期恶劣天气受灾情况以及是否有高中（中职）以上学生，五是了解该户有无营业执照和领取国家财政供养人员，六是了解该户经济收入支出情况等，七是将申请对象与本村寨农户比富有。

除了通过“四看法”完善瞄准机制之外，各地还在精准识别过程中加入了民主测评的方式，例如广西壮族自治区为确保精准识别全过程公平公正，在识别过程中，采取“两入户、两评议、两审核、两公示、一公告”程序识别贫困户。两入户：第一次是入户调查评分，第二次是贫困户名单确定后入户填写《贫困户建档立卡登记表》以建档立卡。两评议：第一次是村民小组评议，第二次是行政村两委评议，两评议只评分不评人。两审核：乡（镇）对贫困户名单进行抽验审核，行政村两委对贫困户名单进行审核。两公示：第一次在村民小组公示农户分数，第二次在行政村、自然村（屯）或村民小组公示贫困户名单。一公告是贫困户名单公示无异议后，县领导小组在政府网站和行政村进行公告。

第三，监测机制：贫困监测机制进一步完善，以大数据技术为手段的贫困检测技术愈发成熟。一方面，精准扶贫以来，统计部门和扶贫部门的贫困监测机制得到了进一步的完善。实际上，我国农村的住户调查开始得很早。自 1954 年起，就有专门的入户调查，通过入户调查收集基本的经济信息，分析计算农民收入、消费等宏观经济指标，测算贫困标准和贫困人口，同时，对于致贫原因、脱贫状况等信息也有一定程度的反映。2010 年起，国家统计局定期公开出版《中国农村贫困监测报告》，向社会各界发布我国农村贫困状况、展示贫困变化的宏观背景、介绍各部门和全社会的扶贫实践及其扶贫效果。精准扶贫以来，《中国农村贫困监测报告》更加详尽和完备，其内容包括住户收支与生活状况调查，用于反映全国和各省农村总体情况及贫困状况；国家农村贫困监测调查，用于反映贫困地区包括集中连片特殊困难地区和国家扶贫开发工作重点县的贫困状况；分县（市）社会经济基本情况统计，为贫困监测提供区域发展年度背景资料。此外，从2015年开始，还专门收录了有关的研究性文章，以及相关部门提供的扶贫活动开展情况，增强了报告的理论性和实践性。国务院扶贫办系统内部，也开展了多样的贫困监测系统，自2014年起，国务院扶贫办信息中心牵头每年就14个连片特困地区的片区攻坚纲要实施情况、资金投入情况、项目开展情况等内容进行监测，并撰写了《〈连片特困地区区域发展与扶贫攻坚规划〉实施监测报告》。

另一方面，以大数据为技术手段的贫困检测技术愈发成熟。随着电子信息技术的发展，以大数据为主要手段的各类“扶贫云”大幅提升了贫困监测的精准性和实用性。例如，贵州省通过将大数据技术和脱贫攻坚相结合，实现了贵州省的“扶贫云”系统的建立，可以利用大数据甄别贫困人口、用大数据管理扶贫项目和资金，从而实现利用大数据开展贫困监测和评估。通过扶贫云来健全贫困监测指标体系，并采用大数据手段采集与贫困人员、扶贫项目等内、外部相关数据，真实、准确、科学、合理地评估贫困地区、贫困人口状况及扶贫项目效益，为制定科学扶贫政策提供数据支撑。

第四，考核评价机制：完善的贫困县考核机制已经建成，第三方评估广泛开展。2014年，《关于创新机制扎实推进农村扶贫开发工作的意见》提出由主要考核地区生产总值向主要考核扶贫开发工作成效转变，对限制开发区域和生态脆弱的国家扶贫开发工作重点县取消地区生产总值考核，把提高贫困人口生活水平和减少贫困人口数量作为主要指标，引导贫困地区党政领导班子和领导干部把工作重点放在扶贫开发上。此后，中组部、国务院扶贫办制定《关于改进贫困县党政领导班子和领导干部经济社会发展实绩考核工作的意见》，从操作层面对改进贫困县考核工作提出了 9 点更为具体的意见。自此，各地以这两个文件精神为基础，对于贫困线考核机制的建立与完善都开展了广泛实践，贵州省、甘肃省较早地建立了贫困县考核机制。

2015 年 11 月，《关于打赢脱贫攻坚战的决定》要求要抓紧出台中央对省（自治区、直辖市）党委和政府扶贫开发工作成效考核办法，各省（自治区、直辖市）党委和政府要加快出台对贫困县扶贫绩效考核办法，明确指出要大幅度提高减贫指标在贫困县经济社会发展实绩考核指标中的权重，建立扶贫工作责任清单。自此以后，中央及国家有关部门会同国务院扶贫办制定了贫困县党政领导考核机制、贫困县约束机制、脱贫考核机制等一系列的标准、制度和组织管理规定，2016 年 2 月《省级党委和政府扶贫开发工作成效考核办法》出台，各省（自治区、直辖市）党委和政府，对照国务院扶贫开发领导小组审定的年度减贫计划，就工作进展情况和所取得的成效形成总结报告，报送国务院扶贫开发领导小组。2016 年 4 月《关于建立贫困退出机制的意见》要求建立严格、规范、透明的贫困退出机制，促进贫困人口、贫困村、贫困县在 2020 年以前有序退出，确保如期实现脱贫攻坚目标。2016 年 10 月《脱贫攻坚责任制实施办法》出台，按照中央统筹、省负总责、市县抓落实的工作机制，构建责任清晰、各负其责、合力攻坚的责任体系。

此外，精准扶贫以来，第三方评估机制从无到有发展迅速，2014 年，中国科学院曾开展过一些第三方评估的工作，2015 年《关于打赢脱贫攻坚战的决定》明确要求要“建立对扶贫政策落实情况和扶贫成效的第三方评估机制”，此后，第三方评估活动如雨后春笋，各地扶贫系统委托高校、科研单位开展了广泛的第三方评估活动，地方政府甚至出台了有关第三方评估的相关管理办法，例如，2016 年 9 月，陕西省就专门出台了《陕西省脱贫攻坚第三方评估办法》。就目前的情况来看，有关精准扶贫的考核评价机制还将更加完善，2017 年国务院扶贫办将正式开展对 2016 年省级党委、政府扶贫成效的考核，对各地扶贫开发成效进行第三方评估，对各省扶贫资金绩效进行考评，扶贫开发考核体系将更加完善。

第五，资金使用机制：资金整合、统筹机制初步建立。由于条块分割，长期以来各类资金使用分散、效率不高问题制约着扶贫工作推进。精准扶贫以来，由于国家的超常规投入，有关扶贫的资金大幅增长，2015 年中央财政用于支持贫困地区、贫困人口农业生产及改善生产生活条件、发展社会事业等综合扶贫投入近 5000 亿元。就财政专项扶贫资金而言，2016 年安排补助地方资金规模达到 660. 95 亿元，较上年增长 43. 4%。由于各项涉农资金都是“戴帽”下达，由各自的上级归口管理部门决定项目和资金投向，使贫困县在脱贫中能统筹使用的涉农资金有限，资金投入方向与实际扶贫需求脱节，影响了脱贫攻坚成效。扶贫资金使用管理分散、效率不高问题突出。

2014 年，《关于创新机制扎实推进农村扶贫开发工作的意见》在改革财政专项扶贫资金管理机制中，重点强调要以扶贫攻坚规划和重大扶贫项目为平台，整合扶贫和相关涉农资金，集中解决突出贫困问题。2016 年 4 月国务院办公厅发布《关于支持贫困县开展统筹整合使用财政涉农资金试点的意见》，希望通过赋予贫困县统筹整合使用财政涉农资金的自主权，统筹整合使用财政涉农资金，撬动金融资本和社会帮扶资金投入扶贫开发，提高资金使用精准度和效益，确保如期完成脱贫攻坚任务。此意见选择部分贫困县试点，一些提前试点地区通过财政涉农资金整合也确实收到了实实在在的成效。比如江西省吉安县松山村通过扶贫涉农资金整合，获取金额由此前 30 万元增加到了 386 万元，有效解决了脱贫难题；福建省选择平和县、明溪县两个省定扶贫开发工作重点县作为扶贫资金整合试点县。省级部门通过任务清单的方式，提出工作目标，由县级自主立项、选项。在县级层面打破扶贫项目资金使用的部门界限，允许县级整合部门间功能相似的扶贫项目资金，改变现有项目资金使用管理方式，形成“多个渠道引水、一个龙头放水”的扶贫资金投入新格局。2 月 16 日，财政部和国务院扶贫办联合发布《关于做好 2017 年贫困县涉农资金整合试点工作的通知》，决定将涉农资金试点范围推开到全部 832 个国家扶贫开发工作重点县和连片特困地区县，这意味着所有贫困县将可以统筹使用 20 大项涉农资金，提高财政资金配置效率，也确保资金投向最重要的方向、最关键的环节、最准确的对象，实现精准扶贫。

（二）内源发展机制创新

我国扶贫开发工作一直强调要建立一套可持续发展的内源发展机制，尤其是精准扶贫以来，强调通过培育贫困地区、贫困人口的内在动力机制，通过提升贫困人口的人力资本水平，提升贫困地区的内生动力实现贫困地区和贫困人口的长效脱贫机制。十八大以来，内源发展机制创新主要是通过教育扶贫机制、产业扶贫机制实现的。

第一，教育扶贫机制：全方位覆盖的教育扶贫机制已经建成。精准扶贫战略的一个核心内容就是“教育是阻断贫困代际传递的根本手段”，中央多次强调要着力加强教育脱贫，加快实施教育扶贫工程，让贫困家庭子女都能接受公平有质量的教育，阻断贫困代际传递。习近平总书记也多次强调，“扶贫先扶智”和“治贫先治愚”。“扶贫先扶智”决定了教育扶贫的基础性地位；“治贫先治愚”决定了教育扶贫的先导性功能；“脱贫防返贫”决定了教育扶贫的根本性作用。基于此，教育部门启动实施教育扶贫全覆盖行动，先后组织实施了 20 多项教育惠民政策措施，实现了贫困地区义务教育普及、学校基础设施建设、学生资助体系、教师队伍建设、民族教育发展、职业教育提升等领域的教育扶贫全方位覆盖，为 2020 年农村贫困人口全部脱贫、贫困地区同步建成小康社会奠定坚实基础。

在教育行业全覆盖教育扶贫政策中，既有贫困地区教育发展总体部署，也有具体支持项目。既有面向学生的举措，也有服务于教师的政策。既有普通教育，也有职业技术教育。既有面向11个连片特困地区的，也有专门针对新疆南疆四地州、西藏、四省藏区的特殊政策。既有改善基础设施条件的，也有提高学生身体素质的。包括：学前教育三年行动计划、全面改善贫困地区义务教育薄弱学校基本办学条件、农村义务教育阶段学生营养改善计划、学前教育资助政策、义务教育“两免一补”、普通高中学生资助政策、中等职业教育免学费、补助生活费政策、高等教育学生资助政策、西藏15年免费教育和新疆南疆四地州14年免费教育、教育援藏、援疆政策、职业教育团队式对口支援、面向贫困地区定向招生专项计划、直属高校定点扶贫、《国家贫困地区儿童发展规划（2014—2020年）》、《乡村教师支持计划（2015—2020年）》，基本建成了全方位覆盖的教育扶贫机制。

第二，产业扶贫机制：各地产业扶贫政策推陈出新，形成了多种创新模式。产业扶贫是我国扶贫开发长久以来取得重要成就的基本经验之一，精准扶贫以来对于产业扶贫高度重视，产业脱贫和劳动转移就业也是脱贫攻坚任务分解的重中之重，涉及农业产业发展的各个管理部门也出台了相当多的政策。

产业扶贫的思路是以产业发展带动农民增收。从精准扶贫以来的实践看，产业扶贫形成了以下五种模式：一是企业带动，这种仍然是长期以来我国产业扶贫实践形成的主流模式，通过龙头企业带动，合作组织或其他组织的参与，带动贫困人口增收，“公司+农户”“订单农业”是基本形式，此外，还形成了诸多的派生形式，比如“公司+农户+基地+市场”“公司+基地+农户”“公司+农户+党支部”等。二是大户带动，即通过一些在生产、销售有特长的农户带动，实现贫困人口增收。包括所谓“能人带动”“抱团经营”等形式，大户带动实际上也是企业带动模式的派生形式。三是集体经济带动，即通过集体经济的壮大，带动贫困人口增收。此模式主要是一批依托优势资源和扶持政策发展壮大了村集体经济的明星村，各村将村集体经济收入重点支持贫困户，精准扶贫以来，除了传统的明星村之外，依靠扶贫政策，也诞生了一批集体经济强大的村庄。四是政策带动，此模式主要是依靠精准扶贫以来中央扶贫的各类奖补政策支持，通过奖补扶持政策与资源开发对接，让贫困户在产业发展中受益，较为典型的是光伏扶贫。还有各地较为通行的小额信贷扶贫，大部分地区将小额信贷资金通过挂靠经营和保底分红的形式带动贫困人口增收。五是新型产业和技术带动，即依托近几年兴起的新技术，例如大数据产业、电商扶贫等带动贫困户增收，也有依托近几年增长较为迅速的国民经济行业，例如旅游产业等带动贫困人口增收。

（三）外源推动机制创新

精准扶贫以来，除了通过激发贫困地区、贫困人口内生动力，建立贫困地区可持续发展的长效内源发展机制之外，中央也非常注重通过完善精准扶贫的外源推动机制，发挥我国社会主义制度的政治优势，放大脱贫攻坚的效果。精准扶贫以来，通过完善驻村帮扶机制、社会扶贫机制和片区攻坚机制，建立了较为完善的外源推动机制。

第一，驻村帮扶机制：充分发挥了社会主义制度的优越性。健全干部驻村帮扶机制是 2014 年《关于创新机制扎实推进农村扶贫开发工作的意见》的六项机制创新任务之一，也是精准扶贫以来我国社会主义制度优越性充分体现的标志之一，由于中央对驻村帮扶的高度重视，驻村帮扶制度建立得很快，各地积极探索精准扶贫新形式，大力开展干部驻村帮扶工作，到 2015 年 11 月已基本实现驻村工作队对贫困村、贫困户的全覆盖。各地针对实际情况，对驻村帮扶机制有不同的要求和创新，例如贵州省提出了“2 个 80%”的原则，即 80%招考进机关事业单位的大学毕业生要安排驻村，80%提拔的干部要来自基层一线，把开展驻村帮扶作为发现、培养、锻炼干部的重要途径。山西省每年安排 5000 万元干部驻村帮扶专项资金，解决驻村工作队资金筹措难题。

2016 年以来，各地驻村帮扶机制在原有基础上得到大幅完善。例如，贵州省 2016 年伊始就下发了《关于组建 2016 年同步小康驻村工作队和精准选派村第一书记的通知》，提出了进一步明确选派任务、进一步严格选派条件、进一步优化人员结构、进一步改进选派方式、进一步明确职责任务、进一步加强组织领导等六个方面的要求。各地做法基本相同，就驻村帮扶各项制度和机制进行了完善、细化。总的来看，驻村帮扶机制将更加严格、规范，尤其是在日常管理制度上。大部分省份出台了专门文件，对扶贫单位每年专题研究贫困村脱贫工作的次数，包村领导每年到村工作的时间，驻村帮扶工作队和第一书记到村工作时间等做出明确要求，有的还明确驻村帮扶工作队和第一书记必须脱产到村工作。此外，对包村领导、驻村帮扶工作队和农村第一书记的责任、考核、监督等方面做出明确规定。

第二，社会扶贫机制：定点扶贫和企业帮扶进一步创新。社会扶贫与专项扶贫、行业扶贫互为补充，由于其机动、灵活的特性，减贫效果往往也非常直接。因此，精准扶贫以来对社会扶贫机制的完善和创新也高度重视，2014 年 12 月，国办印发了《关于进一步动员社会各方面力量参与扶贫开发的意见》，指出要培育多元社会扶贫主体。大力倡导民营企业扶贫，积极引导社会组织扶贫，广泛动员个人扶贫，进一步深化定点扶贫工作，强化东西部扶贫协作。通过开展扶贫志愿行动、打造扶贫公益品牌、构建信息服务平台、推进政府购买服务等方式，创新社会扶贫参与方式。从 2014 年至今的两年多实践状况来看，定点扶贫、企业帮扶都产生过巨大的效果，形成了一批创新模式。

从定点扶贫来看，精准扶贫以来，几乎所有的市级以上的政府职能部门和某些国有企事业单位都参与到部门定点扶贫过程中来了，其帮扶对象也覆盖了贫困县、乡、村三级。例如，按照国务院扶贫办与国资委扶贫办的部署，招商局集团对湖北蕲春开展定点帮扶工作。2012 年至 2016 年 8 月，招商局集团在蕲春落地公益扶贫项目 13 个，投入扶贫资金共计 4200 余万元，成功开展“4+1”工程即建设一批幸福新村、转移一批劳动力、办好一个干部培训班、引进一批企业，建设和运作蕲春管窑长江码头。通过积极拓宽帮扶领域，有效提升了帮扶的价值，助推蕲春经济，实现跨越式发展。

从企业帮扶来看，精准扶贫以来产生了诸如万达、恒大集团定点企业扶贫的“万企帮万村”新模式。以恒大集团定点帮扶贵州省毕节市大方县为例，大方县 110 万人口，其中 18 万贫困人口。恒大集团从 2015 年 12 月开始结对帮扶大方县，计划三年无偿投入 30 亿，到 2018 年年底实现 18 万贫困人口全部稳定脱贫。到 2016 年 12 月，通过一年的努力，恒大与当地党委、政府联手初步打造了一个民企参与全县整体精准脱贫的新模式，成为社会力量参与扶贫的新典范，恒大集团在产业扶贫方面，已建设 277 个产业化基地，6700 个蔬菜大棚，引进了 27 家上下游龙头企业；易地搬迁扶贫方面，第一期建了 10 个新农村，第二期工程又建了 40 个新农村；教育扶贫方面，已建设 11 所小学、13 所幼儿园、1 所完全中学和 1 所职业技术学院，现已基本竣工；吸纳就业扶贫方面，恒大已吸纳大方县 10738 人在恒大集团和合作伙伴中就业，就业人员年人均工资 42000 元。到 2016 年 12 月，恒大已帮助大方县 80000 多人初步实现脱贫，完成总脱贫任务的 45%。

第三，片区攻坚机制：与精准扶贫机制协同推进。2011 年出台的《中国农村扶贫开发纲要（2011—2020 年）》明确指出“把连片特困地区作为主战场”，作为中长期的扶贫战略规划，从战略上明确了片区攻坚的扶贫开发，又从制度设计上对连片特困地区给予了诸多保障，之后片区攻坚成为扶贫开发工作重要的指导思想。2015 年，中共中央、国务院出台了《关于打赢脱贫攻坚战的决定》，指出“坚持精准帮扶与集中连片特殊困难地区开发紧密结合”，作为未来一个时期扶贫攻坚的指导思想，该文件对二者的关系和地位做了一定程度的明确。精准扶贫以来，片区攻坚机制在贫困地区的区域发展上做出了贡献，为区域经济发展带动贫困地区脱贫提供了动力。从片区减贫与发展的成效来看，片区贫困人口下降幅度快于全国贫困地区平均水平，片区贫困人口的人均纯收入增速也明显高于其他贫困地区。以 2014 年片区攻坚监测数据为例，截至 2014 年 12 月，14 个集中连片特困地区贫困人口减少为 3518 万人，比 2013 年下降 623 万人，降幅达 15%，比全国平均快 0.1 个百分点。2014 年片区贫困发生率为 17.1%，比全国农村贫困发生率平均水平（7.2%）下降近 10 个百分点，比 2013 年下降了 2.9 个百分点。2014 年片区农村居民人均可支配收入为 6724 元，比上年增加 767 元，增长率为 12.9%，扣除价格因素，实际增长 10.9%，比全国农村平均水平高 1.7 个百分点。

更为重要的是，片区攻坚机制的行业部委牵头带动片区发展，在精准扶贫实践中产生了巨大成就。以国土资源部门牵头乌蒙山片区脱贫攻坚实践为例，片区攻坚战略实施以来，国土资源部出台了《关于印发建立国土资源部乌蒙山片区基层扶贫联系点意见的通知》《关于支持乌蒙山片区区域发展与扶贫攻坚的若干意见》《国土资源部对口支援赣县振兴发展工作方案（2013—2020 年）》，2016 年国土资源部又出台了《国土资源部关于用好用活增减挂钩政策、积极支持扶贫开发及易地扶贫搬迁工作的通知》《关于进一步加强定点扶贫工作的意见》，为差别化支持乌蒙山片区脱贫攻坚出台了一系列的政策，而这些政策在其主推下又取得了良好的效果，有的推广至全国的贫困地区。例如增减挂钩政策，河北、山西、四川、贵州、青海等省实现增减挂钩指标在省域内流转，获得收益 41.38 亿元。巴中市将4500亩增减挂钩节余指标流转到成都高新区，获得收益13.28亿元，用于支持“巴山新居”等扶贫工程建设；陕南地区运用增减挂钩政策支持生态移民搬迁，解决了20亿元建设资金；位于乌蒙山片区的四川省叙永县和古蔺县利用增减挂钩节余指标发行20亿元易地扶贫搬迁债券，首批发行5亿元已获得成功。土地整治项目改善了贫困地区农村面貌和农业生产条件，提高了粮食综合生产能力，增加了农民收入，经济、社会、生态综合效益显著。河北阜平曾是一个年财政收入不到3亿元的贫困县，将土地整治增加的耕地指标流转用于占补平衡，已获资金23亿元；同时引进农业开发企业，采用PPP模式开展农业产业化经营，农民拿到了租金、股金、薪金，政府增加了财政收入，企业投资有了稳定回报，实现了多方共赢。

（四）绿色减贫机制创新

绿色扶贫是精准扶贫战略实施以来，各地因地制宜，结合地区的发展特点，提出的创新扶贫模式。对于自然条件较差的贫困地区，实施生态搬迁等包容性的减贫路径；对于生态条件较好的地区，改变了以前大力开发的扶贫模式，转化为以保护利用为主的长效扶贫路径，如建设生态观光景区等旅游产业；对于生态条件多样的地区，既有自然环境较好的区域，也存在生态破坏较严重的区域时，采取针对性的绿色减贫措施，对生态薄弱区加大管制保护力度，对自然条件较好的区域又要采取适当利用的减贫方式。国务院扶贫办主任刘永富在生态文明贵阳国际论坛2015年年会“生态文明与开放式扶贫”论坛上表示，中国正在实施的移民搬迁扶贫、光伏产业扶贫、旅游扶贫三项扶贫工程成为中国“绿色”扶贫重要支柱。事实上，2014年以来，我国的绿色减贫在实践中取得了长足进步和发展，也积累了一定的经验和创新模式。

第一，易地搬迁扶贫。易地搬迁是中国扶贫开发品牌之一，是我国扶贫开发过程中，将区域发展和绿色减贫相结合的最重要经验模式之一，国家“十三五”规划中被确定为实现2020年全部脱贫“五个一批”重要路径之一。到2020年，我国将对1000万贫困人口实施易地搬迁扶贫，占到整个扶贫脱贫人口的近15%，国家为此将投资6000亿资金来组织实施。经国务院批准，国家发改委印发2016年《全国“十三五”易地扶贫搬迁规划》，计划五年内对近1000万建档立卡贫困人口实施易地扶贫搬迁，着力解决居住在“一方水土养不起一方人”地区贫困人口的脱贫问题。《全国“十三五”易地扶贫搬迁规划》以精准扶贫、精准脱贫为统领，坚持搬迁与脱贫“两手抓”，明确了“十三五”时期推进易地扶贫搬迁的指导思想、目标任务、资金来源、资金运作模式、保障措施等，是各地推进易地扶贫搬迁工作的行动纲领。从精准扶贫以来异地搬迁扶贫的成效来看，截至2015年，国家累计安排易地扶贫搬迁中央补助投资363亿元，搬迁贫困群众680万余人。其中，2001—2010年，安排中央补助投资132亿元，搬迁贫困群众286万余人；“十二五”以来，共安排中央预算内补助投资231亿元，搬迁贫困群众394万人，在扶贫减贫中起到了重要作用。尤其对于贫困人口规模大且山区较多的省份来说，易地搬迁扶贫作用尤其明显。

第二，光伏扶贫。光伏扶贫是有效利用光伏发电产业对贫困地区、贫困人口进行精准扶贫的新型扶贫模式。2015年7月，国家能源局、国务院扶贫办印发了实施光伏扶贫工程工作方案，计划利用6年时间开展光伏发电产业扶贫工程并开展安徽、宁夏等三十余个首批光伏试点。2016年以来，国家能源局、国务院扶贫办联合下发多个指导性文件规范光伏扶贫，例如《关于印发2016年定点扶贫与对口支援工作要点的通知》《关于实施光伏发电扶贫工作的意见》《光伏扶贫实施方案编制大纲的通知》，对光伏扶贫的实施推进制订了较为详尽的计划。从各地实践情况来看，部分试点在光伏扶贫上已取得一定的成效，“中国光伏应用第一城”合肥，截至2014年，已有500户贫困户家庭受益于“光伏扶贫”，农户年均增收2500

元，到2018年将会完成1000户贫困家庭“光伏扶贫”目标。重庆市奉节县吐祥镇龙泉村光伏扶贫项目，一个3千瓦的光伏发电项目将为农村家庭年均增收6000元。经过近一年的建设推广，地处三峡库区腹地的重庆市奉节县“光伏扶贫”项目初见成效，新民镇、白帝镇、云雾乡、太和乡等山区村民累计收入达到57万余元。目前奉节县三峡高山地区并网光伏发电项目已完成59个，装机总容量达到964千瓦，300余山区贫困户从中受益。从全国总体来看，光伏扶贫是绿色减贫新途径，通过对贫困家庭开发安装屋顶光伏电站等形式促进贫困户增收，有利于人民群众生活方式的变革，开辟了贫困人口增收新渠道，达到绿色减贫效果。

第三，旅游扶贫。旅游扶贫是连接生态保护与减贫的有效桥梁，是绿色减贫创新最有效途径。国务院扶贫办与国家旅游局合作，启动贫困村旅游扶贫工程。2014年，国务院等七部委联合印发的《关于实施乡村旅游富民工程推进旅游扶贫工作的通知》对旅游扶贫做了有关规划，2015年、2016年两年，国家密集出台了与旅游扶贫有关的政策，扶持乡村旅游发展，带动贫困人口增收。《关于打赢脱贫攻坚战的决定》明确指出要依托贫困地区特有的自然人文资源，深入实施乡村旅游扶贫工程。国务院2016年中央一号文件提出要大力发展休闲农业和乡村旅游，国务院印发《关于加大脱贫攻坚力度支持革命老区开发建设的指导意见》，要求依托老区良好的自然环境，积极发展休闲农业、生态农业，打造一批具有较大影响力的养生养老基地和休闲度假目的地。发改委等七部门联合印发《关于金融助推脱贫攻坚的实施意见》，提出了金融助推脱贫攻坚的细化落实措施，包括各金融机构要立足贫困地区资源禀赋、产业特色，积极支持能吸收贫困人口就业、带动贫困人口增收的绿色生态种养业、经济林产业、林下经济、森林草原旅游、休闲农业、传统手工业、乡村旅游等特色产业发展。农业部等九部委联合印发《贫困地区发展特色产业促进精准脱贫指导意见》，意见提出大力发展休闲农业、乡村旅游和森林旅游休闲康养，有关财政资金在不改变用途的情况下，投入设施农业、养殖、光伏、水电、乡村旅游等项目形成的资产，具备条件的可折股量化给贫困村和贫困户。各种指导性文件不一而足，可以看出，旅游扶贫在当前的绿色减贫机制中已经占到重要作用，在未来的绿色扶贫中将起到主导性位置，伴随交通等基础设施的不断改善，山绿水清空气新鲜景观好的贫困地区，将是健康中国最理想之胜地，也是绿色发展和绿色减贫的重要模式之一，在不远的将来，也会成为走向小康和富裕的重要支撑。

第四，资产收益扶贫。资产收益扶贫机制，主要针对的是自主创收能力受限制的农村贫困人口，比如丧失劳动力而无法劳作的农民。目的在于把细碎、分散、沉睡的各种资源要素转化为资产，整合到优势产业平台上，扩展贫困人口生产生存空间，让其享受到优质资源，实现脱贫致富。目前已有四川、湖南、湖北、贵州等省份以“资产收益扶持制度”扶贫，先行开展探索。各地做法大体类似，即利用财政专项扶贫资金或部分支农资金作为贫困人口的股份，参与专业大户、家庭农场、农民合作社等新型经营主体和龙头企业、产业基地的生产经营和收益分红，以增加贫困人口的财产性收入。除了由国家财政资金形成资产确权入股外，资产收益扶持制度还可以推广到农民承包的土地经营权和农村集体资产。

较为典型的是贵州六盘水的资产收益机制探索：“三变机制”，即“资金变股金”“资源变股权”“农民变股民”。一是资金变股金，使分散的资金聚集起来，将财政投入到村的各类资金，原则上转变为村集体和农民持有的资本金，投入企业、合作社或其他经济组织，形成村集体和农户持有的股金。二是资源变股权，让沉睡的资源活起来。积极推进农村产权制度改革，整合农村土地资源、森林资源、劳动力资源、旅游文化资源等，采取存量折股、增量配股、土地入股等多种形式，转换为企业、合作社或者其他经济组织的股权，推动农村资产股份化、土地股权化，盘活各种资源要素，形成资源叠加效应，提高资源利用率。三是农民变股民，让增收的渠道多起来。鼓励农民以土地承包经营权、资金等入股企业、合作社或其他经济组织，按照股份获得收益，同时将财政定向投放到贫困户的帮扶资金，转变为贫困户持股，投入村集体领办和创办的经济组织获益。

二、效果评价：精准扶贫精准脱贫的实施推进

精准扶贫以来，由于我国超常规、组合拳的脱贫攻坚举措，精准扶贫取得了良好的减贫效果，在减贫成效、政策覆盖和群众满意度三个方面都取得了良好效果。

（一）减贫成效突出

精准扶贫以来，贫困人口每年减少 1300 万人以上，贫困发生率逐年稳步下降。党的十八大以来，经过各方面的不懈努力，我国脱贫攻坚取得了决定性进展，五年共减贫 6600 多万人，年均减少 1300 万人以上。贫困发生率从 2012 年年底的 10.2%下降到 2017 年的 4%以下，下降 6 个百分点以上。

贫困地区农村居民收入增幅高于全国平均水平。以 2012—2014 年为例，贫困地区农村居民人均收入由 4732 元增长到 6221 元，年均名义增长 14.7%，比全国农村居民平均水平快 2.9 个百分点。贫困地区农村居民与全国农村居民的收入差距不断缩小，2012 年贫困地区农村居民人均收入相当于全国农村居民人均收入的 59.8%，2014 年提高为 62.9%，提高了 3.1 个百分点。2012—2014 年，贫困地区农村居民消费支出由 3887 元增长到 5185 元，年均名义增长 15.5%，比全国农村居民人均消费年均增速快 3.4 个百分点。2012—2014 年贫困地区农村居民人均消费支出增速比人均收入增速快 0.8 个百分点。

精准扶贫以来我国贫困人口、贫困发生率变动情况

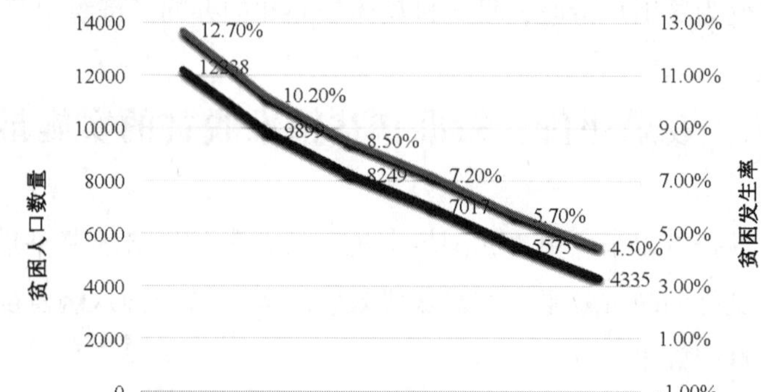

	2011年	2012年	2013年	2014年	2015年	2016年
贫困人口（万人）	12238	9899	8249	7017	5575	4335
贫困发生率	12.70%	10.20%	8.50%	7.20%	5.70%	4.50%

贫困人口（万人）　贫困发生率

贫困群众生活水平明显提高，贫困地区面貌明显改善。一是居住条件不断改善。2014 年，贫困地区农户住房建筑面积平均为 126. 8 平方米。居住钢筋混凝土结构住房的农户比重为 10. 8%，居住砖混材料住房的农户比重为 37. 8%，居住砖瓦砖木住房的农户比重为 38. 1%，居住竹草土坯房的农户比重为 6. 6%，与 2012 年相比，居住竹草土坯房的农户比重下降 1. 2 个百分点。二是饮水质量不断提高。2014 年，贫困地区饮水来源中，有 33. 1%的农户使用经过净化处理的自来水，有 40. 7%的农户使用受保护的井水和泉水。三是无厕所的农户比重明显下降。2014 年，贫困地区使用水冲厕所的农户比重为 14. 3%，使用卫生旱厕的农户比重为 10. 7%，使用普通旱厕的农户比重为 72. 2%，无厕所的比重为 2. 8%。与 2012 年相比，无厕所的农户比重下降了 2. 6 个百分点。第四，贫困地区农村基础设施不断改善。2014 年，贫困地区通电的自然村比重为 99. 5%，比 2012 年提高 1 个百分点；通电话的自然村比重为 95. 2%，比 2012 年提高 1. 9 个百分点；

通有线电视的自然村比重为75%，比2012年提高6个百分点；通宽带的自然村比重为48%，比2012年提高9.7个百分点；通客运班车的自然村比重为42.7%，比2012年提高3.9个百分点。2014年，贫困地区行政村中，有文化活动室的比重为81.5%，比2012年提高7个百分点；有卫生站的比重为94.1%，比2012年提高7.3个百分点；拥有合法行医证医生的比重为90.9%，比2012年提高7.5个百分点；有幼儿园或学前班的比重为54.7%，比2012年提高11.5个百分点；有小学且就学便利的比重为61.4%，比2012年提高3.3个百分点。

（二）精准扶贫精准脱贫的顶层制度设计初步完成

党中央确定的中央统筹、省负总责、市县抓落实的管理体制得到了贯彻，四梁八柱的顶层设计基本形成，各项决策部署得到较好落实。精准扶贫以来，中央狠抓精准扶贫的顶层设计，中共中央和国务院制定的《关于打赢脱贫攻坚战的决定》，确定了脱贫攻坚战的目标任务、指导思想，以及实现这一战略目标的路径、重点和措施。而《"十三五"脱贫攻坚规划》则是落实中共中央国务院《关于打赢脱贫攻坚战的决定》的具体行动，主要阐明"十三五"时期国家脱贫攻坚总体思路、基本目标、主要任务和重大举措，是指导各地脱贫攻坚工作的行动指南，是各有关方面制定相关扶贫专项规划的重要依据。而10个《决定》配套文件和101个政策文件包含了产业扶贫、易地搬迁扶贫、劳务输出扶贫、交通扶贫、水利扶贫、教育扶贫、国土扶贫、科技扶贫、健康扶贫、金融扶贫、社会保障与扶贫相结合等政策指点和措施路径。

此外，全党全社会关注扶贫达到历史最高水平。精准扶贫以来，扶贫工作重视程度之高、政策举措之实、工作力度之大都前所未有，在广度、深度和精准度上都达到了新的水平。国家各部委和各省出台支持脱贫攻坚战和精准扶贫精准脱贫的政策也是历史上从未有过的，扶贫资金投入、社会各界参与扶贫脱贫的程度也是前所未有的。据不完全统计，2016年中央和省级财政专项扶贫资金首次突破1000亿元，其中中央为667亿元，同比增长43.4%；省级超过400亿元，同比增长50%以上，扶贫投入力度空前。据统计估算，2016年全国有320个中央国家单位和21992个民营企业参与脱贫帮扶，形成了政府社会和市场相结合的大扶贫新格局。

（三）精准扶贫的工作机制全面得到完善

第一，精准扶贫机制实施顺利推进，精准识别工作顺利完成，扶贫对象精准程度大大提升。2014年建档立卡制度实施，全国所有贫困县、片区县和省级贫困县的贫困村和贫困户都已经完成精准识别。2015年以来，各省市县根据建档立卡出现的问题，进行了严格的复核检查和调整。2016年，各地又开展了建档立卡“回头看”，进一步细化了精准识别的数据，对精准识别贫困户、贫困村、贫困乡镇的各项综合信息档案已经建立起来。

第二，驻村帮扶工作队伍基本到位，贫困村第一书记也陆续到位，为建立坚强有力的扶贫脱贫基层治理结构打下了基础。目前我国向贫困村选派的驻村帮扶工作队伍40多万干部全部到位，贫困村第一书记选派也全部到位，平均每村3~5名干部队伍，每个贫困户都有对应的帮扶干部，每个贫困户都有属于自己的帮扶干部对接，贫困户生产、生活及产业发展都有干部在指导和帮扶。从而形成了新时代贫困村两委干部（村支部和村委会）、驻村帮扶工作队员、驻村包村干部、第一书记等的新型贫困村干部体系，构建了新型的扶贫脱贫治理结构即乡村治理结构。

第三，全社会“大扶贫”格局已经形成。目前，中央国家部委、省市机关事业单位、中央和国家企业、县直机关和乡镇村，积极参与到我国贫困村的扶贫脱贫工作中，社会团体、企业也都积极参与其中。无论是以片区牵头单位，还是对口帮扶，东西协作，扶贫脱贫的共同职责将政府、社会和市场力量聚集一体，为贫困地区2020年如期完成脱贫任务提供了强有力的动力支撑。健全干部驻村帮扶机制，实现了驻村帮扶制度化，把各级政府工作人员同贫困户直接而紧密地联系起来，动员了全社会的力量参与到扶贫体系中，形成“大扶贫”的扶贫攻坚格局。

第四，扶贫资金精准和扶贫项目精准的效率大幅提高。正是由于扶贫对象精准程度不断提高，从而为资金精准和项目精准奠定了基础，即扶贫项目和扶贫资金完全瞄准贫困户和贫困村，产业扶贫项目、资金贷款对象以及社保、医疗卫生计划等民生项目和交通、水利、电等基础设施项目和资金也同样聚集到了贫困村和贫困户，提升了扶贫脱贫效率。与此同时，资金和项目精准体现在因村因户不同而实施不同脱贫措施，因病致贫、因教育致贫等根据致贫原因确定不同扶贫脱贫项目和资金配套。一方面，促进了财政专项扶贫资金管理机制、金融服务机制的改革，另一方面也起到了强化金融扶贫服务机制导向作用。

第五，各具特色的精准扶贫精准脱贫创新模式的不断涌现。在精准扶贫精准脱贫新战略下，中国各省市县乡镇和贫困村积极行动起来，根据自身条件和优势，创新和探索了很多不同特色的精准扶贫精准脱贫模式，例如在广东的“双到：规划到户、责任到人”模式，陕西的“三五”模式、江苏的“分类精准扶贫”模式等基础上，2015 年全国又出现了诸如贵州的“四看”精准识别法，识别扶贫对象更加简捷实效实用；贵州精准扶贫的十大产业和“两线合一”创新做法；甘肃省在“联户联村—双联”模式基础上又创新推出了“六精准”和“1+17”扶贫模式和贫困县、村、户脱贫 191712 指标等新探索。可以说，全国各地的精准扶贫精准脱贫新模式、新举措和新方式，已经成为新时期中国精准扶贫精准脱贫经验大荟萃，值得认真总结和推广应用。

第六，增强了扶贫脱贫责任意识，密切了干群关系。精准扶贫精准脱贫明确了贫困县、乡镇村扶贫脱贫具体目标和重点任务，并且将扶贫脱贫目标任务落实到驻村帮扶干部个人身上，增强了对贫困户帮扶措施、就业培训、产业发展等责任，提升了扶贫脱贫能力，加快了扶贫脱贫的效率和速度，与此同时，也形成了乡镇政府与贫困村贫困户、干部与群众日益密切的共同体，减少、缓解并化解了多年淤积的干群矛盾冲突，形成了新型干群关系。

三、潜在矛盾和问题：精准脱贫创新的动力

虽然精准扶贫以来脱贫攻坚取得了巨大成效，但仍然有一些问题没有得到解决，其中有的是我国扶贫开发机制长期以来的遗留问题，有的则是新形势下遇到的新问题，但无论哪种，都是未来精准脱贫机制创新的新动力。总的来看，有以下几个亟须解决的问题：

（一）精准扶贫的供给和需求存在失衡，还需进行精准扶贫的供给侧改革

中央一直强调扶贫开发贵在精准、重在精准，成败之举在于精准。精

准扶贫实施推进以来，我国各类扶贫政策在瞄准程度上有了长足的进步，但时至今日，扶贫政策的供需双方在精准匹配的层面上，仍然有进步的空间。总体来看，精准扶贫实施以来，扶贫政策的供给总量很大，但在供给过程中对需求侧的重视远远超过供给侧的重视。第一，扶贫资源大量供应，但始终还未重视其效能的进一步优化。第二，扶贫资源的马太效应仍然存在，扶强容易扶弱难的情况没有得到改观。第三，一些需求侧最需要的扶贫资源仍然得不到保障，各地产业扶贫伤农的现象时有发生，住房、医疗、养老三座大山压力仍在。

因此，未来一个时期精准扶贫还需同步推进精准扶贫的供给侧改革，从供给侧发力。不断增强扶贫举措对需求变化的适应性和灵活性。尤其在未来一个时期，绝对贫困状况相对缓解、相对贫困逐步凸显的状况下，我国贫困人口的地区分布、致贫原因、资源需求将会发生巨大变化，必须多从供给端发力，在增加扶贫供给总量的同时，扎实推进农村扶贫供给侧改革，以适应未来我国贫困状况转型。此外，精准扶贫本质就是一场扶贫供给侧改革，贫困地区情况千差万别，贫困人口致贫原因各不相同，只有结构性施策，精准施策，才能提高扶贫成效，做到真扶贫、扶真贫、真脱贫，实现精准扶贫、精准脱贫。

（二）扶贫资金的使用效率还需进一步放大

精准扶贫以来，我国用于扶贫开发的资金不可谓不多，但由于各种原因，扶贫资金的使用效率还有提高的空间。影响扶贫资金使用效率低下的主要原因有：第一，扶贫资金的切块下达，也就是所谓的“撒胡椒面”，此类问题在制度上已经解决，从中央到地方已经允许扶贫资金的统筹整合，但由于在操作中的种种问题，此类问题在实践上的解决还需要一定的时间。第二，金融扶贫资金，每年政府贴息供给扶贫小额信贷。此类金融扶贫在地方实际运作大多是通过挂靠经营和保底分红的形式进行，贫困人口实际只能获取资金的少量利息，其资金的扶贫效果受到一定的影响，其政策的科学性仍需完善。第三，从财政资金的整体效能上看，扶贫资金的使用效率比较低下。有学者指出，2016 年中央和地方在扶贫上合计投入超过了 1000 亿元。按照减少 1000 万贫困人口规模计算，人均扶贫投入资金超过 1 万元。但按照数据和过去两年的通货膨胀率来计算，2016 年中国的贫困人口标准也就在 3000 元左右。从投入收益比来分析，国家在扶贫投入上的转化率其实只有 30% 左右。要提高扶贫资金效率，就要增加问题意识，确保扶贫资金用在“刀刃”上，这需要进一步优化扶贫工作机制，在扶贫工作方法上，应采取扁平化管理，以降低成本，扩大扶贫资金覆盖面与受益面。

（三）精准扶贫的可持续发展机制受到挑战

精准扶贫的可持续发展机制受到两方面的挑战，一方面，扶贫政策、项目的后期维护和可持续性发展还需要提升。精准扶贫以来，实施了很多超常规举措，这些超常规举措如何常规化、常态化仍然是未来减贫机制创新完善的重要方面。此外，一些扶贫项目和扶贫政策的设计对后期维护、可持续发展的考虑还比较欠缺，导致后期维护和可持续发展难以为继，扶贫效果昙花一现，扶贫项目重复建设仍然存在。

另一方面，城市化造成的贫困地区“空心化”问题，对贫困地区的可持续内源发展机制的建立造成很大挑战。城市化造成贫困地区的空心化问题可能是未来精准扶贫需要解决的重点难点问题之一，由于贫困地区区域经济发展难以吸纳足够的就业，也难以吸引贫困人口回乡创业，大量青壮年劳力外流，造成贫困地区空心化，贫困地区、贫困人口内生动力的激发有限。这带来两方面的问题，一是贫困地区由于内生动力的不足有可能持续衰败，虽然通过脱贫攻坚，贫困人口实现了脱贫，但贫困地区由于缺乏发展的动力而持续衰败。二是大量的留守儿童、留守妇女、留守老人增加了贫困代际传递的风险。虽然在《关于打赢脱贫攻坚战的决定》中明确指出要健全留守儿童、留守妇女、留守老人和残疾人关爱服务体系，但此类问题的根源在于区域发展的非均衡，可能还需要很长的一段时间去解决，在此期间，国家的战略选择、制度安排就显得尤为重要。

（四）东西协作机制还需加强

东西协作是我国社会扶贫机制中的重要一环，实施 20 年以来，在脱贫攻坚过程中取得了重要成绩，涌现出了闽宁协作、沪滇合作、两广协作等各具特色的东西帮扶模式。但精准扶贫以来，东西协作机制创新仍然不够，其长期存在的一些问题始终没有得到解决。例如：第一，其资源比较分散，聚焦脱贫攻坚不够。帮扶的时候存在重城市、轻农村，重基础设施建设、轻产业，重视面上的扶持、针对建档立卡的贫困群众关注不够等问题。第二，东西部帮扶工作出现了不平衡。所谓不平衡，东部地区省市都是国民经济比较发达、处于全国前列的省，但是有个别省、少数市做得不好，表现在东部有的省市具体实施、具体落实做得少，西部主动沟通、主动争取的意识远远不够。有些东部省市的扶持资金、扶持项目重点放在城市，甚至用于政绩工程，和西部地区区域长远发展、贫困人口长效增收的要求还远远不匹配。第三，东部地区的社会力量未充分发挥。东部地区不仅有政府资源，还有大量的企业资源、社会组织资源，很多个人也希望献爱心、做慈善，做一点实实在在的事儿，但是找不到对接点，在动员和组织方面存在不足。最后，缺乏考核，责任不落实。目前还没有针对东西协作的考核机制，如何建立一套既适合精准扶贫又符合结对城市实际的考核机制，是眼下亟须解决的问题。

（五）绿色减贫机制需要作为精准扶贫重要战略提上日程

党的十八大和十八届三中、四中、五中全会对生态文明建设做出了顶层设计和总体部署，五大发展机制中绿色发展也占据非常重要的地位。精准扶贫以来，贫困地区生态文明建设和绿色发展取得明显进步，绿色减贫机制也初步建立。但从绿色减贫的实践来看，绿色减贫还未作为专门的减贫机制上升到国家战略层面，绿色减贫的理念还未如精准扶贫、绿色发展那般深入人心。实际上，绿色减贫是可持续最强的共享发展模式。贫困地区人口大多受教育程度低、生存技能较落后、自身减贫能力弱，主要依靠政府的单项扶持。然而绿色减贫的实施，发展方式从外源向内源的根本转变，构建出新的绿色扶贫动力机制。从宏观层面看，国家从绿色发展角度出发，利用当地自然资源，建立相应的绿色扶贫项目，通过对贫困人口开展专业技术培训，拓宽其就业渠道和收入来源，从而提升贫困地区的内生动力。从微观层面分析，贫困人口从被动的接受式扶持变为主动的积极减贫。此外绿色扶贫战略因地制宜，结合地区的发展特点，提出不同的扶贫模式。对于自然条件较差的贫困地区，实施生态搬迁等包容性的减贫路径；对于生态条件较好的地区，改变了以前大力开发的扶贫模式，转化为以保护利用为主的长效扶贫路径，如建设生态观光景区等旅游产业；对于生态条件多样的地区，既有自然环境较好的区域，也存在生态破坏较严重的区域时，采取针对性的绿色减贫措施，对生态薄弱区加大管制保护力度，对自然条件较好的区域又要采取适当利用的减贫方式。

因此，如何严格按照党中央决策部署，把生态文明建设融入贫困地区经济、政治、文化、社会建设各方面和全过程，明确贫困地区绿色发展的总基调，切实把绿色发展融入扶贫脱贫和精准扶贫行动中、项目中、资金投入中和每一个帮扶措施和扶贫产业发展培育中，将是未来减贫的重点和难点。

·第四章·

新时代推进扶贫机制创新实践的总体思路

十八大以来，国家围绕精准扶贫机制完善已经进行了很多制度创新，精准扶贫的“四梁八柱”已经形成：在脱贫攻坚的工作机制上，立足《关于创新机制扎实推进农村扶贫开发工作的意见》，围绕精准扶贫的瞄准机制、责任考核机制、贫困监测机制、财政资金使用机制、驻村帮扶机制、社会扶贫机制、片区攻坚机制等方面进行了顶层设计。在精准扶贫精准脱贫的实现路径上，立足《关于打赢脱贫攻坚战的决定》确定的脱贫路径和“五个一批”战略，对外源推动机制和内源发展机制的不同方面也都进行了战略部署，各地围绕中央的战略部署实践也较为充分。有鉴于此，新时代扶贫机制创新应从两方面进行完善：一方面，立足 2020 年打赢脱贫攻坚战的历史任务，以完善贫困治理体系为出发点，围绕现有扶贫机制架构进行完善，补齐短板；另一方面，面向 2020 年后减贫战略的制定，确定现行标准下贫困人口全部脱贫、贫困县全部摘帽后我国贫困治理体系及减贫战略的整体走向。

一、扶贫机制创新的总体指导思想

现阶段扶贫机制创新的总体指导思想是：立足国家治理体系现代化的总体进程，以建立、健全贫困治理体系为目标，以 2020 年打赢脱贫攻坚战的历史任务为结果导向，推动我国现行扶贫脱贫机制的供给侧改革，补齐精准扶贫以来扶贫脱贫机制实践创新的短板。继续完善脱贫攻坚的工作机制，形成上下联动、部门联通的现代扶贫工作体系；注重贫困地区、贫困人口的主体地位，立足贫困地区具体实际，分类实施，有步骤、分重点地完善贫困地区的内源发展机制，不断增强贫困地区的内生动力和可持续发展能力；不断吸纳各方资源，建立政府、市场、社会参与脱贫攻坚的长效机制，通过优化外部资源整合、打通资源投放渠道、扩大贫困人口参与，放大贫困地区资源，不断提升外援拉动效率。

二、扶贫机制创新的目标和任务

（一）总体目标

以完善贫困治理体系为主要目标，不断完善脱贫攻坚工作机制、贫困地区内源发展机制和外源拉动机制，通过扶贫机制的供给侧改革，逐步补齐短板，形成现代化的贫困治理体系。

到 2018 年，扶贫资金、资源的效率大幅提升，贫困地区内生动力持续增长，基本建成现代化的扶贫工作机制，形成一批脱贫成效明显的减贫模式，贫困退出机制基本形成。

到 2020 年，形成较为完备的贫困治理体系，组织架构完善、合理，资源使用科学、高效，贫困人口有序退出，贫困地区可持续发展能力显著增强，基本实现消灭绝对贫困的目标。社会保障制度与扶贫开发制度衔接顺畅，初步形成以相对贫困人口为目标群体的保障机制。

（二）具体任务

1. 以《关于创新机制扎实推进农村扶贫开发工作的意见》《关于打赢脱贫攻坚战的决定》《“十三五”脱贫攻坚规划》等文件为指导，结合最近扶贫脱贫发展期实际，完善精准扶贫工作机制，围绕扶贫资源效率提升，全面构建科学规范和高效的外源拉动机制。

第一，建成科学、有效的责任机制。不断完善贫困县考核机制，广泛开展第三方评估制度，建成扶贫开发效果评估体系，贫困县退出机制运转有序。

第二，不断完善贫困监测机制、识别机制、瞄准机制，利用大数据等先进科技手段，建成科学合理的贫困监测制度，实现精准识别、动态管理，以此为基础衔接有关统计口径，实现贫困监测数据与相关行业部门数据互通，全面提升贫困治理能力。

第三，建成长效的驻村帮扶、党建扶贫机制，理顺驻村帮扶与村民自治的关系，不断完善相关保障措施和激励机制，建成以驻村入户、结对帮扶等形式为主的党政机关各级青年干部的培养机制，全面提升贫困地区治理水平。

第四，不断健全财政专项扶贫资金管理机制，建成县级扶贫资金、项目综合管理平台，实现扶贫资源的县级整合，建成资金分配、使用、绩效评价、监督、审计机制，不断提升扶贫资源管理现代化水平，大幅简化扶贫资金拨付流程，极大提升扶贫资源使用效率。

第五，不断完善金融服务机制，增强农村金融机构对于产业发展、能力提升的全面支持，基本建成有一定规模的贫困村资金互助组织。小额信用贷款制度进一步得到完善，推动贫困人口持续增收的效率进一步放大。农村金融环境得到全面改善，基本实现金融服务城乡一体化。

第六，建成渠道通畅、参与广泛的社会参与机制。建成大型企业参与贫困治理的相关机制，通过税收机制、产业政策对企业、社会组织参与贫困治理提供综合保障。定点扶贫、东西协作、军队和武警部队参与扶贫开发的机制得到全面完善。形成全社会关心、支持贫困地区的良好氛围，并建立扶贫荣誉机制。

第七，继续完善片区攻坚机制，基本建成部门合作协调、层级衔接顺畅，行业部门参与充分、减贫效果突出的行业帮扶机制，充分发挥片区攻坚牵头部门的资源优势，不断提升区域发展带动减贫效果的效率。

2. 围绕贫困地区可持续发展能力不断增强，稳步推进并构建扶贫脱贫的内源发展机制。

第一，建成全面益贫的教育扶贫机制，彻底阻断贫困的代际传递。全面建成教育经费向贫困地区、贫困人口、基础教育的倾斜机制，形成贫困人口教育各阶段的长效资助机制；初步建成贫困地区师资提升机制，全面改善贫困地区师资水平，完善相关生活补助制度，全面提升贫困地区初等、中等教育水平，彻底阻断贫困的代际传递。

第二，建成能够提升贫困人口内生发展能力和不断持续增收的产业扶贫机制。完善特色产业的产业规划、资金支持、技术支持机制，依托贫困地区资源禀赋形成特色产业发展机制，建立电商支持机制、农村产品品牌推介机制，不断放大产业脱贫效果；建成农民合作社、龙头企业等经营主体与贫困人口的利益联结机制，充分发挥其在贫困地区的组织和带动作用。

第三，初步建立绿色减贫机制，充分利用贫困地区绿色资源。继续完善旅游扶贫机制；探索建立文化产业扶贫机制；初步建成资产收益机制，形成专项扶贫资金、涉农资金的量化入股机制；初步建成贫困地区资源利益共享机制，探索贫困地区水电、矿产等资源开发，土地占用等开发收益机制；形成贫困地区产业投资机制，通过市场化方式吸引各类资源进入贫困地区，充分挖掘贫困地区绿色资源。

第四，建成贫困地区社区发展机制，提升贫困地区治理能力。基本建成贫困人口在乡村治理中的利益表达机制和参与机制，充分利用乡规民约等本土资源，充分激发贫困人口参与脱贫攻坚、公共治理的热情；建成长效的贫困村能力提升机制，对于贫困村的产业发展、基础设施、公共服务和党组织建设水平进行全面提升，不断提升贫困地区的内生发展动力；建立十分完备的基层党组织参与脱贫攻坚、乡村治理的有关机制，通过县、乡、村三级联动，集中整顿软弱涣散村党组织，提高贫困村党组织的创造力、凝聚力、战斗力。

3. 立足城乡统筹，全面建成贫困地区、贫困人口的社会保障机制。

第一，基本建成健康扶贫机制，建成覆盖所有贫困人口、保障其基本医疗卫生服务的医疗机制，建成大病救助机制、保险机制，彻底消除因病致贫、因病返贫现象。

第二，初步建成基于贫困人口的社会保障机制。农村最低生活保障制度与扶贫开发政策成功衔接，初步实现应保尽保；建成比较完善的社会救济、养老保险机制；探索诸如“以粮济贫”等形式的新型救助机制。

第三，建成易地移民搬迁机制，完善搬迁后扶持机制，完善有关公共基础设施的投入机制、土地供应机制、产业发展和就业转移机制，实现搬迁对象有业可就、稳定脱贫，做到搬得出、稳得住、能致富。

第四，全面建成贫困地区的生态保护机制。围绕退耕还林还草、天然林保护、防护林建设、石漠化治理、防沙治沙、湿地保护与恢复、坡耕地综合整治、退牧还草、水生态治理等重大生态工程，建成相关项目的益贫发展机制；初步建成贫困地区生态综合补偿试点，健全公益林补偿标准动态调整机制，完善草原生态保护补助奖励政策，推动地区间建立横向生态补偿制度。

三、扶贫机制创新的重点方面

（一）立足“内源–外源”关系，有步骤、有重点地完善脱贫机制

有必要立足贫困地区发展特征，通过分类实施、有步骤有侧重地完善脱贫机制。贫困地区的脱贫成效，既取决于其内生发展能力的强弱，也取决于外源拉动力量的强弱。精准扶贫以来，由于大量的外部资源投入，贫困地区的发展已经是内生动力和外源拉动合力的结果。因此，可以基于外

源拉动能力和内源发展能力对贫困地区进行简单的分类，依据其两方面的特征，对所有贫困地区进行理想类型的分类：

第一类，外部资源投入多，且内源发展能力相对其他贫困地区较强。这些村庄多是一些在脱贫攻坚工作中长期受益的村庄，甚至一些村庄本身就是所谓“明星村庄”，具有一定的内生动力，或者具有一定的区位优势或者资源优势，能够较早整体脱贫且返贫可能性较小。经过几年的脱贫攻坚，大多数村庄属于此类。第二类，外部投入资源较多，但内生动力较弱。这类贫困地区长期以来能够获得足够的外部资源支持，但区位较差、劳动力流失严重，缺乏足够的内源发展能力，总体来看，目前仍然需要攻坚的便是此类。第三类，外源投入较小且内源动发展能力不足。此类贫困地区既缺乏一定的自我发展能力，又因为各种原因没有得到较多的外部资源，多是一些不适宜居住或自然条件恶劣的地区，即需要“易地移民搬迁脱贫一批”的地区。第四类，有一定内源发展能力，但外源拉动较少。四种类型的矩阵图如下：

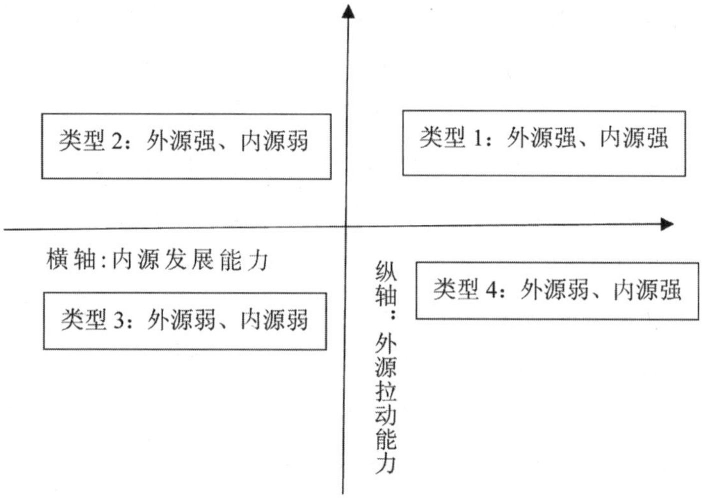

对此，我们也进行了一个检验。选取了若干指标，对内源发展能力和

外源拉动能力进行了测度。具体情况如下：第一，内源发展能力指标构建。内源发展能力简单来讲，是一个地区自身发展的潜力优势。影响一个地区内部发展除了经济因素以外，知识的投入发展也占据较大的比重，一个地区知识资源的投入是长期可持续发展的内部驱动力。同时，从人口角度来看，健康因素是影响当地人口数量和结构保持稳定的基础。从此几方面出发，内源发展能力指标体系主要包含三个维度，即经济、教育和健康，共四个指标，分别为：人均地区生产总值（元/人）、农村人均纯收入增长率（%）、高中阶段教育毛入学率（%）和有卫生室行政村比例（%）。第二，外源拉动情况指标构建。对贫困地区而言，外源拉动对于贫困地区脱贫具有毋庸置疑的重要作用，尤其对于部分资源有限或者发展优势较小的贫困地区，仅依靠当地财政支持难以达到脱贫目标。因此在初期阶段，外源拉动对于贫困地区可持续发展起到引擎作用。然而从目前中国的外源拉动成效来看，主要体现在外部对贫困地区的第三产业拉动作用。随着目前中国农业供给侧结构改革，农村地区依靠第三产业发展的趋势愈加明显，特色乡镇的建设、休闲农业产业的打造以及休闲旅游基础设施的建设等都需要外源力量的介入，因此第三产业是目前中国贫困地区依靠外部力量的重要方面。同时，区域之间的差异也是需要外部资源进一步进行合理分配的重要因素，绝对收入已不能作为体现农村地区整体发展水平的衡量标准。区域之间的收入比较，即相对收入是贫困地区可持续发展的准确衡量标准，只有进一步缩小城乡之间收入水平差距，才可以进一步促进城乡资源的公平分配，这才是农村或贫困地区（中国贫困地区大多在农村）未来得以长期发展的必要条件。因此在外源拉动情况指标体系中，选取第三产业增加值和城乡收入比两项指标来体现。在此基础上，我们以中国 11 个连片特困地区共 505 个县为研究对象进行了测算研究。数据来源主要为国家统计局、中国扶贫信息中心以及建档立卡数据等。采取标准化方法，对内源和外源指标分别进行标准化处理，通过各指标的权重分配进行加权，进而得到内源发展能力指数和外源拉动指数。根据计算，最终可得到 505 个县的内源发展和外源拉动分布情况，见下图：

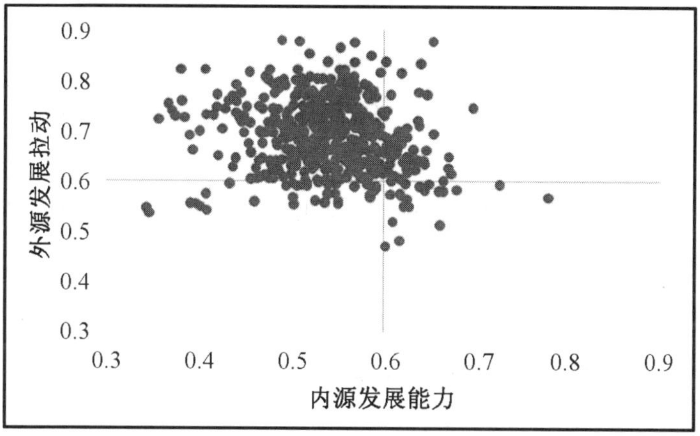

中国 505 个贫困县内源发展和外源拉动分布图

在上图中，X 轴表示内源发展能力指数，Y 轴表示外源拉动指数。指数从左到右，从下到上逐渐增大，因此，第一象限表示内源发展能力和外源拉动情况均较好的县域，第二象限表示内源发展情况较差，外源拉动情况较好的县域，第三象限表示内源发展能力和外源发展情况均较差的县域，第四象限表示外源拉动情况较差，内源发展能力较好的县域。从上图中可以看到，中国 505 个贫困县中，大多分布在第一和第二象限中，表示这些县的外源拉动情况均较好，但是内源发展能力好坏不一。总体上也验证了之前的判断。

基于此，我们认为脱贫机制的创新和供给侧改革，也要立足贫困地区发展特征，对于不同贫困地区的机制完善应该有一定的策略选择和时序差异，通过分类实施、有步骤有侧重地完善脱贫机制。对于第一类贫困地区，贫困县的考核、退出机制完善，应当尽快提上日程，并就相对贫困问题、扶贫开发政策和社会保障政策衔接机制的完善进行探索。对于第二类地区，可能重点在于完善财政资金的统筹机制以放大扶贫资源效率，同时尽快补齐内源发展短板。对于第三类地区，重点可能在于完善生态保护、生态补偿机制，尽快通过移民搬迁保护脱贫实现整体脱贫。对于第四类地区，重点在于完善整个区域的资源分配机制，让其获得相当的扶贫资源，拓展产业扶贫机制、资产收益扶贫机制等，尊重其内生发展能力，早日脱贫。

此外，也有必要对相同类型的贫困地区开展有针对性的特殊脱贫攻坚战。例如贵州省于2016年9月，选取20个自然条件极差、贫困程度极深、发展潜力极低的极度贫困乡镇（近乎上述分类的第三类型贫困地区），开展了极贫乡镇治理，已经取得了较好的成效。

案例

贵州毕节：破题“三极”，极贫乡镇“绝处求生”

“中国扶贫看贵州，贵州扶贫看毕节。”记者在贵州省毕节市3个极贫乡镇采访时了解到，在国家扶贫大战略指引下，“决策有方法、干部有干劲、群众有盼头”的脱贫热情正涌动在这些乡镇的每一个角落。

恶劣自然环境是脱贫“拦路虎”

2016年，贵州省在全省确立了20个极贫乡镇作为扶贫攻坚主战场。其中，毕节市威宁县石门乡、赫章县河镇乡和纳雍县董地乡3个极贫乡镇，贫困发生率均超过29%，是当地最难啃的“硬骨头”。

进入新年，地处贵州最西北角、海拔2200米的石门乡寒意凌人。由于地势较高、天气寒冷，除了传统的玉米和马铃薯以外，村民几乎不种其他作物。基层干部告诉记者，当地有“三宝”：土豆、洋芋、马铃薯。“虽然是一句玩笑话，也显示出产业发展的无奈”。

在贫困人口达10490人的河镇乡，25度以上坡耕地就达5.1万亩，年平均气温仅为11摄氏度。海雀村等海拔较高的村庄，冬天路面凝冻结冰，“汽车不装防滑链，很难爬上去”。两年前海雀村曾尝试种植半夏、红花，如今却重新种上了玉米，特色经济作物不能适应气候环境，推广难度很大。

董地乡更是典型的石漠化山区，全乡海拔落差近千米，人均占有耕地不足1亩，农业生产基本靠天吃饭、广种薄收。记者穿行在山谷中看到，山坡上石头中间“见缝插针”种上了玉米。朴德村村民李华说，家里2.8亩土地基本都在山坡上，“爬山种地太难了，只有丢荒”。

破题“三极”唯有“绝处求生”

石门乡新民村25岁村民饶文强患有癫痫、偏瘫，和父母、3岁的儿子一起生活。为了治病，家里欠了4万元外债，全家人靠每人每月128元低保金维持生活。现在村里“十户一体”发展养殖业“抱团脱贫”，但饶文强家情况太差，别人不愿意跟他联合。

在当地贫困户中，这样的情况不在少数。

当地扶贫干部认为，贫困乡镇发展有“三极”：自然条件极差、贫困程度极深、发展潜力极低。

要破解这些问题，唯有从根本上改变贫困现状。

针对20个极贫乡镇，贵州省确定由20位副省级以上领导干部分别带队，组建脱贫攻坚指挥部及前线工作队。贵州省认为，极贫乡镇定点包干脱贫攻坚，是大扶贫战略行动中的超常规战役，是集中火力解决极贫乡镇整体脱贫的最有效方法。

记者在石门乡采访时，威宁县副县长、石门乡党委书记马仲华刚从贵阳市参加全省极贫乡镇定点包干脱贫攻坚启动部署会归来。他说，现在“作战图”清晰，责任到人，对拿下石门乡这个脱贫攻坚“决战点”和“制高点”充满信心。

五级联动力攻扶贫“痛点”

目前，这3个极贫乡镇省、市、县、乡、村5级脱贫攻坚体系已经建立。毕节市、县均成立了以党政主要领导为双组长的扶贫开发领导小组，主攻“连片开发、整村推动”，突出产业扶贫和易地扶贫搬迁。

易地扶贫搬迁是这3个极贫乡镇脱贫攻坚的重要途径，共有5094人将在中心集镇、中心村集中安置，首批搬迁户正在陆续入住新房。当地政府对搬迁户未来的就业和生活做了初步安排。马仲华说，除了引导搬迁群众外出务工外，乡里还引进了毛绒玩具厂、奶牛场等企业吸纳就业，此外搬迁房一楼的商铺统一集中经营，产生的利益分配给搬迁贫困户。

海雀村村民朱学高在扶贫项目中选择了养牛。目前，朱学高家中有3头牛、40只羊和5头猪。“全家人靠着养殖，生活就会越来越好。”他说。

从事养殖业是贫困户较为认可的脱贫项目。董地乡朴德村贫困村民李华今年计划申请3万元的“特惠贷”养鸡。他给记者算了一笔账：3万元可以买1000只鸡苗，喂养6个月，每只鸡平均4斤重时养殖场负责回收。目前1斤收购价为17元，到时收益可达6.8万元，“除去贷款，当年就能脱贫”。

资料来源：新华社2017年1月4日

（二）立足扶贫机制供给侧改革，提升外源拉动整体效能

供给侧结构性改革是全面深化改革的重要内容，脱贫攻坚是现阶段国家重点战略方向，二者既有结合的必要，也有结合的可能。精准扶贫以来，巨量资源投入贫困地区，如何更好地激发内源发展，如何更进一步推动精准扶贫机制的创新，仍然需要在外源推动方面进行供给侧改革。中央一直强调扶贫开发贵在精准、重在精准，成败之举在于精准。精准扶贫实施推进以来，我国各类扶贫政策在瞄准程度上有了长足的进步，但时至今

日，扶贫政策的供需双方在精准匹配的层面上，仍然有进步的空间。总体来看，精准扶贫实施以来，扶贫资源的供给总量很大，但在供给过程中对需求侧的重视远远超过供给侧的重视。第一，扶贫资源大量供应，但始终还未重视其效能的进一步优化。第二，扶贫资源的马太效应仍然存在，扶强容易扶弱难的情况没有得到改观。第三，一些需求侧最需要的扶贫资源仍然得不到保障，各地产业扶贫伤农的现象时有发生，住房、医疗、养老三座大山压力仍在。

就目前的实践来看，中央和地方都在进行一些探索，但仍然在完善当中，主要是在扶贫资源的供给侧和产业扶贫的供给侧发力。例如，在整合扶贫资源、提升扶贫资金效率方面，2016 年全国各地扶贫资金纳入整合计划的资金总量是 3200 亿，实际整合了 2300 亿，已经有了比较好的成效。又如，在改善产业扶贫供给结构方面，精准扶贫以来，各地产业扶贫逐渐不再“大干快上”，不再是单一的供给产业扶贫项目，而是着力解决品牌问题、产业结构问题、绿色发展模式等问题，解决产品卖不出去、卖不到好价钱的问题。供给侧结构性改革在脱贫攻坚方面，通过体制机制的改革，通过创新，尤其是新的绿色生产方式、产业、业态和发展模式，已经有比较好的效果。

因此，未来一个时期扶贫机制创新还需继续推进精准扶贫的供给侧改革，从供给侧发力。不断增强扶贫举措对需求变化的适应性和灵活性。尤其在未来一个时期，绝对贫困状况相对缓解、相对贫困逐步凸显的状况下，我国贫困人口的地区分布、致贫原因、资源需求将会发生巨大变化，必须多从供给端发力，在增加扶贫供给总量的同时，扎实推进农村扶贫供给侧改革，以适应未来我国贫困状况转型。此外，精准扶贫本质就是一场扶贫供给侧改革，贫困地区情况千差万别，贫困人口致贫原因各不相同，只有结构性施策，精准施策，才能提高扶贫成效，做到真扶贫、扶真贫、真脱贫，实现精准扶贫、精准脱贫。

（三）立足产业扶贫机制完善，提升内源发展能力

内源发展包含丰富的内容，完善教育机制、扩大就业、培育产业、完善基础设施建设、培育市场机制等方面都能够以不同的方式促进内源发展能力的提升，能够直接带动贫困人口增收的还是产业，能够促进贫困地区可持续发展、防止贫困人口返贫的根本也在于发展产业，让贫困人口能获得长效、稳定的生计。精准扶贫以来，产业扶贫成就很大，直接促进了贫困人口增收。但根本性的问题长期以来还未得到解决，此外一些产业扶贫的机制问题也长期影响产业扶贫的效果，一定程度上也影响了贫困地区内源发展能力的提升。首先，贫困地区产业扶贫的基础仍然比较薄弱，这也是未来产业扶贫机制完善的重点内容，即把基础设施建设和产业扶贫机制结合起来，改善贫困地区产业扶贫的基础，包括基础设施建设、市场机制培育等。其次，过去简单粗放的产业扶持方式使得益贫效果没有达到预期目标，贫困地区产业发展处于价值链低端。如何将产业扶持和精准扶贫有机结合、将贫困户纳入现代产业链中是个重要的现实问题。有的地方政府为了追求政绩，往往直接将更多资金投入经济效益好的企业、合作社等产业化组织，而并不关注它们对贫困户的带动力。再次，产业扶贫的工作机制还存在一些问题，到户机制、利益联结机制、经营主体带动贫困人口增收能力等问题还未解决。

在这个意义上，产业扶贫是脱贫攻坚的重点和难点所在，要立足产业扶贫，才能不断提升贫困地区的自我发展能力。正如汪洋副总理指出的，要始终把实现稳定脱贫作为工作的核心，切实让产业发展成为农民脱贫致富的依托。要从贫困地区资源条件出发，发挥已经形成的产业优势，因人因户因村实施产业帮扶。要尊重产业发展规律、市场规律，保持定力和耐心，促进可持续发展。要科学规划产业扶贫项目，改变重生产、轻市场，重数量、轻质量，重形式、轻结果的倾向。要积极探索产业扶贫模式，发

挥好龙头企业、合作社、大户的带动作用，完善利益联结机制，确保贫困农户获得应有的收益。要多方汇集人才支持产业扶贫，既要重视向贫困地区选派管理、经营、技术人才，也要用好当地企业人才、乡土人才，还要重视引导本地外出人才的回流。要加强对贫困人口的资金扶持、技术指导、信息服务，促进贫困人口在实践中锻炼提高，不断增强自我发展能力。

案例

两会代表谈产业扶贫重点

重点1：产业扶贫关键在结合市场，做到可持续发展

“要把贫困问题分辨清楚，因地制宜对症下药，精准扶贫的具体措施才能够到位。”扶贫模式从“输血”变成“造血”，就是要发挥企业强项，和现有农业产业长短结合，发挥两只手的作用，长期即要考虑可持续发展，短期即要选择对农民立竿见影的产业，“今年下去明年见效的事，农民是有积极性的。”

产业扶贫当中最难的是市场问题。如何结合市场、用市场化的手段做扶贫，使产业有长期的可持续发展，滚动后持续产生效益，是产业扶贫中的最大挑战。他表示，扶贫不能靠长期帮扶，帮扶只是阶段性的手段，真正要解决的是激励农民的自发性和动力，才会有可持续的健康发展。

精准扶贫要落到实处，首先需要因地制宜对症下药，细化产业分工，从一点一滴落到实处，才能体现“精准”。其次政府、农民、社会力量要形成合力，找准扶贫思路，建立联动机制。

重点2：选准产业促融合发展，带动贫困户增收

“对于产业扶贫，重点在于选好、选准产业，促进产业链融合发展，带动贫困户增收。”国家出台政策、调集资金大力支持脱贫攻坚，各级干部应当做好宣传指导工作，同时积极争取社会力量对扶贫脱贫工作的支持，作为贫困主体的群众方面也应主动做起来，三者结合才能真正脱贫，攻坚的任务才能实现。

重点3：精准扶贫要打造“产业链”

“产业兴则农民富，农民富则经济活，农村产业化扶贫是精准扶贫和农业供给侧结构性改革的重要内容，但是，产业扶贫的难度也非常大。”“没有规模化、有竞争力的产业链，很难实现真正的脱贫致富。”“并非扶贫项目的农民足够多，规模足够大，就是产业化。扶贫项目形成产业化，除了考虑种植、养殖等初始环节外，更重要的环节应该是配套的农产品深加工、销售等环节。”

要考虑如何让贫困地区的农产品能够卖得掉，要衔接好产品与市场之间的关系，建立和畅通与市场需求之间的信息渠道，及时掌握市场供求信息，及时对产业经营做出合理科学的调整，有效管控经营风险，通过市场经济实现脱贫致富。

要鼓励企业设立贫困地区产业投资基金，采取市场化运作方式，吸引企业到贫困地区从事资源开发、产业园区建设、新型城镇化发展等。

重点4：企业要做强自身品牌发挥龙头作用

“企业在扶贫中最关键的是自身规模要做大做强，如果自身实力不够，做农业会产生风险。”对于精准扶贫，应充分发挥农村资源的优势，利用农村生态环境良好的优点，发展旅游等产业，让城市资本参与到农村中，带动农村致富。

重点5：依托“互联网+”对接“资源”和“市场”

“各级政府要积极顺应‘互联网+’产业发展的新趋势，把电子商务同扶贫开发结合起来，完善功能及配套设施，积极打造农村电子商务平台，提升农村电商服务体系、网店建设和网店服务的水平。”

建议加快构建基于“互联网+”的精准扶贫信息系统，精准识别扶贫对象，运用互联网技术，整合各类扶贫动态数据，打通扶贫系统与其他系统的网络连接，将相关部门以及科研机构与扶贫相关的数据库接入扶贫信息系统，确保信息识别更加精准。

互联网是对接“资源”和“市场”的最有效手段。要加紧培育电商人才，加大对电商平台的政策支持。要鼓励企业特别是互联网企业以资金+平台+市场的合作模式，引导企业优秀人才回家乡发展，实现多方共赢。

资料来源：中国经济网　2017 年 3 月 08 日

（四）立足责任机制、退出机制完善，杜绝形式主义和虚假脱贫，确保脱贫得到群众认可、经得起历史检验

2017 年《政府工作报告》指出，切实落实脱贫攻坚责任制，实施最严格的评估考核，严肃查处假脱贫、“被脱贫”、数字脱贫，确保脱贫得到群众认可、经得起历史检验。早在 2016 年，针对部分地区在脱贫攻坚工作中出现的形式主义倾向，国务院扶贫办专门发出《关于解决扶贫工作中形式主义等问题的通知》，要求切断形式主义的思想根源，及时纠正扶贫工作中的形式主义等倾向性苗头性问题，确保如期实现脱贫攻坚目标。科学调整脱贫规划。贫困识别和退出要全面考虑收入和“两不愁、三保障”。建档立卡实行动态管理，防止贫困识别和退出不实不准。认真落实《关于建立贫困退出机制的意见》要求，制定实施细则，精心组织实施。综合考虑贫困人口规模、贫困程度、发展基础、工作和投入力度等因素，坚持时间服从质量，科学调整“十三五”脱贫滚动规划和年度计划。既要防止拖延病，又要防止急躁症。严禁层层加码，搞数字脱贫。

从近两年实践来看，精准扶贫也出现了一些形式主义、虚假脱贫。尤其是近两年引发争议的精准扶贫在基层有朝向“精准填表”发展的趋势。

媒体网络上关于各地精准扶贫过程中表格资料名目繁多、任务繁重的段子引起了很多基层扶贫干部的共鸣。实施精准扶贫以来，各类扶贫表格名目越来越多，程序越来越烦琐，基层驻村干部忙于应付填表和检查，一些形式主义也随之出现。虚假脱贫的现象各地也有，一种是“等待脱贫”，即精准识别时，将一些不符合贫困户标准的对象纳入到精准扶贫对象中，等到时间节点一到，宣布脱贫；或者是今年已经脱贫，为了下一年脱贫“凑数”，继续列为未脱贫，等待下一年脱贫。另一种是“提前脱贫”，即为了提前完成脱贫任务，着急脱贫，不顾实际的虚报数字，以“数字脱贫”的掺水方式，提前完成精准扶贫。

形式主义和虚假脱贫值得警惕和重视，杜绝形式主义和虚假脱贫的核心则在于责任机制和退出机制的完善。正如习近平总书记指出，要把握好脱贫攻坚正确方向。要防止层层加码，要量力而行、真实可靠、保证质量。要防止形式主义，扶真贫、真扶贫，扶贫工作必须务实，脱贫过程必须扎实，脱贫结果必须真实，让脱贫成效真正获得群众认可、经得起实践和历史检验。要实施最严格的考核评估，开展督查巡查，对不严不实、弄虚作假的，要严肃问责。因此，完善脱贫机制的重要方面也在于责任机制和退出机制的完善：一是要继续完善贫困考核机制，目前的考核机制对于过程考核较多，一定程度上造成了“精准填表”等形式主义的出现，可以考虑加强以脱贫结果为导向的结果考核。二是要继续完善贫困县退出机制，对于脱贫攻坚的时序进度要妥善安排。积极探索贫困县退出机制的监督问责机制，对贫困退出实施过程中发生重大失误、造成严重后果的，以及存在弄虚作假、违规操作等问题的，要依纪依法追究相关部门和人员的责任。同时要广泛开展第三方评估活动。

案例

脱贫攻坚中的形式主义和虚假脱贫

一、官员到贫困户家“装儿子”应对交叉考核。

50 多年前，党的好干部焦裕禄雪夜探访贫困百姓，一句满含深情的“我是您的儿子”感动了全国人民。在脱贫攻坚的今天，却有个别干部为应付脱贫考核，到贫困户家“装儿子”骗成绩、造假象，不仅伤了老百姓的心，更可能误导脱贫奔小康的政策制定。近日，在脱贫工作国家省际交叉考核中，中部某县上演了一场干部“装儿子”的戏码。为应付检查，避免“露馅儿”，一名年轻干部“潜伏”到贫困户家里“装儿子”，想替贫困户回答问题、蒙混过关。但“演技”再好也难让百姓接受，“假儿子”一句虚伪的“妈”，叫得老太太变了脸，气得小姑娘撇开了头，不仅被抓了个现行丢了脸，更丢掉了为人民服务的那份真心。

资料来源：新华网 2017 年 5 月 21 日

二、警惕形式主义架空精准扶贫

A. “大水漫灌”有违中央精准扶贫要求

有一个贫困村，去年用扶贫资金买了一批扶贫羊，结果分配时全村人手一只，剩下的又 6 人合分一只，唯恐分配不公引发矛盾。结果仅大半年时间，这些羊就被村民卖了一多半，基本上没起到扶贫效果。

吕梁山区某贫困村今年政府扶持了两批肥料，也基本上是平均分配，唯一的差别是肥效不同。有机肥效果差一点，就给贫困户少分一点；复合肥效果好一点，就给贫困户多分一点。连村干部都坦言，其实没多少差别，更谈不上对贫困户重点施策。

B. 扶贫档案资料搜集成沉重负担

一位从省城下派到贫困村挂职的扶贫工作队长说，中央的精准扶贫政策要求很实，贫困户建档立卡，强调精准到人，扶贫从“漫灌到滴灌”。但是，少数地方在贯彻执行的时候却变形走样：要求各种档案、资料、图表、日志面面俱到，村两委人员常常因为填报、撰写这些材料耗费不少精力。

不止于此，过多的资料要求也给贫困村带来了额外的支出，该扶贫工作队队长抱怨，村里一年复印费就需要一两万，对于脆弱的村集体经济来说，负担很重。

C. 确定扶贫项目，要多让百姓“说了算”

“头年一哄而上，来年一拍两散”，当前，在不少地方，扶贫项目正遭遇着“热不久”的尴尬境地。项目启动时风风火火，推进时却“磕磕碰碰”，甚至最终沦为“烂尾工程”。媒体公开报道显示，西部某地在没有试种和调查研究的情况下，以每亩430元的投入，发展了1.5万亩从北方引进的金银花，按当初设想每亩至少产100斤干花计算，可年产750吨以上干花，但当地实际干花产量不到5吨。总结金银花项目失败的一个重要原因，是当地群众以“不管护、不搭理”等方式冷对抗不愿意种植的项目。

D. 扶贫不是数字竞赛，谁敷衍就要问责谁

数字脱贫、产业盲目跟风、干部驻村走过场……在量大面广的扶贫工作中，类似问题或有耳闻，但10月下旬国务院扶贫办的一纸通知，还是让人更加清醒地认识到形式主义对扶贫工作的干扰。对这类倾向性、苗头性问题及时揭开盖子、对症下药，将有力促进各地各级的扶贫攻坚工作落到实处、取得实效。

国务院扶贫办的通知中，“切断形式主义的思想根源”一句显得尤为醒目。广大党员干部要认识到，扶贫不是简单的数字竞赛，不是一蹴而就的短期行为，不是敷衍应付的任务“过关”。

资料来源：《新华每日电讯》评论“议事厅”2016年11月9日

（五）立足贫困治理视角，通过完善脱贫机制解决精准扶贫以来产生的治理难题，提升贫困地区治理能力

我们一贯的观点是贫困问题在很大程度上是一个治理问题，精准扶贫的一个重要目标在于完善国家治理体系、提升贫困地区的治理能力。《关于打赢脱贫攻坚战的决定》也明确指出脱贫攻坚的重要原则是坚持群众主体，激发内生动力，并要求处理好国家、社会帮扶和自身努力的关系，调动贫困地区广大干部群众积极性、创造性，要增强贫困人口自我发展能力。因此，在乡村治理层面，有一些重大问题和难题需要精准扶贫战略去解决，这些问题有些是贫困地区长久以来形成的，需要反贫困战略长期持之以恒的关注，而有些问题则是精准扶贫战略造成的，需要尽快地解决。

具体来看，第一类问题，即长期形成且亟须精准扶贫战略解决的问题，其中有些已经纳入了目前的反贫困框架，但此类问题的根源大多较为深层，其解决也并非一朝一夕之功，需要通过不断完善脱贫攻坚的各项机制，并且着重于提升贫困地区治理能力，依靠机制完善和乡村治理两方面的合力去完成。例如贫困地区劳动力长期外流造成的“三留守问题”，即留守老人、儿童和妇女，目前国家已经探索留守儿童、留守妇女、留守老人和残疾人关爱服务体系，通过加强儿童福利院、救助保护机构、特困人员供养机构、残疾人康复托养机构、社区儿童之家等服务设施和队伍建设，改善了这些特殊群体的生活。但此类问题根源在于区域经济发展的不平衡，目前的一些政策还很难彻底解决此类问题。但这些问题又亟须解决，仅靠外部资源的投入，难以取得良好的效果。因此，我们认为，这些问题一定程度上有赖于贫困地区治理能力的提升，需要乡村社会的参与，需要对村庄内部治理资源挖掘、对治理规则优化，形成广泛参与的治理文化，提升治理能力，提升村庄活力。在暂时不能解决此类问题的情况下，只有通过乡村持续健康发展，才能极大程度缓解此类问题。

第二类问题，则是精准扶贫战略以来造成的新的村庄治理难题，大多是国家超常规投入的副产品。由于近两年国家对于贫困地区、贫困人口超常规的资源投入，使得贫困户成为一种“获利身份”，能够获得各类政策、资源倾斜乃至直接获得现金补贴。在一些村庄，贫困户和非贫困户形成了某种分化，尤其对于一些处于贫困线边缘但又不是建档立卡贫困户的群体来说，其与贫困户并未有多大差别，从某些方面来看，此类群体甚至比建档立卡贫困户更为贫穷，但却没有得到扶持，其心理必然出现一些波动或者不平衡。由于缺乏对贫困线边缘人口的帮扶措施，实际上对村庄的社会基础是一种撕裂，增加了治理难度。此外，由于国家对贫困地区超常规的投入，一定程度上对其他社会资源进入农村形成了一种挤压。村庄分化、国家挤压，两方面的合力导致了乡村治理的合作难题，难以形成有效、有序的多中心治理。

基于这两类问题，我们认为未来一个时期精准扶贫机制创新的重点也应该围绕贫困治理相关机制的完善而展开。尤其是对贫困地区特殊人群的关爱、帮扶机制，也有必要在精准扶贫精准脱贫的资源分配机制或者其他社会保障机制向此类人群有所倾斜，并且探索对相对贫困人口的帮扶、社会保障机制，弥合分裂的群体关系，提升乡村治理的合作基础。同时，机制完善可能更要围绕把针对穷人的“精准帮扶”与促进整个农村社会的“机会均等”“公平共享”有机结合起来，在“基本公共服务均等化”上下更大的功夫，让不同区域、不同身份的居民享受基本相同的公共服务。

案例

大量资源投放带来的一些副作用

遭遇地方：干部村民交互争利

除了贫困标准在实践中难以提供参考之外，上级政府最终核定的贫困指标也往往是脱离实际的。扶贫任务是层层下达的，上级能给基层施加很大的压力，但具体的扶贫工作包括确定贫困户的数目仍然是由基层落实的，这就给予基层干部一定程度的操作空间。基层干部的具体操作很可能会激发村民之间的矛盾，带来意想不到的后果。

第一，贫困村的村民可能会竞争贫困指标，求取利益，村民之间矛盾增加，影响农村社区的安定。在一些下达精准扶贫帮扶政策的地方，已经出现了村民上访告发基层干部的案例。具体到A县，虽然帮扶政策尚未下达，但村民之间已经出现了不少矛盾。副乡长周全告诉我们，“从2015年年底开始直到现在，什么也没做，就是调解矛盾”。为了获得贫困指标捞取利益，村民相互揭发告状的案例已经不胜枚举。

以A县一个乡为例：该乡村民当初由于铁矿兴盛购买的运输矿石的车辆大多没有登记牌照。按理说有车的农户不能申请贫困户，但一些车主为求利益故意瞒报，其他村民会跑来揭发，但基层干部无法通过车辆的行驶证进行正规核实，难以查明实情。另外，不少村民的儿女结婚会在临近县城的地方购买小产权房，这些房产没有明确的证件。在县城有房的这些村民也会利用这样的漏洞向上申请贫困户资格。在实际执行过程中，如果把这些人认定为贫困户，就会引起其他农户的不满，出现各种纠纷冲突，甚至演变为上访，导致村委会和上级政府不得不花费成本和精力来维稳。即便是蝇头小利，也会让不少村民争先恐后。

总体而言，精准扶贫对于被识别的村庄和农民都是一种资源（或资金）输入的行为，代表可观的收益。我们所访问的一位第一书记说，他曾建议他做第一书记的那个村的村干部将不符合贫困标准的农户全部剔除出来，但是村镇两委不同意，村里人也不会同意。整个小气候都是这样，很难做到如实上报。在实际工作中，从县、乡下派的第一书记所能发挥的作用有限，往往只能缓和村庄内部的矛盾，主事的仍然是村两委干部。

过程难料：上有政策下有对策

按照精准扶贫的政策要求，应该广泛深入地将精准扶贫政策，及建档立卡的标准和要求向群众讲清楚，确保群众的知情权、参与权、监督权。同时，市、镇（街道）、村三级要设立公示公告栏，按照规定对民主评议和市、镇（街道）两级审核结果进行公示、公告，无异议后才能确定为扶贫对象。然而，现实中，基层干部为了避免矛盾往往采取的是隐蔽的公开。

与我们座谈的山西A县的第一书记和副乡长告诉我们，在精准识别之后，很多村都没有公示，不然会暴露矛盾冲突。他们认为，精准识别之后，下一步肯定有相关扶持政策。在不知道政策的情况下，矛盾还潜藏着，一旦公开，就会激化矛盾。但是上面要求必须公示，且必须有公示的照片，于是村里往往采取隐蔽地公开的办法，例如在一个很隐蔽的角落公示，或者贴一个晚上公示，隐蔽地拍照。鉴于这种隐蔽地公开的做法，我们也很难想象出在精准扶贫的民主评议环节，会进行得很公开。

资料来源：中国乡村发现网

（六）立足完善贫困人口的社会保障机制，在防止“制度养懒汉”的前提下，完善两项制度衔接

可以预计，低保救济、医疗救助等社会保障机制在未来一个阶段的反贫困战略中将占据重要地位。一方面，脆弱性是贫困人口的天然属性，贫

困人口抵御各类风险的能力极差，各类社会保障机制是促进其脱贫、防止其返贫的重要机制。贫困人口大部分分布在农村，而我国针对农村人口的社会保障制度本身就是短板，因此，完善针对贫困人口的社会保障机制是脱贫攻坚机制完善的应有之义。另一方面，部分贫困人口需要长期的“社会保障制度兜底”。《关于打赢脱贫攻坚战的决定》提出了通过“五个一批”解决当时剩余的7000余万贫困人口问题，其中完全或部分丧失劳动能力的2000多万人口全部纳入农村低保制度覆盖范围，实行社保政策兜底脱贫。根据2016年建档立卡数据来看，因病致贫的就占到了建档立卡贫困户的42%。另外，2016年底，民政部门公布的农村低保对象的总规模已经达到了4540万人。总体来看，贫困地区需要社会保障兜底的群体规模还很大，并且此类贫困人口脱贫难度大，可能需要长期兜底，因此，针对贫困人口的社会保障机制就显得尤为重要。在这个意义上，完善贫困人口的社会保障机制、扶贫开发与社会保障两项制度衔接机制都是脱贫机制完善创新的重点方面。

此外，除了农村贫困人口外，城市贫困人口、相对贫困人口的社会保障机制完善，也是脱贫攻坚机制完善需要考虑的内容。因此，城乡统筹背景下的贫困人口的社会保障机制亟须提上日程。

贫困人口社会保障机制、扶贫开发与社会保障两项制度衔接机制、城乡统筹背景下贫困人口的社会保障机制，三种机制具有一定的层级递进的关系，需要继续有重点、分步骤地统一推进。但从精准扶贫以来的实践来看，诸如兜底保障对象识别认定机制、保障措施、兜底保障对象的脱贫退出机制、临时救助机制、财政保障措施、业务部门的数据共享机制等仍然存在一系列难题，总体来看，针对贫困人口的社会保障机制仍然还是脱贫攻坚各项机制的短板之一。

四、扶贫机制创新的路径与基本框架

基于第三部分的分析，我们认为扶贫机制的总体框架应该结合供给侧、需求侧和保障侧的精准度提升，以外源拉动机制和内源发展机制完善为主要路径，有侧重、有时序地进行。具体框架可见下图：

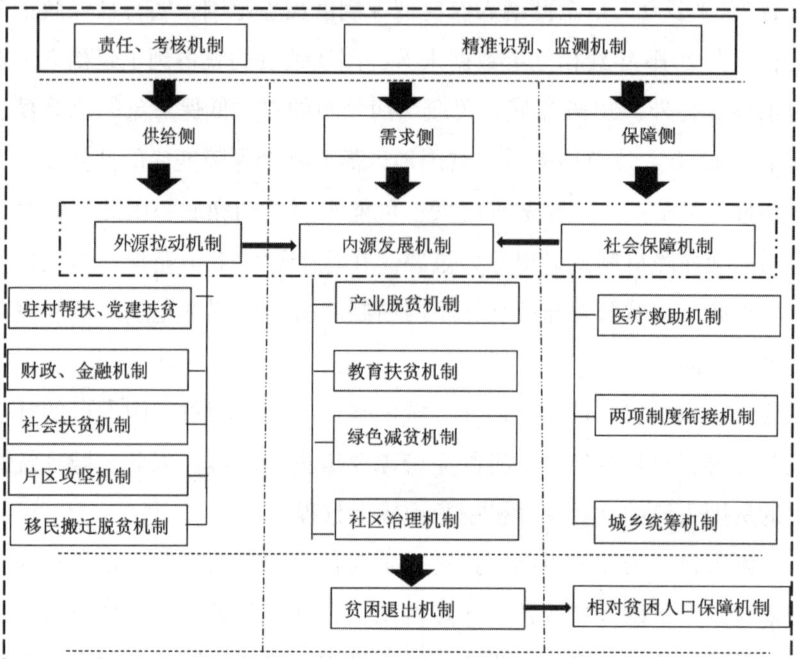

（一）工作机制上，完善责任机制和监测机制

目前，已经形成较为完备的精准扶贫精准脱贫工作机制，但以精准考核和精准识别为核心的责任机制和监测机制还有待完善。因此，以责任机制和监测机制为核心继续完善脱贫攻坚的工作机制，继续健全以考核机制为核心的责任机制，杜绝形式主义和虚假脱贫，确保脱贫得到群众认可、

经得起历史检验。此外，立足大数据等现代科技技术，不断完善精准识别机制、贫困监测机制，通过国家治理能力的提升促进贫困治理技术的提升。在工作机制不断完善的基础上，从供给侧、需求侧和保障侧联合发力，通过外源拉动机制和社会保障机制，不断促进内源发展机制。

（二）供给侧方面，完善责任机制和监测机制

基于供给侧改革，完善扶贫资源的供给侧改革，通过外源拉动机制的完善，提升扶贫资源的减贫效率。主要是围绕驻村帮扶、党建扶贫，支持脱贫攻坚的财政、金融机制，社会扶贫机制，片区攻坚机制以及移民搬迁脱贫机制，形成供给科学、合理高效的外源拉动机制。

（三）保障侧方面，完善贫困地区的社会保障机制

尽快建成针对贫困人口的医疗救助机制，初步解决因病致贫的问题，能够基本起到防止因病返贫的作用。尽快完成扶贫开发与社会保障两项制度衔接，对贫困人口起到全方位的保障作用。同时探索城乡统筹的社会保障机制。通过一揽子式的完善贫困地区的社会保障机制，解决没有发展能力的贫困人口的基本需求，并解决贫困边缘人口的脆弱性问题。

（四）需求侧方面，完善内源发展机制

通过外源拉动机制的完善、社会保障机制的完善，优化完善内源发展机制的外部条件。在此基础上，围绕产业脱贫机制、教育扶贫机制、绿色减贫机制、社区治理机制，不断提升贫困地区的内源发展能力。

通过工作机制、供给侧、保障侧、需求侧四个方面的完善，整体提升贫困治理体系的现代化水准，推进贫困地区脱贫攻坚进程。在此基础上，探索贫困退出机制、完善时序进度，为 2020 年全部脱贫提供具体策略。同时探索相对贫困人口的保障机制，巩固脱贫效果，防止返贫。

·第五章·

精准扶贫以来外源推动机制创新实践

整体来看，实施精准扶贫以来，外源推动机制的创新主要围绕驻村帮扶机制完善，提升贫困治理体系创新与发展；围绕社会和公益扶贫机制完善，吸纳了社会力量创新推动脱贫机制；围绕金融保险扶贫机制，助推切入模式创新；围绕片区推动与东西协作，促进了区域间脱贫机制的再完善；围绕考核退出和督查第三方评估，促进了扶贫机制的管理与改进。本章围绕精准扶贫以来这几项机制的创新与发展，进行专题论述。

一、驻村帮扶机制：贫困治理体系创新与发展

通过向农村派驻工作队等外部力量改善农村社区内部治理状况，既是中国共产党农村工作的主要经验之一，也是我国大规模、有计划、有组织的扶贫开发工作的主要经验之一。精准扶贫机制创新的重要内容之一就是通过建立、完善驻村帮扶机制，完善贫困治理体系，截至2015年底，全国已经基本实现了驻村工作队对所有贫困村和贫困户的全覆盖。近两年，各地探索了一些驻村帮扶的新实践。总体来看，驻村帮扶机制从打通外源扶贫通道、提升贫困地区内生能力两个层面对贫困治理体系进行了完善，其责任机制愈发明确、工作内容不断完善，驻村帮扶工作已经成为精准扶贫、贫困地区基层治理的常规手段。

（一）驻村帮扶机制对贫困治理体系的推动与发展

驻村帮扶机制既是外源拉动机制的主要表现和手段，也提升了贫困地区的内生治理能力。总体来看，从外源拉动和内生能力提升两个方面完善了贫困治理体系。

一方面，近两年，驻村帮扶机制不断完善，通过责任机制，彻底打通了外部资源投放的纵向通道。通过结对子、帮扶、挂钩等责任机制，贫困村、贫困户与掌握大量外部资源的各级政府及其官员建立了较为直接的联系，外部资源已经有了较为通畅且能够较为精准投放的通道，这是精准扶贫以来驻村帮扶机制创新在完善贫困治理机制方面最重要的作用之一。此外，驻村帮扶伊始，不同帮扶部门掌握资源量的差异导致贫困地区产生诸如“形象村”“明星村”“垒大户”等新的不公平问题，这两年通过帮扶结对的调整，已经有了大幅改善。根据帮扶部门的资源掌握情况和贫困村的贫困程度，基本形成了强部门帮扶弱地区、强干部帮扶弱贫困户的局面。

另一方面，驻村帮扶机制创新实践也大幅提升了贫困地区的内生发展能力和贫困治理能力。由于国家对精准扶贫的高度重视，驻村帮扶的实践效率也全面提升，驻村工作队开始全面参与贫困村的治理工作。驻村工作队通过完成建档立卡、产业发展等精准扶贫的“规定动作”，改善了贫困地区的内生发展能力。也通过推动贫困的基础设施建设、文化娱乐活动、基层组织建设等渠道，开始较为全面地参与到了贫困村的治理当中。同时，由于第一书记和工作队大多有一定的基层工作经验和能力，因此也提升了贫困村的治理能力，并且通过日常工作也潜移默化地对贫困村的干部和群众参与乡村治理的能力有了一定的影响。

（二）驻村帮扶实践创新趋势

2015 年底全国基本实现了驻村工作队的全覆盖，近两年，各地通过实践创新，驻村帮扶机制出现了一些新的特征。总体来看，有以下四个方面：一是围绕 2020 年全部脱贫的总目标，强化了对驻村帮扶主体资源的利用。二是围绕激发贫困地区内生动力，全面拓展了帮扶工作内容。三是驻村帮扶的责任制度更加完善。四是驻村帮扶已经成为贫困治理、贫困地区乡村治理的常规手段。

第一，集中放大优势部门、强势部门的资源优势。各地不断地强化利用帮扶主体的外部资源，围绕 2020 年全部脱贫的总目标，不断创新驻村帮扶模式，放大外源资源的使用效率。总体来看，各地近两年的实践基本围绕强化利用帮扶单位资源及其精准投放展开，各省基于结对单位、第一书记、驻村工作队三类不同帮扶主体，利用其不同优势，通过其掌握的外部资源，围绕 2020 年贫困户全部脱贫的目标，都探索了一些新的驻村帮扶模式，总体上强化利用了外部资源，放大了外部资源的使用效率。例如，贵州省确定了 20 个极贫乡镇，由 20 个省级领导直接带队定点帮扶，参与极贫乡镇攻坚的政府部门也是交通、国土等拥有大量资源的职能部门，能够较好地利用部门的资源优势。

第二，全面参与贫困治理，放大外源拉动效果。各地围绕激发贫困地区的内生动力，驻村帮扶工作内容不断拓展，较为全面地参与了贫困村的贫困治理。如前所述，始于精准扶贫战略的驻村帮扶，在除了完成有关扶贫开发的“规定动作”之外，也开始全面地参与贫困村的乡村治理工作。经过近几年的探索，各地开始从制度上对第一书记和驻村帮扶干部参与贫困村的治理工作进行明确，已经不再限于建档立卡、发展产业等扶贫开发内容，而是从各个层面、全方位地参与贫困治理。例如，甘肃省陇西县通过驻村帮扶模式创新，探索了党员、双联单位、驻村工作队三类主体参与贫困村治理的具体方式；重庆市明确了驻村帮扶的主要目标，“解八难”“建八有”。“解八难”即解决贫困户稳定增收难、便捷出行难、安全饮水难、住房改造难、素质提升难、看病就医难、子女上学难、公共服务难；“建八有”即每个贫困村有一个特色主导产业，有一条硬（油）化村社公路，有一个便民服务中心，有一套落实社保政策到户的具体措施，有一个整洁的村容村貌，有一个坚强有力的村级班子，有一支稳定的驻村工作队，有一个有效的结对帮扶机制。

案例

甘肃省陇西县驻村帮扶模式创新

甘肃省陇西县基于双联工作，探索了党员帮扶带动、双联单位助推、驻村代办服务三大驻村帮扶模式。

县上通过选优配强、监管并举，向215个村选齐了驻村帮扶工作队，队长兼任党组织第一书记。推行党员帮扶带动型，以党员带头，大力推广“支部+党员致富能手+贫困户”“支部+基地+贫困户”等带动模式，先后在中医药、草食畜、马铃薯、菌菜等产业链上建立党组织143个，将1300多名党员培养成致富能人，32名致富能人培养成党支部书记，带动18650户贫困户发展特色产业。

推行双联单位助推型，充分发挥派出单位和双联单位的资源优势，帮扶队员在走访中制订科学合理的发展规划，及时衔接沟通，为帮扶村牵线引进观光农业、生态旅游、美丽乡村建设，涉及道路、饮水、教育等总投资4576.2万元的惠民项目324个，有效推动了贫困村脱贫致富步伐。

推行驻村代办型服务，帮扶队员带头落实民事代办，探索出“驻村夜访”制度，让队员利用晚上时间走访群众，变“群众找”为“干部访”，解决了驻村工作“时间错位”矛盾和服务群众“最后一公里”问题。

第三，结对帮扶的模式不断创新，责任制度更加完善。近两年，各地根据驻村帮扶实施状况，不断创新结对帮扶模式，在结对帮扶模式优化的基础上，严格了责任制度，基本都明确了“不脱贫、不脱钩”的结对帮扶模式。例如，河北滦平县，在全县推行“54321”驻村结对帮扶模式，提出“一包到底、不脱贫、不脱钩”，即县领导联系1个乡镇、包扶1个贫困村、结对帮扶5户建档立卡贫困户，正科级领导结对帮扶4户建档立卡贫困户，副科级领导（含享受正科、副科待遇人员）结对帮扶3户建档立卡贫困户，股级干部结对帮扶2户建档立卡贫困户，一般干部结对帮扶1户建档立卡贫困户。再如，四川省宣汉县是全省贫困人口最多的县，其探索了“1+N”“5+1”“贫困村帮贫困村”等帮扶模式，即全县30名县级领导，每位领导平均帮扶5~8个贫困村，县级部门（单位）至少帮扶1个以上贫困村，个别部门（单位）最多帮扶达到6个贫困村。由于干部驻村帮扶力量相对有限，特别是针对一个牵头责任单位（部门）联系N个贫困村的实际，探索提出了“贫困村帮扶贫困村”新模式，鼓励贫困村之间开展政策共享、资源互补、信息共享为主要内容的贫困村际间互助帮扶。

此外，对于非贫困村的贫困户，也探索了结对帮扶模式，仍以河北滦平为例，非贫困村中的建档立卡贫困户，由乡镇工作人员（含所在乡镇学校、医院领导班子成员，县直部门派出单位公职人员，与所属部门同步考核）帮扶。

第四，驻村帮扶已经成为贫困地区乡村治理的常规手段。就目前的趋势来看，驻村帮扶不仅较为全面地参与了贫困村的治理工作，并且有常规化的趋势，驻村帮扶逐步成为贫困地区乡村治理的常规手段，与以往“运动式治理”有了很大不同。并且各级政府已经比较依赖驻村工作队、第一书记等新型治理主体在贫困村的治理地位，部分工作已经有绕过村两委直接通过驻村工作队开展的现象。

此外，一些省份已经通过较为正式的文件，一是更为严格地明确了驻村工作队持续化、常规化的工作要求。例如，贵州省2016年伊始就下发了《关于组建2016年同步小康驻村工作队和精准选派村第一书记的通知》，使驻村帮扶机制更加严格、规范。其他各省在日常管理制度，尤其是到村工作时间上做了明确要求，有的还明确驻村帮扶工作队和第一书记必须脱产到村工作。二是在制度安排上保证了驻村帮扶制度的可持续性。例如贵州省提出了“两个80%”的原则，即80%招考进机关事业单位的大学毕业生要安排驻村，山西省则每年安排5000万元干部驻村帮扶专项资金，解决驻村工作队资金筹措难题。

（三）驻村帮扶机制完善路径

就目前各地的实践来看，驻村帮扶机制已经比较完善，创新较为充分，无论是从外部资源的利用还是内生动力的挖掘方面都起到了较好的作用，但仍然在体制机制上存在三个亟待解决的问题：

第一，驻村帮扶的可持续性问题。驻村帮扶目前已经脱离了“运动式治理”的形式，例如对驻村帮扶人员的构成、工作内容等有一定的制度安排，对驻村帮扶的资金和制度保障也有一些长效机制，但在实质上仍然没有脱离“运动式”治理的本质。其仍然是从既有的政治体系中抽取大量的资源集中支持某一领域的治理，从各级政府尤其是县、乡两级政府抽取大量的人力开展驻村帮扶。从制度上看，驻村工作队队员离开原单位，全脱产进行驻村帮扶工作，但就实践情况来看，绝大多数驻村工作队员仍然参与原单位的各种工作，要么利用业余时间参与驻村帮扶、要么利用业余时间参与原单位本职工作。这种运动式治理消耗政府体系大量的动员资源，就调研情况来看，基层干部已经不堪其重，各种新媒体上活跃的有关基层干部驻村帮扶“苦与累”的段子，也从侧面印证了基层政府的动员能力已经逼近极限。在离2020年全部脱贫的时间节点还有3年多的情况下，驻村帮扶如何持续、如何继续保持现在的效率的问题亟待解决，有必要从制度安排、人员构成、工作内容、驻村时间、考核办法五个层面进行适当的调适。

第二，驻村帮扶与村庄原有治理结构的包容问题。驻村帮扶机制是利用外部资源对贫困村庄进行治理的制度安排，在原有的治理结构上嵌入了政府部门、驻村工作队、第一书记等治理主体，从治理结构层面来看本身就是对原有治理主体的冲击。从驻村帮扶实施情况来看，近几年部分村庄已经出现了排斥驻村干部或过度依赖驻村干部的情况，即调研发现的部分村两委成了“甩手掌柜”、部分村两委谨防“抢班夺权”现象。此问题的解决，依赖于二者的权力范围进一步的明确，也依赖于贫困村乡村治理水平整体的提升，因此，有必要把培育村两委治理能力提上日程。

第三，持续的外部投入导致贫困村对驻村帮扶制度形成依赖。激发贫困地区和贫困人口的内生动力一直是我国反贫困战略的重要目标之一。驻村帮扶在不少贫困村已经主导了贫困村的治理过程，由于贫困村两委、干部以及普通村民缺乏相应的治理能力，反而对驻村工作队产生了高度的依赖性。这种依赖性不仅仅体现在脱贫攻坚上，也体现在贫困村整体的治理过程中，在乡村治理层面形成了“治理的懒汉村”，贫困村和贫困人口过度迷信、依靠驻村干部，在贫困程度有所减轻的情况下，村干部的管理水平、村民参与村庄治理的意愿却全面下降，治理能力、可持续发展能力受到削弱，与脱贫攻坚的初衷背道而驰。在这个层面上，驻村帮扶反而可能影响贫困地区的发展，解决的关键在于积极培育贫困村治理“能人”，更需要在驻村帮扶的制度安排中强化促进贫困村内源发展的政策内容。

二、社会和公益扶贫机制：创新推动力的重点

我国改革开放以来，基金会等各类慈善组织积极参与扶贫开发事业，形成“希望工程”“光彩工程”“母亲水窖”“幸福工程”“集善工程”等一批有影响力的公益品牌项目，带动了大量社会资源和大批志愿者参与扶贫开发。企业充分发挥自身优势，以提供就业、产业扶贫、村企共建等形式为贫困地区造血输血，发挥政府与社会组织无法替代的作用。

（一）社会和公益扶贫模式

目前，我国社会扶贫主要可以分成 6 大模式，即定点扶贫、东西扶贫协作、军队与武警部队扶贫、民营企业参与扶贫、社会组织参与扶贫和社会公众参与扶贫，每个模式对应各自具体的实现形式，如表 1 所示。

表 1　社会扶贫模式、形式和特点

社会扶贫模式	主要形式	特点
1. 定点扶贫	以项目扶持为介入点	以政府为主导，包括政府部门、中央和国有企业参与其中
	以产业开发为着手点	
	以企业发展为推手	
	以结对帮扶为手段	
2. 东西扶贫协作	基于企业合作层面	有效激活贫困地区市场活力
	创建高层沟通机制	注重人才交流和培养
	集中于重点贫困地区	依据贫困程度调整协作策略

续表

社会扶贫模式	主要形式	特点
3. 军队与武警部队扶贫	地方军分区军民结对	通过党政军途径明确军区、军分区政治机关和人民武装部作为同级政府扶贫开发领导小组成员单位
	“三步走”	
	部队集团式扶贫	
	部队共建连片特困地区	
4. 民营企业参与扶贫	公益参与模式	自主性较强
	产业开拓模式	贫困农户参与到产业链
	社区综合开发模式	多维度扶贫模式
5. 社会组织参与扶贫	支教社团造血的扶贫模式	旨在提升学校管理和教师教学能力
	老促会培育产业的扶贫模式	老区建设
	挖掘团体优势的扶贫模式	定点帮扶
	市场活力注入的扶贫模式	
6. 社会公众参与扶贫	直接捐赠	尚未在制度上形成规范
	志愿行动	
	基金资助	

注：根据“向德平，高飞. 中国社会扶贫的实践探索［R］. 中国扶贫开发报告，2016：207-227.”整理。

由上表可以发现，定点扶贫、东西扶贫协作和军队与武警部队扶贫实际上仍以政府为主导，社会组织和企业在其中体现较少。民营企业、社会组织和社会公众各有特色，特别是企业的参与让贫困农户参与到产业链，力求实现长效可持续脱贫，社会组织利用已有网络体系亦能较好地实现扶贫济困的目标，社会公众参与扶贫尚未形成制度规范。

（二）社会和公益扶贫机制创新

社会组织善于动员公众，企业的市场机制发达，政府优势在于政策支持，购买服务和平台建设。国务院办公厅《关于进一步动员社会各方面力量参与扶贫开发的意见》（国办发〔2014〕58 号）对社会扶贫主体、参与方式和保障措施均做了规定。精准扶贫方略实施以来，可大致梳理出如下四大机制的创新：社会扶贫参与机制、资源整合与激励机制、风险防控与长效脱贫机制、内源发展培育机制。

第一，社会扶贫参与机制创新。此方面的创新主要有以下三类：一是通过项目创新吸引公众参与扶贫事业。随着贫困人口的不断减少和贫困不同阶段的变化，项目要不断地创新。不同的阶段，扶贫方法及项目要有所创新，关注点应从解决温饱问题提高到解决致富的问题。爱加餐是中国扶贫基金会和百盛集团合作的项目，每年有两周在国内所有肯德基餐厅通过卡片宣传，邀请顾客付款时捐 1 元钱，改善贫困地区儿童营养状况。这个项目实施以来，每年筹款约 2000 万元①。二是政府购买社会组织扶贫服务，创新合作方式。国务院办公厅《关于进一步动员社会各方面力量参与扶贫开发的意见》（国办发〔2014〕58 号）提出，加快推进面向社会购买服务，支持参与社会扶贫的各类主体通过公开竞争的方式，积极参加政府面向社会购买服务工作，政府部门择优确定扶贫项目和具体实施机构。支持社会组织承担扶贫项目的实施。三是社会组织和企业创新参与方式，提高扶贫参与度。体制创新、政策创新及技术创新，特别是互联网技术的发展与社会媒体的应用，例如，微信众筹、网络捐赠等方式，给社会公众参与扶贫提供了更多选择。社会组织应该发挥好作用，动员社会公众积极参

---

① http：//news.163.com/14/1017/13/A8OT0NN200014JB6.html，公益组织如何推动公众参与社会扶贫？

与。在创新参与机制、扩大参与范围方面，中国扶贫基金会发起“善行者”活动，以运动简单、容易参与的形式助力扶贫（见案例）。

案例

中国扶贫基金会：善行者，用行走做公益

2014年，中国扶贫基金会发起的“善行者”活动，被认为是中国内地首个百公里公益徒步筹款活动。活动鼓励大家用徒步挑战百（公）里筹善款的方式，参与到公益中来。在“善行者”的组织者中国扶贫基金会看来，之所以选择通过徒步运动募集善款，是因为徒步运动简单、容易参与，只要你想就能够开始第一步。而且徒步运动仅仅靠迈开双腿就能实现自身的良好体验，其绿色健康、低碳环保，也与公益的理念不谋而合。

2014年和2015年这两年，善行者，参加徒步活动人数已经超过5000人次，共筹募善款660万元，近4万名山区儿童的生活得到了不同程度的改善。

善行者活动背后的团队的运作：为了确保活动的顺利开展，中国扶贫基金会投入了大量的精力和人力做好项目执行的各个环节。从前期的报名、资料审核、筹款指导、拉练活动、队员们的保险问题、吃住问题、紧急状况处理问题……每一个环节都容不得一点疏忽。在活动现场，主办方设置了指挥中心，下设站点管理中心、赛道管理中心、医疗救援中心、后勤保障中心、热线应急中心，在沿途及每个补给点、打卡点，为队员提供补给、打卡、医疗、救援、指路甚至是按摩服务。在每届“善行者”3200名队员的背后，是近3000人的服务保障队伍，而这样将近一对一的“专属服务”也是国内各项公益徒步活动中绝无仅有的。

“童伴妈妈”关注留守儿童的成长：2016年，善行者增加“童伴妈

妈”项目，希望探索一条“陪伴”之路，为留守山村孩子们补上心灵缺口。“吃饱穿暖有陪伴”，“善行者”正在逐步实现对偏远山区儿童从物质到精神的爱与关怀。而推动这一步步改变的，正是千千万万个善行者。截至2017年5月底，超过920支队伍已报名，其中老队员的人数超过三分之一。

资料来源：根据“程楠.善行者，用行走做公益［J].中国社会组织，2016（12).”有删减。

第二，资源整合与激励机制创新。此类创新有以下三个方面：一是制度创新，为社会组织和企业参与扶贫提供有利政策环境。一方面，鼓励有条件的单位设立扶贫基金，拓展社会扶贫筹资渠道，专项用于扶贫帮扶工作。2016年9月10日，玉林市北流市扶贫基金会在广西率先成立，目前已筹集扶贫基金4000多万元①。县级扶贫基金会在“集众力，办大事”方面发挥了重要作用。按照国家税收法律及其有关规定，全面落实扶贫捐赠税前扣除、税收减免及各类市场主体到贫困地区投资兴业给予相关支持等扶贫公益事业税收优惠政策。简化扶贫社会组织登记程序，对符合条件的社会组织给予公益性捐赠税前扣除资格。另一方面，探索建立社会扶贫荣誉表彰体系，对扶贫成效明显、贡献特别突出的企业、社会组织和个人，在尊重其意愿前提下给予项目冠名。二是构建社会组织扶贫开发的公共平台，加强资源整合。一方面，以“全国扶贫开发建档立卡数据”为基础，建设社会组织参与扶贫开发的信息平台，面向社会组织发布相关扶贫规划、扶贫需求和政府购买扶贫服务等方面信息，面向贫困地区、贫困人口发布社会组织扶贫资源与服务的供给信息。另一方面，搭建社会组织参与

① 邹江.激活扶贫攻坚的社会力量——2016年玉林市脱贫攻坚战回眸（五）［N].玉林日报，2017-4-6（1).

扶贫开发的协调沟通平台。以各级扶贫开发领导小组为依托，成立包含部分社会组织负责人在内的社会组织参与农村扶贫开发协调小组，推进政府和社会组织之间的跨界合作以及不同社会组织之间的合作。三是利用“全国扶贫日”等线上线下平台创新宣传机制。利用“全国扶贫日”平台，引导更多捐赠资源投向扶贫开发领域，推进省级扶贫机构和社会组织深度合作，让社会组织在扶贫开发前台大展身手①。在此基础上，通过政府的帮助引导，媒体的宣传以及民间组织的自我发展，动员更多的社会力量参与到扶贫工作中，构建社会组织积极参与的多元治理扶贫开发格局。

第三，探索建立风险防控与长效脱贫机制。精准扶贫方略提出以来，精准扶贫与社会公益两者紧密结合，逐步建立起风险防控和长效脱贫机制：(1) 扶贫对象精准识别机制。在实施精准扶贫的工作中，通过科学民主的识别办法，把相对贫困的对象找出来，使真正需要帮扶的贫困群众得到有效扶持。(2) 精准分类公益捐款方向。募捐活动可以根据捐款人潜在关注点对所捐款项的用途和去向进行分类。一是按事业类别来分类，如精准扶贫教育基金、医疗基金、养老基金、伤残基金、产业扶持基金等。二是考虑捐款人的乡土情结，按地域进行分类，如设立县区、乡镇基金。(3) 精准使用公益扶贫资金。分类募集的公益扶贫资金未完成该项扶贫任务前不得挪作他用。(4) 加强捐款人的扶贫参与度，通过政府的信息化支撑，保障捐款人对扶贫资金使用的知情权。条件成熟的情况下，可以赋予捐款人对重大事项的决策权。②

① 章志敏，陆汉文．社会组织扶贫的改革方向 [J]．中国财政，2016-20 (27-28).
② 张登科．精准扶贫或将开启社会公益事业新时代 [N]．永州日报，2015-9-30 (4).

案例

加多宝集团在赈灾扶贫领域的风险防控与长效脱贫机制建设

加多宝集团多年来在赈灾扶贫领域的创新实践表明，应急性的救灾与灾后的可持续性援建是同样重要的。为了更好地开展赈灾扶贫行动，加多宝集团建立了一套完整的响应机制，包括应急性的救助，灾后长效的援建，以及援建后的跟踪服务和学术性的研究评估。

应急性的救助要快速响应但要理性参与，集团根据灾情的级别和灾区的实际需求提供相应的帮助。对比应急性救助，灾后长效的援建就更显得艰难一些，因为后期援建需要企业的坚持和坚守。集团摸索出了一套建设性扶贫的模式，通过一些市场化的项目帮助灾民实现持续的经济创造，真正做到脱贫致富。

资料来源："http://www.dooland.com/magazine/article_529800.html，创新社会扶贫参与机制"，有删减。

第四，内源发展培育机制创新。社会组织和企业以产业发展、促进就业和创业等方式，在提升贫困地区和贫困群体内源发展能力方面作用显著，在帮助提升贫困农户内源发展能力、促进产业增收方面也发挥了重要作用。友成企业家扶贫基金会从2014年以来，通过利用MOOC农村电商在线学习平台开展电商扶贫模式探索，帮助贫困地区农户提升创业和就业能力。还先后开展了针对农村合作社的电商能力建设项目、贫困地区妇女电商能力建设项目①。民营企业万达集团开创了"企业包县，整体脱贫"的全新民营企业帮扶模式，预计5年内，投入10亿元，用3~5年时间，

① "万企帮万村"精准扶贫行动领导小组2016年工作总结。

实现丹寨整县脱贫。

案例

万达集团创新企业帮扶模式：企业包县，整体脱贫

万达集团结合丹寨县产业特点，选择当地优势突出、覆盖人口多、发展潜力大的硒锌茶行业，投资建设万吨规模的硒锌茶加工厂，对全县农户种植的茶叶进行订单收购，使茶叶产区所有贫困人口直接脱贫，大幅提高茶叶产区农民收入，带动全县农民通过种植茶叶脱贫致富。茶厂建设期使用当地工人，建成后招聘当地工人，帮助丹寨人口就业。

对于茶叶产区之外的丹寨贫困人口，万达集团将茶厂产生的利润进行再分配，重点照顾无劳动能力的贫困人口，实现整县脱贫。

除此之外，万达集团发挥企业优势，为丹寨茶产业提供营销平台，形成全国连锁网络，将丹寨茶销往全国，在全国打响丹寨茶品牌，实现种植、加工、销售的良性循环。

根据丹寨县情，万达集团投资 3 亿元，在丹寨建设了一个 2000 人规模的职业技术学院，学院各项设施达到国内同类学校一流水平。职业技术学院重点招收丹寨籍学生，并根据丹寨产业特点及万达集团产业情况，有针对性地设置专业，包括文化旅游、酒店管理、机械加工等。毕业生可实现本地就业；对于其中与万达集团产业对口的毕业生，将择优录取到万达集团就业。

资料来源：向德平，高飞. 中国社会扶贫的实践探索［R］. 中国扶贫开发报告，2016：207-227.

（三）社会和公益扶贫进一步完善的建议

社会和公益扶贫由来已久，在不断地实践探索中逐步形成了特色鲜明

的扶贫机制，在以政府为主导的中国扶贫开发进程中占有一席之地。但尽管如此，社会组织未来扶贫机制的构建和创新仍应有所考虑。

第一，培育社会扶贫理念和构建常态化扶贫机制。定点扶贫、东西扶贫协作和军队武警参与扶贫都不是真正意义上的社会扶贫，都是党委和政府主导的扶贫。社会扶贫应该更加强调扶贫主体、扶贫资源和组织方式的社会性，真正的社会扶贫就是要动员社会力量，运用社会资源来开展扶贫。社会扶贫领域虽有一些制度化和常规化机制，如干部挂职和定点帮扶等，但有些行动主体对社会扶贫重要意义的认识不够，受政治考核压力的驱动较多。

第二，加强社会扶贫主体力量。一是社会组织规模偏小，扶贫需动用大量人力物力，社会扶贫力量稍显不足。二是民营企业、社会组织和个人参与扶贫的数量仍不足。三是能力有待提升，社会扶贫专业化程度不高，内部人员多为兼职，扶贫主体筹资能力、交流能力、法治能力、执行能力、组织能力有待提升。四是管理有待加强，不少社会扶贫主体还仿照事业单位做法，管理体制和服务理念滞后。

第三，加强社会扶贫平台建设。除国务院扶贫开发领导小组办公室国际合作与社会扶贫司在部分发挥着社会扶贫平台作用外，全国性的、高效率的社会扶贫平台尚未建立，尤其缺少体现互联网等信息社会特征的资源整合和交流平台。建议：其一，利用国务院扶贫办建档立卡的平台，增加功能，信息对外，将全国建档立卡数据信息在适当范围内向工艺扶贫意愿的企业社会组织和个人公布，搭建扶贫供需的平台。其二，鼓励有志于扶贫的企业、社会组织、民间组织搭建社会公益扶贫平台，为社会公益扶贫提供良好的环境。其三，制定支持建立社会扶贫平台建设的政策制度，保障社会扶贫平台规范运作。

第四，建立社会和公益扶贫效果评估监督机制。为了保障社会和公益扶贫的规范化运行，就必须建立科学合理的社会和公益扶贫效果评估监督机制。建议：其一，国家尽快制定社会扶贫和公益扶贫效果评估监督制度和办法。其二，建议在国务院扶贫办的统一领导和具体指导下，根据国家脱贫攻坚的任务要求，实施第三方评估办法来具体开展和实施社会和公益扶贫评估，从而构建规范化的社会扶贫和公益扶贫的创新机制，推动社会扶贫和公益扶贫的规范化，提升扶贫精准度和社会效率。

三、金融保险扶贫机制：助推切入模式创新

保险作为社会经济保障制度的重要组成部分，是社会生产和社会生活"精巧的稳定器"，具有互帮互助、扶危济困的本质，与扶贫具有天然的内在联系。保险业参与扶贫具有独特的优势：一是放大扶贫资金使用效益，二是提升扶贫的精准度和有效性，三是为贫困户提供普惠的基本保险保障，四是可以推动贫困地区农业转型升级。近年来，保险业积极参与脱贫攻坚，涌现出了诸多具有示范效应的扶贫工作机制。

（一）保险扶贫的机制创新

为促进保险对接精准扶贫的顺利实施，实现保险业与精准扶贫的结合，我国不断探索和创新，逐渐形成了较为先进的保险扶贫机制。

一是保险精准扶贫配套保障机制。保险监管部门和保险机构之间通过工作联动机制，实现保险信息与建档立卡信息对接，解决贫困户动态识别问题，并借助专项统计监测制度和政策实施成效评估制度，防范资金滥用和使用效率低下等问题。

二是保险工具与扶贫政策体系协同机制。贫困地区在创新保险工具的过程中，综合考虑政府、市场、社会和贫困户等四大主体的诉求，融合精准扶贫政策中对农业、健康、民生、产业以及教育的保险需求，开发具有针对性的保险扶贫产品，实现保险对象、保险措施、保险服务和保险扶贫

成效等四个方面的精准，逐渐形成了“四位一体”的保险工具创新模式。

三是保险机构激励机制。农业保险是精准扶贫最有效的金融工具之一。近年来，地方政府不断探索农业保险保费补贴、税收优惠等措施，并将保险业的产业扶贫投资基金和扶贫公益基金融入各级扶贫规划和政策支持体系，充分释放保险业在保障脱贫中的作用。

四是保险精准扶贫宣传推广机制。宣传报道保险扶贫成果对推广保险扶贫先进模式过程中发挥了重要作用。成功的保险扶贫案例通过不断总结归纳，将其推广、复制到其他贫困地区，对保险扶贫示范区产生有效激励作用，逐渐构建起“学保险、懂保险、用保险”的友好循环。

案例

宁夏“扶贫保”保险扶贫模式

宁夏回族自治区政府密切关注保险扶贫工作，在自治区全面推广“保险+扶贫”的新模式。2016 年，宁夏回族自治区制订了《宁夏精准扶贫“脱贫保”工作实施方案》，方案以 2015 年建档立卡确定的 58 万贫困人口为对象，通过与中国人寿、人保财险、平安产险 3 家保险机构进行合作，分别推出“脱贫保”四种产品：一是家庭成员意外伤害保险，主要用于建档立卡贫困户在日常生活中发生因意外伤害导致的身故、伤残和意外住院医疗提供保险保障。每份保费 100 元/户，保障金额 99000 元/户；二是大病补充医疗保险，主要用于建档立卡贫困户医疗救助保险，为贫困户家庭成员建立补充医疗，保费 45 元/人，累计最高赔付限额 80000 元/人；三是借款人意外伤害保险，主要用于在金融机构贷款的建档立卡贫困农户日常生活工作中发生因意外伤害导致的身故、伤残保障责任，保险费率 1.8‰，保险金额为建档立卡户实际贷款金额；四是优势特色产业保险，主要保障建档立卡贫困农户投保的优势特色产业因价格下跌或者产量降低导致的收入减少，其中，基础母牛保费245元/头，保险金额7000元/头，基础母羊保费30元/只，保险金额500元/只。

截至2016年末，四大类“扶贫保”产品已经覆盖全区85.33%的建档立卡户和68%的建档立卡人口，累计提供风险保障494亿元，全区已支付赔款931万元。目前，“扶贫保”工作在全区有序推进。2017年5月，宁夏回族自治区在全区举行了“扶贫保”工作推进培训班，自治区区扶贫办和保监局对深入推进“扶贫保”工作进行了深入部署。同年3月，银川市印发《银川市全面开展“扶贫保”工作的实施方案》，方案对银川市“扶贫保”工作的目标任务、基本原则、实施范围、实施内容进行了详细安排。

(二) 保险扶贫的制度创新

2011年以来，我国不断加强保险扶贫顶层设计，对保险扶贫进行了一系列规划和战略部署，为保险业参与扶贫脱贫明确了方向和重点。

第一，搭建全国性保险扶贫政策框架。2014年3月，人民银行、财政部等七部门联合印发《关于全面做好扶贫开发金融服务工作的指导意见》，文件对保险扶贫进行了全面部署，强调要创新保险险种，提升贫困地区保险密度和深度，加强农业保险支持力度。2015年11月，中共中央、国务院印发的《关于打赢脱贫攻坚战的决定》，文件强调开展医疗保险和医疗救助脱贫，并要求积极发展扶贫小额贷款保证保险，扩大农业保险覆盖面，支持开展特色农产品价格保险。2016年5月，保监会与国务院扶贫办联合发布《关于做好保险业助推脱贫攻坚工作的意见》，文件明确了保险参与扶贫的工作机制，提出充分发挥保险行业整体机制优势，履行扶贫开发社会责任，全面加强和提升保险业助推脱贫攻坚能力。2017年3月，保监会、国务院扶贫办等六部门联合印发《关于进一步加强医疗救助与城乡居民大病保险有效衔接的通知》，文件强调要发挥医疗救助和城乡居民大病保险在保障困难群众基本医疗权益中的基础性作用，要进一步加强两项制度在对象范围、支付政策、经办服务、监督管理等方面的衔接。

第二，地方保险扶贫政策。在中央关于保险扶贫政策文件的指导下，各地方政府也开展了丰富的保险扶贫政策探索，形成了一些卓有成效的政策体系。一是各省市对接国家保险扶贫政策，构筑保险扶贫示范区。2016年11月贵州省人民政府与中国保监会印发《关于在贵州建设“保险助推脱贫攻坚”示范区的实施方案》，标志着全国首个保险脱贫攻坚示范区在贵州成立。该举措通过保险机制筑牢防止因病、因灾致贫返贫的防线，为贵州打赢脱贫攻坚战、与全国同步全面建成小康社会提供有力的保险支撑，为其他地区保险助推脱贫攻坚提供经验和借鉴。二是各省市发布保险扶贫工作指导意见，落实地方保险扶贫工作。2016年甘肃省保监局与省扶贫办联合下发《保险业助推精准扶贫精准脱贫工作的指导意见》，统筹安排贫困地区农业保险、贫困地区医疗健康保险、民生保险，产业脱贫保险，探索保险业对接精准扶贫的三种模式。三是各省市保险行业协会发布保险业助推脱贫攻坚倡议书。2016年，陕西省、内蒙古自治区等省区市发布了各省区市《保险业助推脱贫攻坚倡议书》，倡议全行业精准对接脱贫攻坚多元化的保险需求，充分发挥主体责任，为打赢脱贫攻坚战提供有力的保险支撑。

（三）保险扶贫的产品和服务创新

近年来，我国保险业积极发挥保险机制作用，大力发展农业保险、大病保险、医疗保险、组合保险，创新贫困地区融资方式，在助推扶贫开发、脱贫攻坚方面取得了积极成效。

第一，保障农业生产，积极发展农业保险。贫困人口在农业生产方面面临的灾害风险系数较高，导致农业生产经营风险较大，农业保险是专为农户在种植业、林业、畜牧业和渔业生产过程中，对遭受自然灾害、意外事故疫病、疾病等保险事故所造成的经济损失提供保障的一种保险。2004年至2013年中共中央、国务院发布的一号文件都强调发展农业保险。2015年，保监会召开会议落实中央扶贫会议精神，把农业保险纳入扶贫攻坚的主攻方向之一。近年来，我国农业保险发展迅速，农业保险参与扶贫的模式不断创新。目前，共开发贫困地区特色农险产品近800个，扶贫专属保险产品达50个。一些贫困地区已经探索出“农业保险+农业信贷”的扶贫模式，融合农业保险和信贷的优势，一方面，可以进一步扩大政策性农险的覆盖范围，另一方面，吸引商业性保险公司进入农村，到贫困地区开展农险业务，使其共同参与脱贫攻坚。随着农业保险的兜底作用不断发挥，贫困地区农户敢于进行创业，释放了农户生产积极性和灵活性，在保障农业产业方面取得了较好成效。

第二，发展大病保险，切实解决因病致贫、因病返贫的突出问题。因病致贫作为贫困地区贫困的第一大致贫原因，常使贫困居民无力承担高额医疗费用而深陷贫困。大病保险通过对患重大疾病居民报销高额医疗费用，是对基本医疗保险的重要补充，也是近几年探索出的减轻贫困人口因病致贫的重要措施。2015年国务院办公厅印发《关于全面实施城乡居民大病保险的意见》。2016年11月，国务院印发《“十三五”脱贫攻坚规划》，明确提出要让建档立卡贫困人口的大病和慢性病得到及时有效救治，大幅减轻就医费用个人负担部分。目前，大病保险逐渐融入市场机制作用，采取商业保险机构承办大病保险的方式。截至2016年末，大病医疗保险为全国城乡10.5亿人提供了大病保险保障，累计超过800万人直接受益。贫困人口实际住院费用报销比例提高5个百分点以上，住院实际补偿比例达67.7%。一些贫困地区探索开展民政医疗救助补充保险试点，建立起“基本医疗保险+民政救助医疗补充保险+民政二次救助”三层保障的民政医疗救助体系，有效增强了特困群众、弱势群体治疗疾病和抵御意外风险的能力。

第三，开展民生保险，兜底贫困人口生活风险底线。近年来，保险业通过各类保障适度、保费低廉的小额保险，开发了自然灾害公共责任险、一元民生险、农村住房保险、农村小额人身意外保险、医疗等险种，为贫困人口提供灾害、住房、意外伤害、疾病等方面的风险保障。一些大型国有保险公司针对特定贫困群体，研发了民生领域专属保险。以一元民生保险为例，2013 年起至今，我国在陕西铜川、湖北襄阳、河北承德、湖南娄底等地推行“一元民生保险”，地方财政局为投保人，辖区内户籍人口为被保险人，按每人每年缴纳 1 元保费的标准及中投保，被保险人在一年内享受“见义勇为救助责任保险”和“自然灾害公共责任保险”两项保险，被保险人在保险期间内，因见义勇为灾害导致死亡的每人赔偿 5 万元，导致伤残、医疗的，按一定比例赔付。

第四，开展组合保险，全方位防范贫困户生产生活风险。部分地方政府制订了《建档立卡贫困户财产人身组合保险试点方案》，创新了保险扶贫“套餐”，为建档立卡贫困户办理“基本+特色”脱贫组合保险，基本险保障意外和大病，持续为贫困地区“输血”，特色险保障地方特色经济作物和支柱产业，打开产业致富的大门，不断为贫困地区“造血”。保险公司也加速扶贫组合保险产品研发步伐，部分保险公司率先推出了“扶贫特惠保”组合保险，具有保费低、保额高、保障全等特点，涵盖一年期自然灾害保障 10 万元、意外伤害保障 5 万元、大病补充保障 5 万元以及住院医疗保障 5000 元，覆盖了投保人生活中的大部分风险。

第五，创新融资方式，精准引导信贷资源投向。为解决贫困地区贷款难、贷款贵等突出问题，保险业不断创新信贷资源投放模式，通过小额贷款保证保险、借款人意外伤害保险、保单质押等增信措施，推动信贷资源向贫困地区投放。中国人民保险集团在贫困地区率先开展“农业保险+扶贫小额信贷保证保险+保险资金支农融资”试点，首批资产管理计划总金额50亿元。目前，该模式已在全国多个省市推广，有力促进贫困群众获得免担保、免抵押、优惠利率的小额资金，推动贫困地区经济发展。

（四）下一步保险扶贫工作的基本思路

国务院印发的《“十三五”脱贫攻坚规划》中，强调消除贫困、改善民生、逐步实现共同富裕，是社会主义的本质要求，是我们党的重要使命。2017年《政府工作报告》进一步明确今年再减少农村贫困人口1000万以上。当前处于脱贫攻坚“啃硬骨头”的关键时期，保险业也应在脱贫攻坚中发挥更积极的作用。

2013年以来，保险业在保障贫困人口生产生活的作用显著提升，对贫困地区的帮扶作用也日益显现，然而在“十三五”全面脱贫的关键时期，要巩固和贯彻落实创新、协调、绿色、开放、共享的新理念，将保险扶贫融入全面小康、和谐发展的体系中，进一步提升贫困地区保险深度和保险密度，使贫困人口的生产生活得到全方位保障。

一是完善工作机制。完善工作机制的关键是加强组织领导、确保措施到位、落实工作责任。建立保险业与扶贫部门的工作联动机制，搭建扶贫开发大数据与保险业信息共享平台，准确掌握贫困户产业发展、防灾减灾、病情病因等情况和保险需求，实现保险与扶贫无缝对接。充分发挥扶贫驻村工作队、第一书记和村两委等的作用，积极开展政策宣导，帮助贫困户办理参保和理赔事宜，提高保险服务的便捷性。

二是突出工作重点。将保险业助推扶贫开发的重点放在创新体制机制上。全面对接“五个一批”工程，深入调研、分类开发，量身定做扶贫保险产品，完善扶贫保险产品体系。建立正向激励机制，强化保险机构的主体责任，促使保险机构平衡好商业利益与社会责任之间的关系，将保险资源向贫困地区和贫困群众倾斜。实行差异化考核，调动基层机构开展扶贫保险的积极性，不将扶贫保险经营亏损计入对基层保险机构的绩效考核。着力发展贫困地区保险分支机构网点，下沉服务重心，构建能够向贫困户提供便利服务的网络体系。重视保险扶贫的市场化运营，通过创新运营模式降低成本，通过建立健全风险分担和补偿机制实现扶贫保险的可持续发展。

三是营造良好社会氛围。目前，保险业已经形成了一批可推广、可复制的典型经验和模式。如河北省阜平县的"金融扶贫、保险先行"模式，宁夏的"脱贫保"模式，云南省昭通市的医疗费用"一站式报销"模式，河南省兰考县的"脱贫路上零风险"模式等。应注重发挥典型的示范带动效应，总结基层和群众创造的新鲜经验，有针对性地开展宣传，提高贫困群众的保险意识和运用保险工具分散风险的能力，提高基层干部"懂保险、用保险"的意识，推动地方政府通过运用保险这一市场化工具来解决经济社会发展问题。

四、片区推动与东西协作：区域间脱贫的再完善

我国制定的《中国农村扶贫开发纲要（2011—2020 年）》明确提出了将六盘山区、秦巴山区等 11 个连片特困地区和已明确实施特殊政策的西藏、四省藏区、新疆南疆三地州作为扶贫攻坚主战场。提出集中连片特殊困难地区的一个重要原因是，2010 年后，贫困地区呈现出"集中连片"性和"特殊困难"性——人口集中、地域连片、致贫因素相似和贫困程度深、致贫原因复杂共存。同时，2016 年 7 月 20 日习近平在宁夏主持召开东西部扶贫协作座谈会指出，东西部扶贫协作和对口支援，是推动区域协调发展、协同发展、共同发展的大战略，是加强区域合作、优化产业布局、拓展对内对外开放新空间的大布局，是实现先富帮后富、最终实现共同富裕目标的大举措，必须认清形势、聚焦精准、深化帮扶、确保实效，

切实提高工作水平，全面打赢脱贫攻坚战。可以看出，现阶段片区内整体推动和东西间协作帮扶已经成为区域脱贫的重要推手和核心动力。

（一）新举措新成就

近年来，围绕区域间脱贫机制的完善，主要进行了以下几个方面的机制创新。第一，发挥区位优势，“先富”帮“后富”。20 年来，东西扶贫协作在各领域不断深入，参加扶贫协作的各省逐步摸索出了一条以政府援助、企业合作、社会帮扶、人才交流为主要内容的东西扶贫协作道路，扶贫协作取得明显成效。据统计，1996 年至 2014 年，东部各省市共向西部贫困地区投入财政援助资金 118.2 亿元，引导企业实际投资 1.2 万亿元，实施合作项目 8 万余个，帮助西部地区输出劳务人员 664.3 万人次，实现劳务收入 538.3 亿元。为促进交流合作，双方领导考察互访 8.8 万人次，其中省级 5160 人次；东部地区共为西部贫困地区培训各类人才 55.7 万人次，引进各种科技实用技术 3072 项。同时，我国东西扶贫协作也由刚起步时东部单向帮扶西部，拓展为在对口帮扶框架下东西部双向互动、共同发展、实现共赢；由最初主要是政府间的援助行为拓展为各类市场主体的共同参与，再发展到包括各类社会团体、民间组织、爱心人士在内的社会各界多形式、宽领域的广泛参与，形成了“闽宁模式”“沪滇模式”“浙川模式”“甬黔模式”“两广模式”等成功范例。以“两广模式”为例，2014 年，广东、广西两省区扶贫部门签署《广东对口帮扶广西职业教育协作框架协议》，正式启动了两广职业教育协作试点。按照实施方案，广西籍农村贫困学生在试点的 8 所广西职业（技工）院校接受两年职业教育后，由广东智通人才连锁股份有限公司安排学生到广东的企业内进行顶岗实习进而实现就业，这被称为两广职业教育协作的“2+1 模式”。广东省扶贫办有关负责人介绍，自 2015 年开始，广东每年还安排 300 万资金对符合条件的 1000 名广西籍贫困学生提供生活和学习补助，这项举措将一直持续到2020年。20年来，广东发挥自身优势，以整村推进、劳务输出、干部培训、经贸协作、结对帮扶、部门协作等为主要抓手，从资金、项目、人才、技术、培训等方面帮扶广西脱贫。据不完全统计，仅“十二五”时期，广东省就累计向广西提供无偿资金及捐物折款达2.3亿多元。

第二，强调协调部署，脱贫成效明显。近年来我国连片特困地区的脱贫效果明显。首先，片区贫困人口下降幅度快于全国农村平均水平。据国家统计局监测数据显示，2015年全国14个连片特困地区贫困人口比2014年下降643万人，降幅18.28%。2015年片区贫困发生率为13.9%，比全国农村贫困发生率平均水平（5.7%）高8.2个百分点。其次，片区农村居民收入和消费水平普遍提高。2015年片区农村居民人均可支配收入为7525元，比上年增加801元，名义增长11.9%，比全国农村平均水平高3个百分点（2015年我国农村居民人均可支配收入11422元，比上年增长8.9%，扣除价格因素实际增长7.5%）。2015年片区农村居民人均纯收入7053元，同比增长11.9%，高于全国2014农村居民人均纯收入（10772元）同比增速（8.9%）3个百分点，但与2013年片区农民人均纯收入增长率15.4%相比下降了3.5个百分点。2015年片区农村居民人均消费6573元，同比名义增长11.4%，高于全国平均水平（2015年农村居民人均消费支出9223元，增长10.0%，扣除价格因素，实际增长8.6%）。以武陵山片区为例，武陵山片区位于西部大开发和中部崛起两大战略的交会地带，处于贵阳、武汉、长株潭和成渝四大国家级发展试验区的包围之中，具有承东启西、贯通南北的纽带作用和区位优势。要发挥好周边大城市的辐射带动作用，主动对接，积极融入，加强规划引导，培育建设一批功能健全的中小城市和特色鲜明的小城镇，形成新型城镇化网络。要加快推进现代农业建设，积极培育新型农业经营主体，发展多种形式适度规模经营，支持发展农产品加工业，让更多群众就地分享现代化的红利。

第三，驻村对口帮扶，培育致富带头人。由于区位、地理环境、文化习俗等因素的限制，贫困地区与发达地区发展不平衡问题日益严重，尤其是在物质、人力、社会资本差距急剧拉大的情况下，贫困地区、贫困人口依靠自身禀赋脱贫的可能性逐渐减低，因此亟须发达地区的帮扶。这种帮扶一方面体现在片区内发达地区与贫困地区的优势互补、协同发展，另一方面体现在区域间如东部发达地区对中西部内陆贫困地区的帮扶。片区内因为有着历史文化等社会因素的共性作为基础，在协同发展方面更能考虑当地发展的实际情况，实现优势互补；而区域间的协作帮扶则侧重于东部发达地区在经济、科技、人力资本方面的优势，不仅能在资金上给予资助，更重要的是引进先进的设备、技术以及管理理念和管理人才，而且还能提供贫困地区培训、学习的机会。比如在青岛和安顺的协作帮扶过程中，自 2013 年以来，贵州安顺逐年分批累计选派 71 名干部到青岛挂职。在人才培训方面，青岛为安顺举办各类培训班 40 多批次，培训各类人员 1500 多人。对于教育资源相对缺乏的安顺来说，青岛争取中小学教师远程研修，可谓把准了对口帮扶的又一个“脉”。新学期，安顺市经济开发区双阳小学四年级数学教师阴宏坤有些兴奋：“山东省教育厅为我们搭建远程教育平台，优质教育资源免费开放，新学期立即用到课堂教学，真可谓吹来了教育理念新风。”安顺市教育局副局长倪贵忠介绍，通过青岛积极争取，2015 年 1.8 万名教师分享到山东省优质教育资源，2016 年增至 2.4 万名，这一项目每年可以为安顺节约 2000 万元的教师培训经费。组织东部地区支援西部地区 20 年来，党中央不断加大工作力度，形成了多层次、多形式、全方位的扶贫协作和对口支援格局，使区域发展差距扩大的趋势得到逐步扭转，西部贫困地区、革命老区扶贫开发取得重大进展。在西部地区城乡居民收入大幅提高、基础设施显著改善、综合实力明显增强的同时，国家区域发展总体战略得到有效实施，区域发展协调性增强，开创了优势互补、长期合作、聚焦扶贫、实现共赢的良好局面。

(二) 片区整体脱贫的实施建议

中国片区整体脱贫策略的成功推进，在很大程度上依赖于我国政治优势和制度优势所建立起的扶贫治理体系（包括扶贫脱贫治理体制和机制），这一体系不仅提升了扶贫脱贫的综合治理能力，而且保证了中国在片区扶贫规划和精准扶贫相结合的扶贫脱贫治理体系的高效运行。

第一，在管理体制上，构建上下联动，统一协作，共同推进的协调机制。片区整体推进可以从两个方面来理解，一方面片区是由属于本片区不同省市区的县组成，由于不同县属于不同省份行政管理，因此片区县中的省负总体责任，但作为片区的县则负责落实，具体负责片区脱贫政策和措施的实施和落实。另一方面，国家扶贫开发领导小组和国家发改委负责统筹和组织片区规划，重点是协调和组织片区整体脱贫各项政策和规划在实施中的顺利推进、监督、监测和评估，每年召开 14 个片区联席会议，统筹片区各项工作。与此同时就是国家部委在片区整体脱贫攻坚中的直接参与片区整体脱贫工作和作为片区的牵头部委，负责本片区整体脱贫的各项协调和整体推进工作（见下表），这是中国片区整体脱贫实施过程中的一个重要特色，也是中国片区整体脱贫规划顺利实施和推进的一个重要保障。

中国 14 个集中片区特困地区联系牵头部委分工表

片区	省份	联系部委
六盘山区	甘肃、宁夏、青海	交通运输部
秦巴山区	河南、湖北、重庆、四川、陕西、甘肃	科技部、铁道部
武陵山区	湖北、湖南、重庆、贵州	国家民委
乌蒙山区	四川、贵州、云南	国土资源部
滇桂黔石漠化区	广西、贵州、云南	水利部、国家林业局
滇西边境山区	云南省	教育部

续表

片区	省份	联系部委
大兴安岭南麓山区	内蒙古、吉林、黑龙江	农业部
燕山–太行山区	河北、山西、内蒙古	工信部
吕梁山区	山西、陕西	国家卫计委
大别山区	安徽、河南、湖北	住建部
罗霄山区	江西、湖南	民政部
四省藏区	四川、云南、甘肃、青海	——
西藏区	西藏自治区	——
新疆南疆三地州	新疆维吾尔自治区南部克孜勒苏柯尔克孜自治州、和田地区、喀什地区	——

资料来源：根据有关文件整理而得。

第二，以“精准扶贫、精准脱贫”为指导，以点带面，在精准扶贫的基础上部署整体脱贫战略。把片区攻坚和精准扶贫紧密结合起来。做到整村推进、整乡推进、整县推进、整片推进与精准扶贫结合起来，把片区攻坚与扶贫对象精准、措施到户精准、项目安排精准、资金使用精准、因村派人精准、脱贫成效精准结合起来，保证片区脱贫攻坚工作的可持续性，提升片区规划实施的有效性。精准扶贫是片区整体脱贫的重要环节，只有做到了精准扶贫，才能真正由点到线、由线到面实现全面的整体脱贫。

第三，坚持整体推进、差别对待的原则。以改善贫困地区生产生活条件和基础设施为重点，坚持“雪中送炭”，全面规划区域社会经济发展，把解决扶贫对象最迫切需要解决的问题放在首位，在产业布局上优先考虑贫困地区，在项目安排上优先考虑贫困乡村和吸纳贫困劳动力，在人力资源开发上优先考虑扶贫对象，在扶持政策上体现差别化政策，使贫困户得到有效扶持。同时利用中心城市的辐射作用，调整贫困地区的产业结构，优化整个片区的空间结构，保护整体的生态环境，遵循在片区内集约、协调、整体开发的原则，积极推进整个片区的工业化、城镇化，促进城乡发展一体化发展。

（三）东西扶贫协作的实施建议

以完善国家扶贫战略和政策体系为依托，创新东西扶贫协作机制国家扶贫战略是国家发展战略的重要组成部分，扶贫政策体系是实现国家扶贫开发战略目标的重要依托。新阶段国家面临扶贫对象规模大，相对贫困问题凸显，“贫困地区特别是集中连片特殊困难地区发展相对滞后”的贫困现状，扶贫开发任务依然十分艰巨。要更好地解决贫困地区的温饱问题，缩小区域差距，东西扶贫协作应以完善国家扶贫战略和政策体系为依托，创新和完善东西对口扶贫协作体制机制。

第一，建立和完善稳定的东西扶贫协作投入机制。要以国家发展的战略思想为指导，提高对扶贫开发重要性的认识，以责任建设为主线建立和完善东西扶贫协作和对口支援投入机制。如通过政府履行职能责任、民营组织履行社会责任和全社会提倡志愿精神相结合的方式，探索实现东西扶贫协作投入的新机制。这种机制能否建立的关键是政府能否有效地履行职能。同时针对老、少、边、穷等特殊经济社会发展相对落后地区，通过制定和实施特殊的扶持政策，加大对这些区域的扶持力度。此外国家还应成立相应部门加强对政策的制定、具体执行、监督。

第二，建立健全东西扶贫协作的组织机构。随着农村最低生活保障制度的建立以及扶贫新标准的实施，我国已经进入扶贫开发与社会救助相结合的新阶段，扶贫开发工作呈现出专项扶贫、行业扶贫和社会扶贫三位一体的“大扶贫”的新局面。开展东西扶贫协作和对口支援，必须建立健全对口扶贫协作的组织结构和体系，促使扶贫协作政策的制定与实施能够与专项扶贫政策、行业扶贫政策有效结合，并获得最大的效益。同时要充分发挥各机构及成员在扶贫开发中的联系和作用，为东西扶贫协作和对口支援的有效开展搭建平台，为各种力量参与扶贫开发提供政策保障和支持。

第三，建立健全东西扶贫协作的工作机制。建立和完善东西扶贫协作和对口支援双方领导层的协调机制，加强双方对扶贫协作的重视和领导，完善扶贫协作双方定期互访机制。如扶贫协作双方的联席会议制度，研究解决扶贫协作所面临的重大问题，通过具体的文件或决议明确扶贫协作的目标任务，制定详细的扶贫协作规划。建立和完善东西对口扶贫协作的具体机制，如政府财政援助资金稳定增长机制，项目遴选以及评估机制等。

五、考核退出和督查第三方评估：扶贫机制的管理与改进

党的十八大明确了到2020年全面建成小康社会的奋斗目标。习近平总书记反复强调，“小康不小康，关键看老乡”“全面建成小康社会最艰巨最繁重的任务在农村，特别是在贫困地区”，更有效地帮助贫困地区、贫困村加快发展，支持贫困农户增收脱贫、提高发展能力，是“三农”工作的重点、难点，也是全面建成小康社会的短板。在完成这个奋斗目标过程中，贫困考核退出和督查有着重大意义。

（一）近年来我国扶贫机制的创新与改进

近年来中央出台省级党委和政府扶贫开发工作成效考核退出办法。从2016年到2020年，每年开展一次考核，由国务院扶贫开发领导小组组织进行。主要考核减贫成效、精准识别、精准帮扶、扶贫资金使用管理等方面，涉及建档立卡贫困人口减少和贫困县退出计划完成、贫困地区农村居民收入增长、贫困人口识别和退出准确率、群众帮扶满意度、扶贫资金绩效等指标，树立脱贫实效导向，确保脱贫攻坚质量经得起实践和历史检验。通过对贵州省、河北省、陕西省、四川省、新疆维吾尔自治区几个省

份考核办法的比较和分析，可以看出，每个省对市州和县的考核，有相同的特点，也有相互区别的方面。

第一，组织方式创新。组织方式上的创新总体包括三方面：

一是由省级扶贫开发领导小组负责扶贫开发工作的组织实施。贵州省、河北省、陕西省、四川省、新疆维吾尔自治区对贫困县扶贫开发工作的考核均在省级扶贫开发领导小组的领导下统一组织实施，考核过程中由省扶贫办牵头进行，其他涉及扶贫开发的责任部门如省委组织部、省发改委、省教育厅、省工信厅、省民政厅、省财政厅、省住建厅、省交通厅、省水利厅、省农业厅等多个部门参与协助。

二是各省的考核范围和考核对象均为贫困县及其领导班子和主要领导干部。贵州省、河北省、陕西省、四川省、新疆维吾尔自治区对省内贫困县的考核范围的划定包括了国家级贫困县、省级贫困县和片区贫困县三类(片区贫困县和国家级贫困县有重合)。其中，实地调研的结果发现，贵州省、河北省推行的“减贫摘帽”或者说“脱贫出列”政策，均属于鼓励贫困县积极脱贫的政策，所以在贫困县摘帽之后，实行的是“摘帽不摘政策”，河北对脱贫出列的贫困县也继续纳入贫困县考核之列。

三是以县（市、区）自评为主，省扶贫开发领导小组组织复核。河北省、陕西省、四川省、新疆维吾尔自治区目前对贫困县扶贫开发工作考核的实施方式一般包括五个环节。第一个环节是贫困县根据省统一的考核指标体系填报数据进行自评，评价结果报省级扶贫开发领导小组办公室；第二个环节是省级扶贫开发领导小组办公室对县一级扶贫开发领导小组自评结果进行初审；第三个环节是省级扶贫开发领导小组派出复核小组按照一定比例对贫困县的自评结果进行实地调查；第四个环节是根据初审结果和实地调研情况进行复审；第五个环节是将评价结果报省扶贫开发领导小组，并在网上公布。贵州省的考核方式与其余几省略有不同，贵州省对贫困县扶贫开发工作的考核：首先要求各数据来源部门提供数据；其次，由省扶贫开发领导小组对指标数据进行审核和实地核查；最后，将指标数据汇总到省扶贫办，由省扶贫办统一对贫困县的扶贫开发工作进行考核评价。

第二，指标体系设计创新。近年来围绕指标体系的设计，各地就以下方面做了创新：(1) 各省贫困县考核方法均实行打分制。贵州省、河北省、陕西省、四川省、新疆维吾尔自治区目前实行的贫困县扶贫开发工作考核指标体系均实行的是打分制。其中河北省、陕西省、四川省、新疆维吾尔自治区的贫困县根据省里统一制定的考核指标体系，各个指标的得分根据达标的不同情况进行计分，各个指标的得分根据在上年度结果的基础上的不同增长程度进行分级，每个指标设置有最高分。而贵州省与其他省略有不同，贵州省的考核指标体系中各个指标的得分不进行分级，而是贵州省对每个指标制定当年要达到的目标，按照是否达到目标计分。(2) 各省的考核指标均以结果为导向。从各省考核指标体系中三级指标的分值分布情况看，各省对贫困县扶贫开发工作的考核退出以结果为导向，对三个方面的指标重视程度较高。一是对贫困人口的减少、贫困人口收入的提高等指标提高了其分值；二是对扶贫资金的分配使用进行严格的考核，提高其分值；三是特色产业增收方面的指标。如贵州省贫困县考核指标体系中“减贫增收”项下的“农村贫困人口减少数量”“贫困发生率下降幅度”“农村居民人均可支配收入”三个三级指标的分值最高，分别为 10 分、5 分和 10 分。其次为“组织领导”项下的“落实六个到村到户情况”和“产业发展”项下的“农业产业化经营带动农户比例”“高效农业示范园区带动农户增收效率”，分值分别为 5 分、8 分和 5 分；此 6 项之外的其余 41 个三级指标分值均为 1 分或者 2 分。(3) 各省考核指标体系的指标设置以客观可量化指标为主。贵州省、河北省、陕西省、四川省、新疆维吾尔自治区目前实行的贫困县扶贫开发工作考核指标体系中指标的设置均以客观可量化指标为主，包含少量主观指标，这里客观指标指的是可以通过客观的数据进行计算的指标。每个省的考核指标中包含极少数几个主观指标。如贵州省考核指标体系中的指标“落实六个到村到户情况”“落实集团帮扶、定点扶贫和对口帮扶工作情况”；河北省考核指标体系中的增分指标“扶贫工作方法和管理措施创新”；陕西省考核指标体系中的指标“考核年度各市县建档立卡、驻村工作队、社会扶贫等日常扶贫工作情况”等。

第三，实践措施创新。各级的贫困考核退出指标考查的对象不同，主要以人均可支配收入为核心，综合考察基础设施建设、财政投入等因素。在具体解决以收入为核心的贫困问题的同时关注贫困乡（镇）、贫困户、贫困村的实际发展现状，比如贵州习水县在贫困人口分解时把贫困乡镇分成一、二、三类和非贫困乡镇，然后按照非贫困乡镇、三类乡镇、二类乡镇、一类乡镇贫困发生率逐次递升的原则进行分解。其他地区还运用“四看法”和“看”“算”“访”“评”等方法，例如，贵州威宁提出的“一看房、二看粮、三看劳动力强不强、四看家中有没有读书郎”的“四看法”；甘肃提出“一看房、二看种植和牛羊、三看劳动力强不强、四看儿女上学堂、五看信用良不良”的“五看法”；贵州黔西南州提出“一看房、二看粮、三看家中装备洋不洋、四看多少存款在银行、五看劳动力强不强、六看家中有没有读书郎”的“六看法”。

上述“几看法”，对每一“看”（维度）都设置了权重，每一“看”下面又包括了若干指标。从目前考核退出的实践来看，已经不单单从收入一方面衡量和化解贫困难题，而是从多元、多维衡量和化解贫困难题，从而产生整体脱贫时序进度表。建档立卡的识别和退出都用“几看法”进行评价，取得了比用收入单一评价更好的效果。既看了“贫”，也看了“困”。应该说是在精准扶贫实践中，进一步提升和完善了中国特色扶贫开发道路对于贫困的认识和评价。

第四，结果运用创新。河北省、陕西省根据贫困县的考核结果分值情况，对省内贫困县的考核结果进行等次划定，划分为A、B、C、D四个等次，并按照等次对贫困县进行激励。新疆维吾尔自治区则是按照比例进行等次划分，对重点地州扶贫开发工作的考核，按50%的比例评定优秀等次；对非重点地州扶贫开发工作的考核，按25%的比例评定优秀等次。对重点县（市）的考核，按照A、B、C等次各占15%的比例评定，其余按D等次进行评定；对非重点县（市）的考核，按照A、B等次各占7%、10%的比例评定。四川不划分等次，但是分片区对各片区内的贫困县考核结果进行排序，并按照比例进行激励。

各省激励的措施主要包括四个方面：一是全省进行通报表扬或者通报批评；二是将考核结果作为干部提拔的重要参考依据；三是财政资金拨付使用方面的倾斜；四是扶贫项目申报方面的倾斜。在通报表扬或者通报批评方面，各省对范围的界定略有区别。河北省对考核结果为A、B等次的市、县，以省扶贫开发领导小组的名义给予通报表扬，对考核结果为D等次的市、县则给予通报批评。陕西省与河北省一样，对考核结果为A、B等次的市县（区），以省扶贫开发领导小组名义通报表扬，D等次的市县（区）通报批评。新疆则是对A、B、C等次的重点县（市），以扶贫开发领导小组名义通报表扬；对最后2名的重点地州、最后3名的重点县（市）给予通报批评。

在财政资金拨付使用、项目倾斜方面，各省均根据扶贫成效不同，对扶贫成效好的贫困县采取优先支持的政策。其中陕西省对考核结果为A、B等次的市县（区），在省财政专项扶贫资金分配时给予奖励和倾斜。D等次的市县（区）扣减一定的资金，予以惩罚。新疆在财政专项扶贫资金分配时，对考核结果为A、B、C等次的重点县（市）和A、B等次的非重点县（市），采取以奖代补的方式给予奖励和倾斜；对考核结果为D等次的重点县（市）和C等次的非重点县（市）扣减一定的资金。

第五，第三方评估机制创新。近两年，为了提升贫困县考核、退出机制的客观性和科学性，各地也展开了广泛的第三方评估。第三方评估机构一般由高校、科研机构组成，对贫困县是否达到退出标准、数据是否真实有效进行专业评估。2017 年国务院扶贫办也组织了几次第三方评估活动，主要针对 2017 年脱贫的若干贫困县，就贫困发生率、人均收入、脱贫满意率等内容进行评估。总体来看，各地的第三方评估机制逐步开始走上正轨。

案例

甘肃省组建第三方评估组考核贫困县、这一精准脱贫考核的创举走在全国前列

目前，我省对全省 58 个集中连片贫困县和 17 个插花型贫困县 2015 年度脱贫攻坚任务的考核工作正在紧张进行。与以往的考核不同，在此次贫困县的“大考”中，我省首次组建了第三方评估组全程参与监督，对考核结果的真实性和公正性进行客观评估，发挥验证和监督作用，防止出现数字脱贫、虚假脱贫。这一精准脱贫考核的创举，走在了全国前列。

此次考核在省委领导下进行，由省脱贫攻坚成效考核领导小组办公室牵头，省委组织部、省扶贫办为主组织实施。考核结果将与贫困县领导干部的“官帽”挂钩，对于脱贫攻坚成绩突出、群众满意的干部将予以提拔和重用，而工作不力、考核不称职的干部将被问责和调整。

据了解，考核按照县区自评、省直部门量化打分、脱贫农户评价、考核组考核、第三方评估和考核结果评定等环节组织实施。为了充分发挥社会力量的监督作用，我省从省市县非党政机关的人大代表、政协委员、新闻媒体、高校科研院所等熟悉农村和扶贫工作的人员以及国家统计局甘肃调查总队等单位，抽调了 55 人组成了第三方评估人员。

与考核组通过听取汇报、抽查核实、实地查看和查阅资料、进村入户等考核方式不同，第三方评估组的工作内容，主要承担“贫困人口识别准确率”“贫困人口退出准确率”精准识别的评估，负责群众评分的组织实施，发挥验证和监督作用。他们通过采取抽样调查、实地核查等方式，监督考核过程。并从贫困村随机抽取贫困户组织开展群众问卷调查，核实贫困人口的人均可支配收入和精准扶贫政策落实情况，测评驻村工作队、帮扶责任人的帮扶工作，对考核情况进行评估，确保考核结果客观公正。

资料来源：《甘肃日报》2016 年 3 月 13 日

（二）贫困县考核退出机制存在的问题

第一，评估方式开放度不高。政府考核评估方式开放度不高，评估的主体主要是上级机关，社会公众参与少，造成重工作过程的评估，尚未深入到对工作最终效果的测评；评估方式多为“运动式”“评比式”，随意性大，持续性规范性不强；政府绩效评估的封闭性、神秘性、主观性较强，透明度、公开化和客观性还不够，缺乏必要的社会监督和制约。这种自上而下的政府考核的局限性就是，政府机关“眼睛朝上”，只关注上级领导是否满意，虽然可以把反映公众的呼吁作为指标设计的考虑之一，但是从制度上并没有跨越政府内部评议的框框。所以，公民和管理服务对象参与政府业绩的考核，是现代政府绩效评估的重要内容。各地政府应该逐步增加群众参与的程度和范围，增加对群众意见和社会智慧的吸纳力度。

第二，评估的理论依据薄弱。我国当前的政府考核退出评估的理论依据薄弱，理论对实践的引导力度不够，我国政府绩效评估起步晚，对我国贫困考核退出评估的实践总结还不够，中国特色的贫困考核退出理论体系尚未建成。另外，在具体的实践过程中，虽然有的地方已经实行了多年的政府绩效评估，但依然需要随着时代的不断进步而做出相应的调整。在实施政府绩效评估整个过程中，需要时刻密切结合我国的实际。

第三，扶贫脱贫持续性较弱。从目前正在开展的退出工作来看，各省市县的退出工作大多是在完成上级政府的工作任务，按照上一级政府的工作安排制订退出计划，成为一项国家主推，政府主导的政治任务，所谓的贫困县、贫困乡（镇）、贫困户脱贫多是处于“被动脱贫”“被动摘帽”的状态。我们所调研的三个县，九个村镇都存在这样的问题，比如贵州省遵义市制定“减贫摘帽”工作推进表，明确安排茅天镇、柏村镇等85个乡镇2014年前摘帽，流渡镇、小雅镇等20个乡镇2015年摘帽，红丝乡、芙蓉江镇2016年摘帽。甘肃省制定了“2015年实施特困片带、整村推进项目村和减贫任务到县名单”，名单明确到每一个村，要求在2015年完成减贫任务。这一方面说明政府在退出工作方面发挥了积极主动的作用，另一方面却显示出目前退出工作上级对下级的安排、计划痕迹过重，导致被动退出现象。

通过实地调研与相关政策资料的研究发现，现行的贫困考核退出工作主要思路是，由国家扶贫办制订脱贫计划（包括脱贫人数、脱贫时间以及各省各项指标），再由省扶贫办将脱贫任务分解下发到各个市，市下发到各个贫困县，贫困县按照指标任务进一步制订出贫困乡（镇）、贫困村的出列计划。整个过程是自上而下的逐级按任务分解，按这种思路执行的脱贫可以在短期内完成任务、达到目标，但是长期来看是不持久、不稳定的，这样的脱贫只能是低水平、不具有可持续性的。

（三）考核退出机制的完善路径

贫困县考核机制创新实施顺利，效果明显，有力推动了我国扶贫攻坚工作。但从长期发展的角度来看，还需要进行完善，不断地创新新机制和新模式。从我们调研和访谈的情况，结合目前贫困县考核机制存在的问题，我们就贫困县考核机制的完善进行如下政策建议：

第一，强化和完善贫困考核退出体制建设。建议强化和理顺贫困县考核退出体制，建立专门的扶贫攻坚考核机构，明确考核机构职责和任务，充实力量和队伍建设。贫困县考核主要由组织、扶贫、统计等部门组成的临时机构组织实施，而扶贫攻坚牵扯面大，专业性强，现行的考核制度和内容有重复的部分，考核退出也有重复实施的内容，层级多，指标复杂。因此，建议建立统一的考核退出体系、成立专门的考核退出机构，强化和保证贫困县考核退出机制的顺利实施。

第二，完善贫困考核退出的指标体系。首先，进一步提升有关农民持续增收的相关指标权重。提高农民收入持续增长的产业体系培育指标的权重，没有可持续发展的产业支撑脱贫，最终有可能又会重新返贫。其次，提升绿色发展、生态环境保护等指标权重。不同功能区划分，产业结构的差异对资金、资源分配的要求区别较大，要通过增设生态保护指标，对生态涵养区的区域发展起到推动作用，建议进一步提升绿色发展、生态环境保护等指标权重。再次，在提高指标标准化程度的基础上，平衡定量与定性指标的分布。一方面，考核退出体系中部分考核退出指标缺乏合理性，很多指标已经超出了基层的能力范围，在指标设置的时候，要考虑基层的实际能力。另一方面，基层扶贫工作量大面宽，很多工作在量化考核中很难显现出来，建议增加这部分的考核内容。对一些确实难以量化的指标，应该在确定定性要求的基础上，比较详细具体地分解为若干考核要目，按“好”“较好”“一般”“较差”四个档次进行评价，然后再按一定的比例转化为定量得分。最后，完善贫困考核指标体系和考核目标的动态调整。贫困本身就是动态发展的，要建立和完善考核机制中的目标动态调整机制，根据贫困的发展变化，适时调整各类考核指标。同时，从长远来看，对于 2300 元标准下的低水平扶贫脱贫，也要积极探索更高水平和标准的动态目标调整机制，增加指标体系的稳定性和长期性的重要手段。

第三，完善贫困考核退出方法和程序。首先，进一步扩大考核退出的参与范围。在目标考核的制定上，要扩大参与程度，克服政绩考核的负面影响。建议可适当增加管理机构、监督机构、社会组织等参与退出考核。其次，将上级组织对下级组织考核与下级对上级的考核紧密结合起来。也就是上评和下评相结合。当考核机制力度不断加大后，必然会对政府干部带来巨大的压力，出于政绩追求，基层很可能会出现一些短期行为，诸如编造数据和事实、注重形象工程、做表面文章，而忽视群众实际的实惠和效果。建议可以贫困村对乡镇考核，乡镇对贫困县考核，贫困县对省扶贫开发领导小组和省级扶贫办及省级机关考核，省级扶贫办对国务院扶贫办和中央国家机关扶贫脱贫进行考核。再次，通过第三方评估提升贫困考核退出机制和实施效果真实性和认知度。目前扶贫工作中的一些重点项目的过程和结果评估，已经超越了基层政府的能力，对此类项目工作的考核难免出现纰漏，引入第三方评估可以在技术上解决这个问题。同时，第三方一般来说拥有更好的技术优势、人才优势和渠道优势。另外，第三方评估处于一个超然状态，一定程度上可以更客观、公正地去考核。第三方评估的最大功效就在于客观性，避免和减少了利益关系、工作关系带来的不公平不公正和其他一些非正常因素的偏差。最后，进一步完善并合理确定考核的强度和力度。考核不仅仅是对扶贫脱贫结果的考核，更重要的是对脱贫过程的考核。可进行年度考核和退出、半年督察和监测、季度自评等。

第四，扩大考核结果的运用范围。一方面，进一步探索完善对普通干部考核结果的运用。贫困考核退出机制结果的运用集中在党政领导干部考核，各地对于考核结果的运用，大多强调要把考核的结果与干部任用相结合，但与干部任用相结合，对于那些组织重点培养的干部来说，意义较大。因此，建议对于结果运用也分类实施，对于一般干部，把干部考核结果多与荣誉和物质奖励挂钩，将该部任职和培养同考核相结合。另一方面，积极探索考核机制与退出机制相结合，扩大考核结果的运用范围。现有的扶贫开发过程中，由于戴上贫困县的帽子能够给当地带来更多的转移支付和优惠政策，各地普遍存在着争取戴贫困县帽子的实事，这就造成地区县之间的恶性竞争和道德风险。因此，建议对于尚未退出的贫困县乡镇村和贫困户，考核结果可以作为下一年度扶贫项目确定、扶贫资金投入以及各项政策实施的依据，扶贫效果乡镇和贫困户继续获得或者增加扶贫力度，对于因自身原因造成扶贫效果差的贫困县、贫困乡镇、贫困村和贫困户适当的减少或者取消扶贫支持，这样才能真正地发挥扶贫资金拉动激励机制。对于已经退出的贫困县、乡镇、贫困村和贫困户，为了巩固扶贫脱贫效果和克服返贫潜在风险，可保持现有的扶贫脱贫政策继续到2020年。

·第六章·

精准扶贫以来可持续内源发展机制创新实践

可持续的内源发展机制一直是我国扶贫开发战略的重点，精准扶贫以来，围绕教育文化扶贫、社区能力提升、产业脱贫以及绿色减贫进行了很多创新，本章围绕精准扶贫以来以上四个方面的创新实践进行专题论述。

一、教育文化扶贫：阻断贫困代际传递的根本之策

习近平总书记在给“国培计划”北师大贵州研修班回信中指出：“扶贫必扶智。让贫困地区的孩子们接受良好教育，是扶贫开发的重要任务，也是阻断贫困代际传递的重要途径。”贫困人口之所以贫困的一个共同特征就是教育水平普遍较低。教育的匮乏与落后使贫困群体丧失脱贫的能力、机会和勇气。应该认识到教育是人的一项发展权利，对教育的投资其实是对个人可持续发展的一种投资，是一项扩展自我潜能、扩大自由、提升能力、开拓机会的途径。教育文化扶贫虽然不会立竿见影，但却是最有生命力、最具可持续性的脱贫方式，是阻断贫困代际传递的根本性扶贫，也是摆脱贫困的治本之策。

（一）我国教育文化扶贫的政策创新

国家要拔除贫根，随着扶贫工作进入冲刺期，需要产业扶贫、教育扶贫、技能培训、易地搬迁、保障兜底等多管齐下。教育扶贫就是营造扶贫

扶志扶智的环境，让人的素质先脱贫，转变一些贫困人群的“等、靠、要”观念，引导贫困农民家庭主动发展致富。从目前我国实施的教育扶贫政策来看，现阶段主要以《中国农村扶贫开发纲要（2011—2020年）》《教育脱贫攻坚“十三五”规划》为指导开展扶贫脱贫开发工作，注重以精准扶贫精准脱贫提高贫困人口受教育程度，保障各教育阶段从入学到毕业的全程全部资助，保障贫困家庭孩子都可以上学，不让一个学生因家庭困难而失学。在新一轮的扶贫开发工作中，教育脱贫的地位和作用逐渐被加强和重视，呈现出以下特征：

第一，在国家顶层设计中，教育脱贫纳入其中。《中国农村扶贫开发纲要（2011—2020年）》提出，到2020年，贫困地区基本普及学前教育，义务教育水平进一步提高，普及高中阶段教育，加快发展远程继续教育和社区教育；《关于创新机制扎实推进农村扶贫开发工作的意见》中再次重申实施教育脱贫工程，促进贫困地区教育体系更加完善，培训就业衔接更加紧密，就业创业能力持续提高等；《关于打赢脱贫攻坚战的决定》中再次强调，着力加强教育脱贫，加快实施教育扶贫工程，让贫困家庭子女都能接受公平有质量的教育，阻断贫困代际传递，国家教育经费向贫困地区、基础教育倾斜，实施教育扶贫结对帮扶行动计划①。截至目前，我国已相继出台《关于实施教育扶贫工程的意见》《国家贫困地区儿童发展规划（2014—2020年）》《乡村教师支持计划（2015—2020年）》等文件。从宏观层面，国家针对教育脱贫做了细致全面的部署和规划，针对贫困地区不同层次、不同阶段、不同对象的教育进行了合理的布局和设计，贫困地区教育发展问题已然成为我国扶贫开发重视的关键领域和重要环节。

第二，教育脱贫政策在片区扶贫攻坚规划实施中得以应用。新一轮的

① 中共中央、国务院关于打赢脱贫攻坚战的决定［N］. 中华人民共和国国务院公报，2015-12-20.

扶贫攻坚战以“集中连片特困地区”为主战场，在片区的扶贫攻坚规划中，结合片区的实际情况对教育脱贫做了进一步详细具体的说明和解释。主要包括以下几个方面：一是贫困家庭劳动力职业教育与培训政策。片区发展与扶贫攻坚规划中对贫困家庭劳动力培训重点进行了详细设计与说明，涉及中等职业教育学校农村学生和家庭经济困难学生免学费政策；农村贫困家庭新成长劳动力培训和职业技能鉴定项目等。二是完善国家教育资助制度。目前我国已经构筑了从学前、义务教育、高中、中职、高等教育全覆盖的资助体系，以片区为主要阵地的扶贫脱贫攻坚战更是根据各地的实际情况制定了各具特色的资助办法。三是扶持重点群体政策，比如对孤儿、残疾儿童、留守儿童等加大了救助扶持力度，对农村妇女进行实用技能培训和职业教育。

第三，教育脱贫的政策实施更加具体化。以教育部为主，相关部门积极配合和回应新一轮扶贫开发工作，制定了多项针对贫困地区的教育扶贫政策和措施，以保障教育扶贫政策的完善和实施。2013 年教育部会同多部委联合出台《关于实施教育扶贫工程的意见》，就贫困地区教育扶贫工作就经费保障、学生就业、对口支援、人才引进等方面的工作做了全面部署和安排。之后又出台了学生营养改善计划、贫困地区定向招生专项计划、学校教师特设岗位计划、高校定点扶贫计划等针对性强、配套性好的措施和方案。2015 年教育部又提出实施 20 项教育扶贫全覆盖政策，针对不同等级、不同对象、不同地区，制定了相关政策措施，其中涉及学前教育、义务教育、中等教育、高等教育以及乡村教师等方面，比如义务教育阶段实施的“两免一补”、《国家贫困地区儿童发展规划（2014—2020 年）》《乡村教师支持计划（2015—2020 年）》等。相关部门根据各自职责和农村地区的发展特点积极制定和出台相关措施，为保证贫困地区教育扶贫政策的有效推进和开展提供了良好保障和充足空间。

第四，地方政府在教育脱贫规划实施和政策落实上更加精准。各省根据各地各级、各类受助群体实际情况，制定并出台了更为具体的政策规划。例如贵州省制定了《贵州省教育精准脱贫规划方案（2016—2020年）》，实施八大教育精准脱贫计划：学生精准资助惠民计划、职业教育脱贫富民计划、办学条件扩容改善计划、教育信息化推广计划、教师队伍素质提升计划、农村和贫困地区招生倾斜计划、教育对口帮扶计划、特殊困难群体关爱计划。湖北省启动《湖北省教育精准扶贫行动计划（2015—2019）》，实施“五个精准”（“精准改造”“精准招生”“精准资助”“精准就业”和“精准培训”）工程；甘肃省相继出台了《甘肃省精准扶贫乡村教师队伍专项支持计划》《甘肃省加快发展民族教育专项规划》《甘肃省教育厅支持革命老区教育跨越式发展行动计划》《甘肃省精准扶贫职业教育专项支持计划》等政策。这些政策不仅系统全面地反映了地方教育全貌，更为重要的是能够结合地方实际情况，针对地方发展特色，做到因地分类、因人分策，实现了农村贫困户子女从学前教育到大学阶段全覆盖教育扶贫体系，并能将教育贫困信息、主要措施、任务节奏、考核评估进行全程对接，确保贫困家庭子女“上得起学、读得起书、就得了业”，这些政策措施为下一步脱贫攻坚提供了重要参考价值。

（二）教育文化扶贫中存在的现实问题

现在我国教育脱贫尚未形成系统完善的机制，并且在实施过程中遇到种种问题和困难，在全面建成小康社会的冲刺阶段亟待尽快克服和解决。

第一，贫困家庭社会阶层固化，教育脱贫任务艰巨。从公平和效率的角度来看，1949—1976 年的教育机制主要着力于社会的公平，推进教育机会分配平等化及阻断家庭背景与教育获得之间的联系，极大地减弱了教育方面的阶级差异；1977—2008 年的教育机制主要着力于效率，进行精英化和市场化的改革，具有社会分层功能的高等教育起到了制造和固化社会分层的功用[①]。尤其是近些年来，随着教育改革在城乡之间的差距越来越大，传统的大众化教育趋于弱势，逐步转向精英化教育和市场化教育，导致社会阶层分化乃至固化，贫困家庭享有公平教育的机会越来越少。在此背景下，贫困家庭脱贫将面临种种困难和挑战，一是困家庭父母的文化水平较低对子女的教育产生不利影响，导致失学率辍学率不断上升。二是随着教育市场化、产业化的不断扩大与发展，地区间、城乡间、家庭间享有的教育机会、得到的教育资源、达到的教育效果将会逐步拉大，教育脱贫的任务也将越来越艰巨。三是贫困家庭主体意识淡薄，教育脱贫责任重大。受长期封闭思想的影响，贫困家庭、贫困人口在传统小农经济的生产方式下，主动接受教育、主动寻求政策支持的意识相对淡薄，再加上贫困家庭的父母和子女在学习教育上存在一种“读书无用论”“知识无力感”思想，主动学习、主动脱贫的意识不强。与此同时，传统的扶钱扶物式扶贫在一定程度上助长了部分贫困地区居民“等、靠、要”的错误思想，贫困家庭主动脱贫的意愿没有得到充分的激发和利用。尽管教育扶贫的相关政策做了大量的宣传工作，但是贫困地区贫困人口自觉主动地了解政策、接受政策、寻求政策帮助的意识不强。贫困家庭主体意识淡薄说明脱贫主体自身的能动性、主动性没有得到充分调动和激发，从另一个侧面也反映出我国教育在脱贫过程中没有发挥有效作用，未来教育脱贫的责任仍旧重大。

第二，贫困家庭脱贫转化能力不足，脱贫可持续性差。我国经济和社会发展已步入结构转型期，社会对高素质人才的需求越来越多，社会需要身心健康、持续发展能力强、有发展潜力的人才。而我国长期以来的扶贫脱贫工作没有跳出能“有效输血”而无法“有效造血”的窠臼，贫困家庭脱贫的可持续性较弱，在教育扶贫脱贫方面虽然已经进行了诸多尝试和努

---

① 李春玲．社会政治变迁与教育机会不平等——家庭背景及制度因素对教育获得的影响(1940－2001)［J］．中国社会科学，2003（4）：86-98.

力，但是贫困家庭或者贫困户自身学习能力、转化能力、市场认知能力有限，教育脱贫的措施和工作没有达到预期的效果，导致扶贫脱贫的可持续性降低。比如在基础教育方面，考虑通识性、普及性、公平性，但是缺乏贫困地区特殊性的关怀，偏重城市导向的课本知识，造成贫困学生厌学、辍学等问题的出现；在职业教育方面，缺乏促进可持续发展的培训机会与培训内容，现有的培训项目多数是自上而下的政策安排，往往较为重视经济收入的提高，多数短期培训并没有真正转化为贫困对象的自我发展能力，再加上不少受训者缺乏市场分析能力和工作经验导致雪上加霜。所以，精准扶贫精准脱贫的核心应该是扶贫脱贫的可持续性，即如何让贫困对象真正在社会，特别是市场经济社会中具备自我生存、自我发展的能力，而不是仅仅考虑在一定时点达到某一标准。

第三，扶贫经费匮乏，贫困家庭教育脱贫需求难以满足。长期以来，我国教育财政投入不足，公共教育经费支出比例偏小，虽然近年来比重有所上升，但是总体来说可用于教育脱贫的经费仍显不足。首先，有限的教育脱贫经费面临地方财政收支矛盾。一些贫困地区，尤其是贫困县，县级财政比较薄弱，财政增收困难，财政收入的重点基本上用于保证刚性支出。这使得地方政府财政陷入进退维谷的境地，要么影响一些需要地方配套资金项目的顺利进行；要么给地方政府带来相当的债务。其次，有限的教育脱贫经费导致个体的资助金额偏低。受助者与扶贫部门均反映，资助金额偏低，难以满足个体教育发展的需求。再次有限的教育脱贫经费致使后续资金不足。有关配套政策支持、后期维护等方面的政策和资金还比较缺乏。比如，在“营养餐计划”中，食堂的建设、人工、运营资金都没有专项的补贴，相关管理人员的工资、编制也仍然没有解决；“营养包计划”中，也只有营养包本身的补助资金，营养包的管理、发放、维护、保管等工作涉及的人员和资金也仍然有很大的缺口。

（三）教育文化扶贫的政策建议

第一，积极转变扶贫脱贫理念，激发贫困家庭的主观能动性，通过积极的宣传教育提高贫困子女的自我发展能力。现阶段教育精准扶贫一方面需要转变以往被动扶贫的“等靠要”思维理念，另一方面要破解“读书无用论”的怪圈。因此需要通过积极的宣传教育激发贫困主体的内生动力，贫困主体的内生动力被激发和释放也将有助于贫困主体主动接受教育、投资教育，可见二者相互促进缺一不可。在精准扶贫的大背景下，需要以贫困家庭为单元，结合“建档立卡”基本信息，深入了解和分析贫困个体差异，结合具体的扶贫资助项目、扶贫培训项目、扶贫优惠政策等，保证受教育后可以获得合适的收入回报，提升自我发展能力，走出贫困陷阱，实现贫困家庭可持续性脱贫。

第二，要在政策上向贫困地区倾斜，加强东西部教育资源交流。政府应开展调查，根据学校和社区（乡镇）对贫困学生的信息汇总，建立本地区贫困学生动态信息库，提高帮扶工作政策制定的针对性。通过制定适当的政策，向贫困家庭子女教育、就业倾斜，平衡区域间教育资源，促进社会资源分配投资，扩大教育供给，促进教育公平。例如，从学校基础条件着手，加大对本地基础教育及职业教育的投入，改善学生学习条件，提高教育入学积极性；从用人单位入手，对于积极解决贫困学生就业的企业或社会单位，可予以一定的政策支持；从行政考核入手，教育部门还可将贫困子女就业帮扶工作列入地区高等学校或职业学校落实毕业生就业政策的重要内容进行绩效考核。通过多样化政策，向贫困家庭子女就业适度倾斜，减少贫困学生就业阻力。

第三，要加大对贫困地区的教育投入，吸引高端人才投身贫困地区教育事业。利用互联网为贫困地区的孩子提供平等、开放的远程教育平台，从而缩小城乡、东西部的教育资源差距。一方面要充分发挥财政政策和财政资金的作用，增加贫困地区的教育经费投入；另一方面积极引导金融资本和社会资本对贫困地区的投入，从而改善贫困地区办学条件、提高贫困地区师资水平。所增加的教育资金投入通过针对性强、项目转化度高、落地效果好的途径，精确瞄准贫困家庭教育需求，充分激发贫困家庭接受教育、投资教育的内在动力，保障教育资金的投入能够使得贫困家庭及其子女实现自我发展能力的良性循环。比如考虑物价上涨的因素，适度提高贫困地区营养餐补助标准和奖助标准；通过电商扶贫、有条件现金转移支付项目（CCTs）等项目化、工程化的方式，让贫困家庭有组织地享有补助，充分发挥教育脱贫资金的效果。

第四，充分考虑教育脱贫政策推进过程中相关配套设施的同步推进，提高贫困家庭脱贫的效率。通过调查和前面分析可知，我国教育脱贫政策和教育脱贫的项目，在资金投入方面都给予了充分考虑，但在实施过程中仍然还存在着项目推进过程中一些配套设施和资金支持方面缺位的现象，比如项目的维护、管理所需要的资金、技术、人员等不到位导致教育脱贫政策好事没有做实，影响了实施的效果。建议有关教育脱贫中的基础设施建设的投入中要增加后期维护、管理资金计划，加强教育脱贫项目的人员、管理投入，引导基层政府部门在教育脱贫的基础设施建设的后期维护和管理当中引入市场机制，提高基础设施建设的使用效率，相关配套设施的顺利推进将有效保证教育脱贫的有序有效开展。

二、社区主体参与扶贫：提升内生动力的关切度

贫困问题很大程度上是一个治理问题，贫困问题的根本解决有赖于贫困人口可持续发展能力、内生发展能力的全面提升，社区主体参与扶贫恰恰是可持续发展能力和内生动力的结合点，其要求贫困人口具有足够的能力参与贫困治理、参与贫困地区的治理，并且在这种参与的过程中，不断

地提升贫困地区和贫困人口的各种能力。社区参与、贫困人口的主体参与一直以来也是我国扶贫开发的重要目标之一，参与式扶贫自 20 世纪 90 年代引入我国以来也一直是扶贫开发领域比较有影响力的话语。《关于打赢脱贫攻坚战的决定》也指出，要“坚持群众主体，激发内生动力……发扬自力更生、艰苦奋斗、勤劳致富精神，充分调动贫困地区干部群众积极性和创造性，注重扶贫先扶智，增强贫困人口自我发展能力”。精准扶贫以来，内生动力建设的一个重要内容就是发挥贫困地区、贫困人口的主体地位，从总体趋势来看，社区主体参与是内生动力的核心内容这一观念被普遍接受，各地也围绕社区主体参与进行了一些实践，但总的来看实践还不够充分，还存在一些问题亟待解决。

（一）社区主体参与是提升贫困地区内生动力的重要手段

首先，贫困人口参与贫困地区发展的能力则是衡量贫困地区内源发展能力的一个重要标准。贫困地区的可持续发展最终还是有赖于贫困地区的内生动力和内源发展能力，外部资源长期、大量、不计成本地支持贫困地区也无长期持续的可能，贫困地区的发展最终还是要依靠贫困地区内部，也就是充分发挥贫困地区和贫困人口的主体地位。这种主体参与，不单单是通过参与脱贫，更重要的是能够通过参与，逐步提升个人与群体的能力，彻底改善自己处于贫困的状态，通过参与具体的扶贫项目，不单单获得经济或物质上的救助，更多的是通过参与获得各类权利的行使方式。在这个意义上，参与能力是衡量内源发展能力的重要尺度。

其次，内生发展动力有赖于通过不断地参与社区治理提升。内生发展动力或者内源发展能力也不是空泛的，其有具体的内涵。贫困人口的内源发展能力基于其人力资本、物质资本和社会资本，有赖于其决策能力、执行能力、反思能力，等等。而贫困地区的内源发展能力则是贫困地区人口所掌握的上述能力的总和，其中表现为人们利用各种资源服务于自己的目的的能力。诸如此类的能力都是在不断地参与社区治理的过程中学习并提高的。在这个意义上，参与的过程是内源发展能力提升的重要手段。

再次，主体参与能够提升扶贫资金的效率，放大脱贫攻坚的效果。精准扶贫以来大量的资源投放贫困地区，绝大多数资金和项目都是依靠政府的纵向垂直体系运作，部分资金和项目的运作已经暴露出行政效能的低下，也暴露出公众监督和参与的缺位。2016 年，审计机关抽查全国 40 个县的 50.13 亿元扶贫资金中，至 2016 年 3 月底有 8.43 亿元闲置超过 1 年，最长的超过 15 年；17 个县的 29 个扶贫项目建成后废弃、闲置或未达预期效果，形成损失浪费 2706.11 万元。除 8.7 亿元扶贫资金闲置或损失浪费外，还有 1.51 亿元扶贫资金被虚报冒领或违规使用。2017 年 6 月，中央第十二轮巡视陆续向被巡视单位反馈巡视情况，已经指出了资金使用不够精准、效率不高、闲置资金量大的问题。我国的扶贫过于突出政府主导，忽略了贫困人口的主体智慧。精准扶贫必须提升主体参与，将扶贫资源的管理权和控制权交给贫困人口，以往的实践也印证了，凡是顺应民意的扶贫项目，往往都获得成功，已经有大量的实践表明了主体参与能够提升扶贫资金的效率，放大脱贫攻坚效果。统计显示，由村民自主讨论决定项目工程的预算单价，比国家定额预算的单价低 1/3 以上，比过去政府主导的项目节约投资成本 2/3 以上。

（二）社区主体参与扶贫的实践创新

精准扶贫以来，围绕社区主体参与、社区治理能力提升等方面，各地开展了一些实践创新，总体来看不如精准扶贫其他领域实践充分、效果突出，但也产生了一些好的做法和模式，具体有以下几个方面：

第一，基于精准扶贫拓展参与渠道。精准扶贫以来，一直强调坚持群众主体、激发内生动力，但实际上由于国家近两年的强势推动以及政府资源的大量投入，精准扶贫整体还是政府主导、外部推动的态势。在这种整体氛围下，各地围绕精准扶贫的日常工作和项目实施，拓展了一些参与的渠道，主要集中在建档立卡、项目选择等方面。各地在建档立卡过程中，大多数都设置了群众评议的环节，例如湖北省就明确了建档立卡要通过农户申请、民主评议、公示公告和逐级审核的方式。精准扶贫另外一个主体参与的渠道是各类扶贫政策的选择，有的是由群众直接选择项目，有的则是由群众监督项目选择的整个流程但不直接参与项目选择。例如，广西壮族自治区防城港市为了杜绝拍脑袋定项目，在精准扶贫过程中广泛实行群众参与决策：由群众确定扶贫对象；村屯项目由群众决策投资方向；在危房改造、村道建设、产业发展等方面，采取扶贫资金奖补的方式，激发群众主动投资，达到扶贫资金“四两拨千斤”的效果。除了以上两种方式外，2017 年以来，部分地区开始开展第三方评估，也吸纳了贫困人口的参与。

第二，通过“三变改革”全面参与市场竞争，提升内生发展能力。精准扶贫以来，拓展了一些能够以整个贫困社区为基础、大部分贫困人口直接参与市场活动的脱贫模式，主要是以贵州六盘水“三变改革”（即“资源变股权、资金变股金、农民变股民”）为主要形式的全方位参与市场活动的创新实践。在入股贫困户层面，通过以承包地入股规模经营主体，并在主体内部劳动就业，使其由旁观者变为参与者，有效增强其主人翁意识，实现农户与规模经营主体“联产联业”“联股联心”。同时在参与市场的过程中，自我发展的能力也得到进一步的提升。对于贫困村而言，通过壮大农村集体经济，强化了内源发展的物质支撑力，提升了基层组织对经济的调控能力和社会治理能力，也增强了村级组织的凝聚力。

第三，围绕贫困村提升工程，开展基础设施建设和基层组织建设。2017 年初，《国务院扶贫开发领导小组关于印发〈2017 年扶贫开发工作要点〉的通知》提出要实施贫困村提升工程，目前虽无统一部署，但各地已现行先试。其核心工作也是围绕贫困村的内生发展能力的提升展开，总体来看，一方面是重点解决贫困村基础设施和公共服务突出问题，一方面就是基层组织建设，这两方面恰恰也是贫困地区内生发展能力的主要约束条件。例如，贵州省铜仁市实施定点帮扶“四大攻坚战”整村推进着眼于提升贫困村整体发展能力，着力实施扶贫精准管理、基础设施建设、特色产业发展、基本公共服务、精神文明建设、村党组织建设“六大提升工程”。湖南省制定出台贫困村提升工程实施意见，将贫困村产业发展、基础设施建设、基本公共服务提升、基层党组织建设有机结合起来，打通脱贫攻坚政策落实“最后一公里”，确保贫困村稳定脱贫。

第四，围绕社区主导型发展，开展参与式扶贫，提升贫困社区自组织能力。社区主导型精准扶贫模式是精准扶贫与社区主导型发展（Community Drived Development，简称 CDD）的结合，是对传统的农村扶贫开发方式和社区发展项目管理模式的一种变革，其核心在于“社区主导、外部合作、能力提升”，主要模式是通过赋权提升贫困人口的主体地位和参与程度。此模式早先在一些国际项目中较为常见，精准扶贫以来，一些地方也围绕此开展了实践。例如，湖北省英山县石头咀镇周畈村走的就是这样一条路子。该村多年前还是一个典型的深山贫困村，总人口 167 户、570 人，8 个村民小组有 6 个散居在海拔 500~800 米的 25 个山头上，村民年人均纯收入 3500 元。该村启动整村推进工作时，村民们采用最原始的“豆决”方式选择搬迁、产业、培训等项目，村里依此确立了“举家下山、产业上山、科技进山、以社兴山”的发展思路。精准扶贫以来，6 个高山村民小组整体搬下山，全村实现了人均 1 亩经济林、户均 2 亩经济园，农民人均纯收入达到 8700 元，村综合实力排名由全县的 279 位跃升为第 35 位。

（三）完善路径

有必要从内源发展和外源推动的辩证关系角度重新审视贫困社区内生

发展能力的提升，重视通过参与提升可持续发展能力。外源性的观点是把贫困地区社区能力的提升看作一种技能掌握的过程，即贫困治理能力、内生发展能力的提升，存在一种普遍的工具理性，通过学习掌握整个一套知识的过程。内源发展则主张贫困地区的能力建设应放在社区自身的创造力培养上，通过公众的参与，让人们在发展的过程中学习，形成地方性知识并获取发展的知识，形成新的态度。在这个意义上，社区主体参与才是贫困社区内生发展能力提升的根本。精准扶贫已经进入攻坚期，剩余的贫困人口由于客观原因，本身很难参与到贫困治理和社区治理中来，社区主体参与也确实在实践中还是短板。例如重庆市全市 165. 9 万贫困人口中，文化程度为小学和文盲半文盲的达 51%，45%因病因残丧失劳力，25%缺资金缺技术。这部分失能或弱能贫困人口，基本生产要素缺失，无法参与产业项目，不能分享发展红利，产业扶贫项目的减贫效率并不理想。当前脱贫越线短平快项目多，长期持续稳定脱贫增收办法少，有穿精准扶贫新鞋走临时救济老路的意味。因此，在宏观机制上，还需要从以下几个方面进行完善：

第一，把贫困地区和贫困人口在脱贫攻坚中的参与情况作为重要的出发点之一统筹安排。精准扶贫以来，扶贫项目结果导向得多，过程导向得少，扶贫对象主体地位还不够突出。应当高度重视激发贫困地区和扶贫对象自我脱贫和自我发展的内在动力，尊重贫困地区基层组织和人民的创造力和创新精神，支持和帮助扶贫对象通过参加扶贫项目和活动提高自我持续发展能力。对精准扶贫、精准脱贫和提高扶贫对象自我发展能力的关系应当有重新的认识。有必要调整扶贫思路，一方面应摆脱项目扶贫的路径依赖。发展经济是扶贫工作的主要和必要内容，但不是扶贫的根本和全部。治贫先治弱，治弱先培本。以提升脱贫主体自我发展能力为主，增强贫困地区的内源式发展能力。另一方面应立足贫困地区逐渐“空心化”的事实，将扶贫的着力点聚焦于脱贫主体的培育。

第二，减少参与障碍、增强参与条件，不断拓展精准扶贫过程中社区参与的广度、宽度、深度。着力创新农户参与机制，提高贫困农户的扶贫参与广度和深度，落实贫困农户的扶贫主体地位。创新和落实贫困农户参与扶贫机制，一方面要完善和加强贫困户参与对象识别、贫困成因诊断和分析、帮扶措施选择、扶贫项目实施、脱贫认定的制度，另一方面在项目实施的过程中立足参与式扶贫，在项目实施全过程拓展贫困人口的参与机制。

第三，加强农村基层组织建设，提升贫困地区基层组织的治理能力。贫困地区农村基层组织建设，是脱贫主体培育的核心内容。“村看村户看户，家家户户看的是干部”“帮钱帮物不如帮建一个好支部”，诸如此类的谚语已经表明了基层组织在贫困治理过程中的重要作用，扶贫工作的效果如何在很大程度上取决于农村“两委”得力与否。农村基层组织不仅是扶贫任务的最终承接者，也是开展扶贫工作的具体组织者。一定程度上说，基层组织的治理能力、参与程度决定了贫困地区内生发展能力的水平。因此，必须立足贫困地区的可持续发展能力，不断加强贫困地区的农村基层组织建设。

第四，对参与式扶贫理论和实践进行“祛魅”。参与式扶贫已经有了较为固定的内涵，在实践中也有固定的模式，从理论上讲其是直接与政府主导的扶贫模式相对立的，重视贫困人口的参与；从实践上讲，其大多数是有国际发展援助机构支持的具体项目。其扶贫资源强烈依赖国际发展援助机构，并且在实践中与现有基层组织相结合时不可避免地有不同程度的摩擦。实际上，实施精准扶贫以来的实践已经证明，政府主导的扶贫模式贫困人口也可以充分参与。因此，不宜讲二者机械的对立，过分地拔高参与式扶贫。政府主导扶贫模式的优势在于，以国家为后盾，扶贫资源量大，且具有可持续性。同时，它也更有利于与现有县乡基层组织相结合。在实践过程中，暴露出的一些技术环节上的不足在于，选择扶贫目标群体的精准性有待提高，再分配扶贫资源时条块关系有必要进一步理顺，资金监管尚需进一步加强，可以通过贫困人口广泛的参与解决此类问题，并且对村民参与公共事务有一定的训练作用，能够培育贫困地区的可持续发展能力，提升其内生动力。

三、产业和就业主体能力建设：脱贫根本要素

2016 年 12 月，国务院印发实施《“十三五”脱贫攻坚规划》强调：立足贫困地区资源禀赋，以市场为导向，充分发挥农民合作组织、龙头企业等市场主体作用，建立健全产业到户到人的精准扶持机制，每个贫困县建成一批脱贫带动能力强的特色产业，每个贫困乡、村形成特色拳头产品，贫困人口劳动技能得到提升，贫困户经营性、财产性收入稳定增加。这为精准脱贫指明了方向和路径，即扶贫产业和贫困户就业成为扶贫脱贫的根本要素。

（一）产业和就业主体能力建设是扶贫脱贫的内生动力

首先，产业扶贫帮助贫困地区解决了生存和发展问题。贫困地区一直以来靠传统农业都没有解决温饱问题，救济式扶贫也不能解决根本问题，贫困地区的产业扶贫实践效果显著。近几年贫困地区将产业扶贫作为重点推进，立足自身优势发展了特色优势产业，支柱产业和产业体系粗具规模，提升了贫困群众的持续增收能力。实践证明产业扶贫是解决生存和发展的根本手段，是脱贫的必由之路。产业扶贫涉及对象最广、涵盖面最大，是完成脱贫目标任务的重要举措，也是其他扶贫措施取得实效的重要基础。发展产业激发了贫困地区和贫困人口内生动力，提高了自我发展能力，变“输血”为“造血”，确保了脱贫效果的持续性和长效性。

其次，就业扶贫不仅是经济问题、社会问题，而且是一个重要的政治问题。老百姓有稳定的就业，才会有稳定的收入，才能实现“一人就业，

全家脱贫”的扶贫路径。就业扶贫是贫困群众树立以劳动创造美好生活信心的重要途径。贫困地区大多自然条件恶劣，基础设施落后，主导产业缺乏。一些贫困群众穷惯了、苦惯了、熬惯了，因穷困而麻木，面对贫困消极等待，寄希望于外界救济。通过近几年的扶贫实践，可以看出扶贫必先扶志，扶志除了强有力的思想发动外，还让有劳动能力的贫困群众实现了就业，使他们在劳动中提高了技能、增加了收入，在工作中体现了价值、增强了自尊。开展劳动技能培训，使贫困人口通过劳动获得了收入，同时也获得了创造美好生活的自尊和自信，充分调动了贫困劳动力的主观能动性，激发了贫困群众脱贫致富的内生动力。2015 年 11 月，中央政治局召开会议审议通过《关于打赢脱贫攻坚战的决定》，明确到 2020 年，我国将通过帮助农村贫困劳动力转移就业，实现 1000 万人脱贫。

可见产业与就业扶贫是推动建设脱贫内生动力的关键所在，是可持续的内源发展机制的根本要素。

（二）产业主体能力建设的创新实践

产业主体能力建设的目标是将缺乏独立生产能力和市场能力的贫困家庭纳入现代产业链体系，与现代经营主体形成有效的利益联结机制，从而从产业发展中受益并不断增加发展能力的一种扶贫模式。其产业扶贫实践意义在于产业扶贫模式的多样性和精准性。

第一，实施了产业扶贫的创新模式。2016 年 5 月，农业部、国家发展和改革委员会、财政部、中国人民银行等九部门联合印发《贫困地区发展特色产业促进精准脱贫指导意见》，吹响了新时期产业扶贫的号角。根据规划，通过产业扶持，要解决一半以上农村贫困人口的脱贫问题，可谓是扶贫攻坚的重头戏、主战场。我国多年的扶贫经验证明，产业扶贫是解决生存和发展的根本手段，是脱贫的必由之路。没有产业发展带动，很难脱贫；缺乏产业支撑的脱贫，也难以持续。给钱给物只能是救急解渴，兴办产业才能开流活源。通过产业扶持实现3000万以上农村贫困人口脱贫，打赢脱贫攻坚战就有了可靠的保障。中国在扶贫开发中不断探索新的产业扶贫模式，提高贫困地区的产业发展水平并将贫困家庭现代产业链体系中，解决贫困家庭独立发展产业能力弱的问题，使贫困人口从产业发展直接和间接受益。

中国在近年的产业扶贫的实践中针对不同的贫困户类型和资源特点创新发展了五种产业扶贫模式。一是"龙头"带动模式。把贫困户组织起来，加入由能人带动的家庭农场、合作社、龙头企业等组织中来，提高了脱贫致富的组织化程度。二是园区集聚模式。按照"分散式贫困、集中式安置、集约化经营、高效化生产"的思路，打造了规模化、专业化、集约化的现代农业产业园区和庭院经济集聚区，带动了农户增收。三是菜单帮扶模式。针对具有一定劳动能力和较强发展意愿、又不知道发展什么产业的贫困人口，实行了"政府出单、贫困户点菜、政府买单"的菜单式帮扶模式。四是托管经营模式。政府利用产业扶贫资金帮助购置大牲畜或者机械设备等资产，牵线搭桥帮贫困户把牲畜或者机械设备托管到合作社或者企业代养代管，给予了贫困农户返利分红。五是合作共赢模式。引导贫困农户以土地、资金、技术、劳动等要素入股，抱团开展合作经营，提高了增收能力和抗风险能力。

中国的产业扶贫促进了贫困地区主导特色产业的发展，培育了大批新型农业和非农业的新型经营主体，提高了贫困农户的收入水平。

第二，提升了产业扶贫模式的精准性。2016年5月，汪洋副总理在全国产业扶贫电视电话会议上指出，推进产业扶贫，要坚持市场导向，遵循市场和产业发展规律，因地制宜合理确定产业发展方向、重点和规模，提高产业发展的持续性和有效性。要将产业发展与建档立卡贫困人口的脱贫衔接起来，通过股份制、股份合作制、土地托管、订单帮扶等多种形式，建立贫困户与产业发展主体间利益联结机制，让贫困人口分享产业发展收益。将产业扶贫的精准性定位在产业项目的精准，帮扶人群的精准。

第三，提升了产业项目的精准。实施了精准项目，坚持了以市场为导向、以经济效益为中心选好产业项目。在发展扶贫产业的过程中，遵循了从贫困村、贫困户的实际出发，从发展产业、完善基础设施等方面考虑，从群众反映最多、最急需解决的问题入手，研究制订了贫困村、贫困户产业发展规划和年度计划，形成了扶贫项目库，整合了资金，有计划地推进了一批产业项目，实施了产业扶贫的四个精准。

一是项目安排实现了精准，解决了产业筛选难题。发展了新型特色产业，优化了产业空间布局，因户制宜，针对致贫原因，选择了劳务、农游一体化、电商等项目。同时，针对不同人群和不同地区实施了旅游扶贫、电商扶贫和光伏扶贫等产业扶贫项目。二是资金使用实现了精准，解决了产业发展资金瓶颈。利用财政资金的撬动作用，通过实施农户小额贴息项目，通过实施企业贴息项目，扩大了对农业龙头企业、合作社的贷款资金贴息力度。三是能力提升实现了精准，解决了产业发展中农户技术问题。根据产业需求，通过“雨露计划”，畜牧养殖、电子商务等技能培训，提高了贫困家庭子女技能；通过科技项目实施，引进了推广农业生产新技术、新品种；转变了群众发展观念，提高了贫困群众发展产业技能和本领。四是实施方式实现了精准，解决了产业发展中贫困群众需求多样化问题。在传统“给钱给物”直接帮扶基础上，探索出了委托帮扶和股份合作模式，通过扶持农业企业、农民专业合作社、家庭农场，建立了他们与贫困农户紧密的利益联结机制，形成了利益共同体，克服了扶贫对象产业发展的短板效应。

第四，提升了帮扶人群的精准性。帮扶了一批辐射面广、带动能力强、社会效益好的龙头企业、农民合作社、家庭农场和专业大户等，形成了龙头带动、能人引路、项目辐射、产业发展的局面。对有辐射带动力的致富能人和农业龙头企业，根据实际情况放低了补贴门槛，采取了以奖代补、小额贷款、信息技术服务等方式，有针对性地扶持了贫困群众能直接参与、直接受益、稳定增收的特色优势产业项目。精准引导了一批贫困户以土地林地承包经营权、劳动力等要素入股，提高了贫困户产业发展参与度和受益度，增加租金、股息、红利等财产性收入。

2016 年，各地围绕把贫困人口融入产业发展，创新了产业扶贫帮扶贫困群体的六种模式。第一，“优势产业+基地+贫困户”，立足地区优势，发挥资源优势，采取了政策扶持、行政推动、龙头引领、市场引导等手段，带动了贫困村、贫困户增产增收。第二，“特色产业+园区+贫困户”，将家庭作坊式小产业向特色产业区域化发展，企业助推园区标准化建设，多种利益联结实现了规模化扶贫。第三，“龙头企业+合作社+贫困户”，形成了一个比较好的产业链，龙头企业带动专业合作社快速发展，解决了一家一户规模小、融不到资金、找不到销路或者销售成本高等问题。第四，“电商+培训+贫困户”，抓住了“互联网+”的机遇，多措并举为贫困人口开展电商培训，打通了“工业品下乡、农产品进城”最后一公里，带动了贫困户脱贫。第五，“公益产业+公益岗位+贫困户”，诸如水利设施管护和公益林管护等公益产业的发展，向社会提供了越来越多的就业机会。第六，“易地搬迁+产业培育+贫困户”，困难群众从“穷山恶水”中迁出，在新居住地通过产业培育改善了生产生活条件，彻底“搬”掉了穷根。

（三）贫困主体能力建设的创新实践

2016 年 12 月，人力资源与社会保障部、财政部、国务院扶贫办出台《关于切实做好就业扶贫工作的指导意见》，意见指出，要求各地采取多种措施促进贫困劳动力实现就业增收，加强劳务协作、技能培训，促进就地就近就业、稳定就业；目标任务是通过促进贫困人口转移就业、稳定就业与技能就业，带动促进 1000 万贫困人口脱贫。

各地结合实际采取了众多创新措施，推进了就业扶贫，促进了贫困人口创业和就业，走出了一条富有中国特色的扶贫开发新路子，以实施开展职业培训为载体，实施就业扶贫行动为依托，引导和鼓励了贫困人员实现就业脱贫。

第一，完善了劳动者终身职业技能培训制度。针对贫困家庭中有转移就业愿望劳动力、已转移就业劳动力、新成长劳动力的特点和就业需求，开展了差异化技能培训。整合了各部门各行业培训资源，创新了培训方式，以政府购买服务形式，通过农林技术培训、订单培训、定岗培训、定向培训、“互联网+培训”等方式开展了就业技能培训、岗位技能提升培训和创业培训。加强了对贫困家庭妇女的职业技能培训和就业指导服务，支持了公共实训基地建设。

第二，推进了就地就近转移就业。建立了定向培训就业机制，开展了校企合作和订单培训。将贫困人口转移就业与产业聚集园区建设、城镇化建设相结合，引导企业向贫困人口提供就业岗位。财政资金支持的企业或园区，优先安排了一批贫困人口就业，资金与安置贫困人口就业任务相挂钩。支持了贫困户自主创业，发展了居家就业等新业态，促进了就地就近就业。

第三，开展了劳务协作对接行动。依托东西部扶贫协作机制和对口支援工作机制，开展了省际劳务协作，同时推动了省内经济发达地区和贫困县进行劳务协作。围绕实现精准对接、促进稳定就业的目标，通过开发岗位、劳务协作、技能培训等措施，带动了一批未就业贫困劳动力转移就业，帮助了一批已就业贫困劳动力实现稳定就业，帮助了一批贫困家庭未升学初高中毕业生就读技工院校毕业后实现技能就业。

第四，开发了大量就业岗位，拓宽了贫困劳动力就地就近就业渠道。东部省份、中西部省份经济发达地区依托对口协作机制，结合产业梯度转移，向贫困县转移了诸多劳动密集型产业，企业在乡镇（村）创建了扶贫车间、加工点，组织贫困劳动力从事居家就业和灵活就业。发展了农村电商、乡村旅游等创业项目。对大龄、有就业意愿和能力、确实难以通过市场渠道实现就业的贫困劳动力，通过以工代赈等方式实现了就业帮扶。

案例

劳务协作促进贫困地区脱贫

2017年5月，国务院扶贫办在广州召开“广东郧西”深化劳务协作座谈会，对湖北省郧西县的贫困就业创新试点工作进行总结。

郧西县常年有十万“大军”外出务工，随着市场的转型，许多农民外出面临“失业”。2016年，郧西抢抓机遇，与广东省深圳、广州、东莞、佛山等四市建立起贫困人口劳务输出对接机制，通过搭建“服务超市”、推行人岗对接、组织劳务输出、在异地设立维权站等方式，使贫困户务工由零散变集中，由临时变稳定。广东省组织企业开发岗位12000多个，先后在郧西县举办现场招聘会10场，有300多人赴广东就业。劳务协作带动我县8200贫困人口外出就业。广东、郧西劳务协作，有效发挥了“就业一人、脱贫一户”的作用，探索了一套可复制、可推广的就业扶贫模式，为国家出台就业扶贫政策提供了参数和模型，为全国开展劳务协作提供了样板和借鉴。人社部、国务院扶贫办将其作为“贫困人口劳务输出对接工作指南”向全国推广。

授人以鱼，不如授人以渔。郧西县按照“一人一技”“培训一人，就业一人”的要求，整合“技能就业培训”“新型职业农民培训”“雨露计划”等培训资源，完善订单式、定向式培训模式，提高贫困人员职业技能，使就业由苦力型向技能型转变。2016年，郧西通过各种途径开展培训100余场，实现转移就业1.2万人，人均增收2500元，务工脱贫人口占总脱贫人口的50%以上。

资料来源：郧西县扶贫开发办公室官网　2017年1月17日

（四）完善产业与就业主体能力建设的思路

产业扶贫的终极目标是通过扶持贫困农户因地、因户制宜发展产业，增加收入，实现稳定脱贫。在产业发展过程中，通过建立贫困户主体与市场主体的利益联结机制，把千家万户的小生产与千变万化的大市场联结到一起，实现稳定增收稳定脱贫。市场经济的特征之一，是产业领域各参与主体的合作。农民只有组织起来，才能成为真正市场经济的参与主体，参与到现代产业体系中。贫困地区地处偏远，产业发展基础弱，农民只有组织起来，才能真正形成“公司+合作社”“公司+大户”“农超对接”“农餐对接”产业联盟和利益共同体，实现农民与企业利益共享、风险共担的联结机制，增强抵御市场波动的能力，促进农企共赢发展，提高产业化扶贫的效果。

完善产业与就业主体能力建设，本质上就是创新产业与就业主体的利益联结机制。创新利益联结机制，就是把贫困户精准受益作为产业扶贫的主要目标，作为龙头企业、农民合作社等新型经营主体资金扶持的前提条件。鼓励建设政银企农共建、企业认领帮扶等有利于带动贫困户增收脱贫的利益联结新机制。尊重产业发展客观规律，兼顾利益联结各方特别是贫困农户的意愿和利益，以项目的真实可行及模式的可操作性为前提。公平优先，兼顾效率。既符合市场经济规律，又能实现产业覆盖到户、扶贫效益到户。创新利益联结机制的工作重点：

第一，创新扶贫精准制导和扶贫效益到户机制。“精准扶贫”的关键在于“精准制导”，探索创新各种依靠市场手段带动贫困农户的有效机制。产业扶贫既要避免再走片面、机械、简单地分钱发物到户“输血式”扶贫老路，也要防止扶持企业、合作社、大户而不辐射带动贫困农户的“垒大户”行为，不能简单搞“利益输送”。更加重视带动贫困农户的数量和效果，体现扶贫到户的效益，使扶贫产业和项目效益真正惠及贫困农户。

第二，创新扶贫项目实施和扶贫项目产权经营机制。找准政府、市场、社会在大扶贫开发格局中的定位。政府主要负责顶层设计、资源整合、教育培训、基础设施、协调服务、营造环境、保护贫困户权益等，让各类市场主体实施产业扶贫。产业扶贫项目在明确扶贫责任的前提下，可通过委托、承包、采购等方式，引导各类市场主体组织实施。同时，产业扶贫项目所形成的固定资产，在明确产权归项目农户所有的基础上，结合扶贫责任履行情况，鼓励所有权和经营权分离，托管、租赁、移交给有能力的市场主体经营，实现保值增值，长期发挥扶贫作用。

第三，积极探索建立利益联结机制的新模式。探索发展“龙头企业+合作社+基地+农户”“农业扶贫园区+龙头企业+合作社+基地+农户”“乡村党政+企业+合作社+基地+农户”“农户互助合作”“技术部门+乡镇政府（合作社、协会）+基地+农户”“政府+银行+企业+合作社+农户”六种模式。

中共中央政治局于 2017 年 2 月 21 日就我国脱贫攻坚形势和更好实施精准扶贫进行第三十九次集体学习。中共中央总书记习近平在主持学习时强调，要坚持精准扶贫、精准脱贫。要提高扶贫措施有效性，核心是因地制宜、因人因户因村施策，突出产业扶贫，提高组织化程度，培育带动贫困人口脱贫的经济实体。要加大扶贫劳务协作，提高培训针对性和劳务输出组织化程度，促进转移就业，鼓励就地就近就业。突出强调了产业和就业扶贫的内生发展动力机制。

四、绿色生态减贫：可持续性最强的脱贫必然路径

（一）绿色生态减贫的提出

绿色减贫概念的提出，基本是以下几个方面合力的结果：

第一，绿色发展和减贫仍然是《变革我们的世界：2030 年可持续发展

议程》的首要目标和前提。绿色发展和绿色减贫逐渐成为全球共识。伴随气候变化带来自然社会经济发展的历史性新变化，绿色经济作为应对措施受到国际社会广泛关注。联合国环境规划署（UNEP）从 2008 年开始实施绿色经济倡议，绿色经济便成为一大全球性课题，经济合作与发展组织（OECD）从 2008 年开始制定绿色增长战略，并将绿色增长作为其成立 50 周年的纪念主题。联合国环境规划署（UNEP）2011 年 2 月发表了绿色经济报告书（UNEP 2011），其中绿色发展与减贫战略是其核心。联合国环境计划署发表的《面向政策制定者的综合报告》和“促成条件”中专门强调了《迈向绿色经济：通向可持续发展和消除贫困的各种途径》。2012 年里约召开的联合国可持续发展大会（UNCSD）的主题之一就是“可持续发展和消除贫困背景下的绿色经济”。可以说，绿色经济、绿色发展与减贫新战略已经成为世界进行政治、经济和外交等关注、交流与合作的热点，日益受到各国所重视。2015 年 9 月联合国通过的《变革我们的世界：2030 年可持续发展议程》中的目标涵盖 17 个可持续发展目标以及 169 个子目标，旨在消除贫困、保护地球、确保所有人共享繁荣的全球性目标，将绿色发展与减贫作为可持续发展的前提和目标。可以看出，《变革我们的世界：2030 年可持续发展议程》在突出可持续发展的理念同时，更加倡导加强消除贫困的任务，并且能够走绿色发展的减贫道路。

第二，绿色发展和扶贫脱贫是我国新时期国家可持续发展战略重要内容。进入历史发展新阶段，绿色发展和减贫都已经成为中国国家发展的战略目标要求。在绿色发展方面，中国政府高度重视绿色发展和减贫工作。党的十八大将生态文明放在突出地位，提出要将生态文明融入经济建设、政治建设、文化建设、社会建设各方面和全过程，实现“五位一体”总体布局的经济社会发展。2015 年 10 月 15 日召开的十八届五中全会首次提出“创新、协调、绿色、开放和共享”即五大发展理念，这是中国新时代治国理政思想在发展理念上的创新性成果，绿色发展成为五大发展理念的核心，绿色发展理念居五大理念之核心位置，进一步证明了中国绿色发展的决心和信心。在扶贫脱贫方面，自 2013 年以来，中国扶贫脱贫的力度不断加大，制定了一系列政策制度，《关于打赢脱贫攻坚战的决定》将扶贫脱贫定位提到了“扶贫开发事关全面建成小康社会，事关人民福祉，事关巩固党的执政基础，事关国家长治久安，事关我国国际形象”的历史最高地位。“打赢脱贫攻坚战，是促进全体人民共享改革发展成果、实现共同富裕的重大举措，是体现中国特色社会主义制度优越性的重要标志，也是经济发展新常态下扩大国内需求、促进经济增长的重要途径”，并提出了“到 2020 年，稳定实现农村贫困人口不愁吃、不愁穿，义务教育、基本医疗和住房安全有保障。实现贫困地区农民人均可支配收入增长幅度高于全国平均水平，基本公共服务主要领域指标接近全国平均水平。确保我国现行标准下农村贫困人口实现脱贫，贫困县全部摘帽，解决区域性整体贫困”。

第三，绿色减贫成为中国扶贫脱贫的可持续性战略选择。完成中国扶贫脱贫任务艰巨，为此中国政府专门制定了《“十三五”脱贫攻坚规划》，提出了具体的部署和扶贫脱贫若干工程，其中，对于绿色减贫，专门进行了顶层设计和具体部署。例如打赢脱贫攻坚战的基本原则之一就是“坚持保护生态，实现绿色发展。牢固树立‘绿水青山就是金山银山’的理念，把生态保护放在优先位置，扶贫开发不能以牺牲生态为代价，探索生态脱贫新路子，让贫困人口从生态建设与修复中得到更多实惠”，而在扶贫脱贫路径方面，提出了结合生态保护脱贫。包括“实施的退耕还林还草、天然林保护、防护林建设、石漠化治理、防沙治沙、湿地保护与恢复、坡耕地综合整治、退牧还草、水生态治理等重大生态工程，在项目和资金安排上进一步向贫困地区倾斜，提高贫困人口参与度和受益水平。加大贫困地区生态保护修复力度，增加重点生态功能区转移支付。结合建立国家公园体制，创新生态资金使用方式，利用生态补偿和生态保护工程资金使当地有劳动能力的部分贫困人口转为护林员等生态保护人员。合理调整贫困地区基本农田保有指标，加大贫困地区新一轮退耕还林还草力度。开展贫困地区生态综合补偿试点，健全公益林补偿标准动态调整机制，完善草原生态保护补助奖励政策，推动地区间建立横向生态补偿制度”等一系列政策规定和实施措施，从而大大推动了中国绿色减贫的步伐。

（二）绿色生态减贫的必要性

第一，中国绿色减贫已经是从单纯的绿色减贫理念，上升到了可持续性的长效发展理念。绿色减贫是中国扶贫方式的升华，它是开发式扶贫的深化和提升。主要表现在：首先，是在开发扶贫基础上的深化。改革开放后，我国扶贫开发创新探索了开发式扶贫、参与式扶贫、产业化扶贫等多种扶贫模式，集中的特色就是剔除了开发式扶贫中的高消耗高污染高投资的弊端带来的隐患。其次，从扶贫开发“输血”变“造血”功能升华到“造好血”大转换。开发式扶贫的最大功效就在于变单纯的“输血”功能为“造血”功能，激发贫困人口内源动力和积极性，通过主体参加意识增强，从而激发自身的内在动力机制。而绿色减贫则是将“造血”功能进一步提升到“造好血”新阶段。“造好血”显然无论从造血的功能、力量、纯洁度、健康程度等方面都是一项新的大变革。

第二，绿色减贫是一种可持续性扶贫。绿色减贫是在保护环境的条件下既满足当代人的需求，又不损害后代人的需求的发展模式。首先，它突出了发展的主题。绿色减贫不是单纯地强调经济增长，而是一种减贫与社会、环境等多项要素结合的发展方式。其次，它强调了发展可持续性。人类的经济和社会的发展不能超越资源和环境的承载能力，绿色减贫正是基于这样的发展理念，要求经济发展必须在资源和环境的承载力范围之内。再者，绿色减贫体现了人与人关系的公平性，当代人在发展与消费时应努力做到使后代人有同样的发展机会，同一代人中一部分人的发展不应当损害另一部分人的利益。最后，绿色减贫还体现了人与自然的协调共生，促进了人与自然的和谐，实现经济发展和人口、资源相协调，坚持走生产发展、生活富裕、生态良好的文明发展道路，保证一代接一代地永续发展。

第三，绿色减贫是推进精准扶贫精准脱贫的最有效方式。主要表现在：首先，绿色减贫有效提高了精准扶贫和精准脱贫的科学性和完整性。一方面，绿色减贫的提出为精准识别提供更为全面科学和完整的识别依据和基础，使精准扶贫内涵更具科学性。另一方面，绿色减贫是精准脱贫的有序性和持久性效果的实现。绿色减贫理念和方式确定并实施的特色差异性扶贫脱贫路径，增强了产业发展可持续性和就业稳定性，保证了收入稳定性和可持续性。其次，绿色减贫为构建精准扶贫考核机制和贫困退出机制提供基础和参考。绿色减贫提高精准考核的准确度。结合绿色减贫可以使精准考核从环境保护、资源利用率、能源节约程度等方面对贫困地区的减贫成效进行评价，拓宽了精准考核的范围，提升了精准考核的准确度和可信度。最后，绿色减贫有利于实现精准扶贫精准脱贫与区域经济发展的有机结合。绿色减贫则在强调到村到户扶贫脱贫的同时，更加注重区域经济整体性脱贫，绿色减贫是体现精准扶贫与区域经济之间有机结合的最佳方式和最有效路径。绿色减贫就是益贫性的经济发展表现形式，是共享发展的表现形式，是一种特色的包容性经济发展表现形式。

（三）绿色生态减贫的实践创新——可持续发展能力的新实践

近两年，绿色减贫的新实践主要体现在两方面，一是具体的减贫措施，二是绿色减贫评价。

第一，新型绿色减贫实践探索。随着可持续发展理念的提出并推进，绿色生态减贫逐渐利用多元因素进行新型发展模式的创新，充分利用新型可循环能源，有效整合开拓生态资源的经济和社会价值，以及及时结合互联网等新型技术，突破传统减贫模式，对绿色减贫进行拓展和创新。主要可包括几方面：

一是光伏扶贫——绿色减贫内源发展路径新探索。光伏扶贫是有效利用光伏发电产业对贫困地区、贫困人口进行精准扶贫的新型扶贫模式。从全国总体来看，光伏扶贫是绿色减贫新途径，通过对贫困家庭开发安装屋顶光伏电站等形式促进贫困户增收，有利于人民群众生活方式的变革，开辟了贫困人口增收新渠道，达到绿色减贫效果。近些年光伏扶贫在中国推进顺利，自《关于实施光伏扶贫工程工作方案》出台以后，各地纷纷采取措施，出台相关政策予以支持和推进，实施效果明显。

案例

光伏扶贫成就

2015年安徽省启动光伏扶贫试点工作。一年来，安徽省累计建成贫困户光伏电站31350座，为贫困户和贫困乡村增收脱贫带来了希望，变“输血式”扶贫为“开发式”扶贫，提升了当地内生发展能力。

重庆市酉阳县组织村级集体经济组织、光伏发电经营企业和小岗村21户建档立卡贫困户按照6∶2∶2出资比例投资分布式光伏电站项目，光伏发电经营企业负责项目建设、运营和管理，10年内不收取任何维护费用，负责在项目启动建设当年内实现并网发电并获取经营收益；村级集体经济组织在收回投资成本后将其40%净收益永久转让给贫困户，余下20%净收益归入村级集体经济发展公益基金，村级集体经济组织、光伏发电经营企业和贫困户按照2∶2∶6比例实现最终收益分成，目前参股贫困户已实现户均增收2000元/年，扶贫效果明显。

资料来源：中安在线—安徽日报2016年2月1日；重庆政府网站2017年6月6日

二是旅游扶贫——这是绿色减贫在生态保护的创新，是中国贫困地区绿色减贫最有潜力的脱贫方式。旅游扶贫是连接生态保护与减贫的有效桥梁，是绿色减贫创新最有效的途径。国务院扶贫办与国家旅游局合作，启动贫困村旅游扶贫工程。资料显示，2014 年全国乡村旅游特色村超过 10 万个，接待的游客达到 12 亿，约占全国旅游接待总数的 1/3，乡村旅游的营业收入达到 3200 亿，同比增长 15%，带动 3300 万的农民受益。近年来，各地在旅游扶贫方面也加大力度，创新突破。旅游扶贫在未来的绿色扶贫中将起到主导性作用，伴随交通等基础设施的不断改善，山绿水清空气新鲜景观好的贫困地区，将是健康中国最理想之地，也是绿色发展和绿色减贫的重要模式之一，在不远的将来，也会成为农民走向小康和富裕的重要支撑。

三是“互联网+扶贫”——绿色减贫信息时代的新运用，有效促进贫困地区内外源结合、实施“电商扶贫工程”等互联网扶贫措施。其中电商作为一种新兴的市场手段和精准的扶贫方式开始成为社会扶贫力量，电商企业探索的“互联网+扶贫”正在成为扶贫新路径。与此同时，互联网现代科学技术运用，将大大提升扶贫脱贫的效率，例如贵州省利用国家大数据建设试点的机遇，开发并运用于扶贫脱贫管理的“扶贫云”，就是通过互联网手段和技术，构建了贵州扶贫脱贫的大数据新平台，并以此实现扶贫脱贫高效率的扶贫供给需求对接、扶贫脱贫动态信息管理的现代化即时化。以定远县为例，定远县在滁州市率先探索建立了“定远县扶贫开发管理系统”，对全国统一的建档立卡信息系统进一步细化和优化，分类建档，实时监测扶贫动态更及时，帮扶脱贫需求更精准，起到良好效果。到 2016 年，全县实际脱贫共 13001 户、39767 人。

四是文化减贫——绿色扶贫内生动力提升的重要方式。通过有效整合文化资源，通过文化价值的转化，贫困人口从中获得经济效益，同时进一步对当地文化资源进行保护和延续。文化资源同生态资源一样，除了具有自身特殊属性之外，还具有市场价值，文化减贫充分利用文化资源这一属性，通过结合旅游业、互联网等产业，使文化产业成为贫困人口获得收益的另一减贫途径，是贫困地区可持续减贫的有效手段。2017 年文化部出台《“十三五”时期文化扶贫工作实施方案》，进一步充分发挥文化在脱贫攻坚工作中的重要作用。按照方案，中央财政设立送戏下乡项目，为贫困地区所辖乡镇每两个月配送一场以地方戏为主的文艺演出，每场演出补助 3000 元；2016 年至 2017 年，利用两年时间，在国贫县范围内的民族自治县、边境县的行政村建设 2.2 万个村级综合文化服务中心；启动“中西部贫困地区公共数字文化服务提档升级”建设项目，在中西部 22 个省份的 839 个贫困县，对乡镇文化站提升配置。绿色扶贫战略因地制宜，结合地区的发展特点，提出不同的扶贫模式。对于自然条件较差的贫困地区，实施生态搬迁等包容性的减贫路径；对于生态条件较好的地区，改变了以前大力开发的扶贫模式，转化为以保护利用为主的长效扶贫路径，如建设生态观光景区等旅游产业；对于生态条件多样的地区，既有自然环境较好的区域，也存在生态破坏较严重的区域时，采取有针对性的绿色减贫措施，对生态薄弱区加大管制保护力度，对自然条件较好的区域又要采取适当利用的减贫方式。绿色减贫开辟了扶贫脱贫的新路径。

第二，绿色减贫评价新实践——可持续发展能力的新标准。绿色减贫评价从多维的角度出发，从经济、社会、生态、健康等方面对贫困地区长效发展进行综合评价，是可持续发展能力的有效标准。关于绿色减贫指数研究，我们主要借鉴了可持续发展指标体系、绿色发展指标体系、全球多维贫困指标体系、中国全面建成小康社会目标以及中国“十二五”规划目标体系。在此基础上，结合中国目前贫困人口生活状况以及贫困地区的生态、教育、文化、社会保障等方面的发展现状进行综合构建（见下表）。

中国绿色减贫指标临界值权重表

二级指标		权重	贫困线	赋值（0或1）
绿色经济	人均地区生产总值（元/人）	1/20	≥16137	低于16137赋值为1
	单位地区生产总值能耗（吨标准煤/万元）	1/20	≤1.43	高于1.43赋值为1
	土地产出率（万元/千公顷）	1/20	≥3810	低于3810赋值为1
	工业固体废物综合利用率（%）	1/20	≥75%	低于75%赋值为1
	第三产业增加值比重（%）	1/20	≥37%	低于37%赋值为1
生态治理	森林覆盖率（%）	1/12	>55%	低于等于55%赋值为1
	单位耕地面积化肥施用量（千克/亩）	1/12	≤22	高于22%赋值为1
	单位地区生产总值二氧化硫排放量（吨/万元）	1/12	≤0.01	高于0.01赋值为1
社会保障	农村恩格尔系数（%）	1/8	≤60	高于60%赋值为1
	新型农村养老参保率（%）	1/8	>80%	低于等于80%赋值为1
贫困人口生活水平	贫困人口占总农村人口比重（%）	1/36	≤10%	高于10%赋值为1
	农村人均纯收入增长率（%）	1/36	≥7%	低于7%赋值为1
	通电自然村比重（%）	1/36	≥80%	低于80%赋值为1
	通路自然村比重（%）	1/36	≥80%	低于80%赋值为1
	有效灌溉面积占基本农田面积比重（%）	1/36	≥42%	低于42%赋值为1
	高中阶段教育毛入学率（%）	1/36	≥85%	低于85%赋值为1
	实现安全饮水人数比重（%）	1/36	≥60%	低于60%赋值为1
	新型合作医疗参合率（%）	1/36	≥90%	低于90%赋值为1
	有卫生室行政村比例（%）	1/36	≥95%	低于95%赋值为1

注：单位地区生产总值二氧化硫排放指标参考《国家环境保护“十二五”规划》，单位耕地面积化肥施用量参考《到2020年化肥使用量零增长行动方案》，“有效灌溉面

积占基本农田面积比重”“单位地区生产总值”“二氧化硫排放量”“第三产业增加值比重”“人均地区生产总值”和“土地产出率”指标按照贫困县在各自指标的平均值。

在评价方法中，我们主要采用了多维贫困 A-F 测算方法。对每个指标进行设定目标值从而确定在各指标上的贫困人口，进而综合整个指标体系得出最终的绿色贫困指数。此方法的优势主要有几点：

一是在指标内容选择中，绿色减贫指标体系参考了国内外多个相关指标，并且紧密结合中国贫困实际情况以及脱贫目标，能较全面地反映中国目前贫困的程度以及绿色减贫的具体成效，指标内容较为全面和综合。

二是在方法选择上，主要参考多维贫困测量方法进行测算。与传统的以收入为主的贫困测量方法相比，多维贫困测量方法的优势主要体现在：1. 多维贫困测量方法从各个维度来确定某个地区在单个维度上是否贫困，从而根据不同程度的标准确定综合的贫困指数。其优势是通过每个指标的贫困标准设置，综合多个指标进行总体权衡，使贫困的识别更加准确全面，避免了维度过于单一的贫困识别标准。2. 多维贫困标准方法通过设定每个维度的临界值对贫困进行界定，然后再根据每个维度的贫困状态确定最终的多维贫困指数，提高贫困测量的准确度，能够较精确全面地反映贫困人口的贫困程度及减贫成效，同时也能较综合地反映一个地区的减贫效应。

（四）绿色生态减贫未来展望

第一，加强绿色发展与减贫指标的融合度，增强绿色减贫的衡量准确度。首先，建议国家在未来加强建立绿色发展与减贫两者内在联系及转换结构，突破绿色与减贫单向结合的思维，寻找真正能代表绿色减贫的指标，减小绿色与减贫体系之间的断层，做到在绿色中减贫，在减贫中绿色。其次，进一步借鉴国内外有关绿色减贫相关指标体系，在人类发展指标、中国可持续发展指标、中国绿色发展指标以及中国全面建成小康社会指标等体系的基础上，结合目前中国精准扶贫目标和任务，建立既与国际接轨，又能切实代表中国绿色减贫成效的指标体系。最后，根据不同贫困地区资源环境特征，指定差异化的绿色减贫标准，建议在绿色减贫标准制定和衡量中，打破行政区域，按照地理环境和位置等条件，以连片特困地区分布为参考，根据不同贫困地区的绿色资源禀赋现状，制定差异化的绿色减贫标准。

第二，完善绿色减贫的评价和考核体系，增强地方实施绿色减贫动力。首先，政府需进一步加大绿色减贫相关政策的制定，从减贫理念方面向绿色发展靠拢。其次，完善以绿色减贫为核心的贫困县考核机制，以绿色和减贫为两大落脚点，在扶贫开发的过程中兼顾扶贫成效的综合体现，针对贫困地区多属水渠源头区、生态海洋保护区的实际，要加大贫困县考核机制中生态文明建设的考核力度，提高生态效益、资源消耗、环境损害等指标的权重，通过考核引导贫困县正确处理经济发展、资源开发与环境保护的关系，促进经济社会发展与人口资源环境相协调；建立以贫困地区为重点和突破领域的生态补偿制度，确定贫困地区重点和突破领域，抓紧研究制定相关生态补偿政策，加强规划引导，提出各类生态补偿问题的优先次序及实施步骤，在一些领域重点突破，加强生态保护和生态补偿立法工作，落实受益主体，量化其利益，着力解决补偿虚化、未补偿到真正受损者等问题。

第三，推进绿色产业创新，增强贫困地区的内生动力，提升绿色资源的可利用率。随着城乡居民休闲消费需求的增多和升级，以及城乡基础设施条件的改善，休闲旅游经济呈现巨大的市场潜力，出现以农民为主体，社会资本热情参与的局面，经营主体更加多元。各地积极探索与农民互惠共赢的产业发展和利益分享机制，农民不仅仅是流转土地或做打工仔，有的已通过土地、庭院、设施等资产入股的形式，以股东身份从产业发展中分享收益。不少地方还催生了一批休闲农业和乡村旅游发展协会、专业合作社、休闲农业联盟等新型经营主体，休闲农业和乡村旅游的组织化、规模化程度明显提高。因此，借助于此优势，贫困地区应充分利用乡村资源，改变传统产业结构，推进绿色产业创新，提升绿色资源的利用效率。一是推广资源高效利用以实施绿色制造，利用尽可能少的能源来完成生产既定目标的消费，源头上减少资源和能耗的消耗，大大改善环境污染情况。利用新技术研发新设备以达到节能减耗的目的是实现资源高效利用的有效途径。二是采用资源回收再利用技术以实施绿色制造，资源回收再利用能把废弃物再次变成资源以减少最终处理量，也就是我们通常所说的综合利用，资源化能够减少垃圾的产生，制成使用能源较少的新产品，生产过程中形成了大量难以处理的垃圾，经过转化这些垃圾可以成为资源，变成新的宝藏。三是构建循环经济产业链以实施绿色制造。发展循环经济是实现可持续发展、建设生态文明的重要途径，也是推进产业结构调整和经济发展方式转变的重要手段。

第四，积极探索扶贫产业绿色化和绿色扶贫化的新途径新方法，是实现绿色发展和绿色减贫的战略取向。扶贫产业绿色化和绿色产业化是贫困地区产业化扶贫最有效的方式。贫困地区脱贫致富最终还是需要建立可持续的产业体系来保障，这样脱贫和减贫才具有可持续性。但贫困地区产业发展不可能照搬发达区域产业模式，只有充分利用自身特点才能获得特色优势，这就决定了必须产业绿色化和绿色产业化。即通过产业发展绿色化实现产业可持续发展和优势保持，通过绿色产业化实现生态保护可持续性。因此，产业绿色化，使绿色产业化，是贫困地区绿色经济发展的最佳选择。实践表明，只有把产业发展、经济建设与生态建设结合起来，实现生态建设产业化、产业发展生态化，才能真正形成自己的特色产业，才能在改善生态环境的同时发展经济，在发展经济的同时改善生态环境。“绿色建设产业化，产业发展绿色化”，其立足点是在增加人民收入的同时恢复和保护生态环境，在恢复和保护生态环境的过程中增加人民收入。如果单纯是为了恢复生态环境，人民没有从中得到实惠，那么，绿色建设就变成了无源之水，无本之木，就无法实现可持续发展。

·第七章·

实践模式与经验：扶贫机制创新案例

近几年，各地在扶贫机制创新方面都有一些创新经验，我们选取了贵州扶贫脱贫机制案例创新、甘肃双联扶贫机制创新作简要的案例评析，同时，以贵州省毕节市赫章县和大方县绿色减贫案例为切入点介绍绿色减贫在各地的实践创新。

一、贵州扶贫脱贫机制创新样板

贵州农村贫困人口众多、贫困面广、贫困程度较深，是全国扶贫攻坚和全面小康建设的重点省份。同时，贵州是较早部署和探索实施建立精准工作机制的省份之一，并且在精准扶贫工作机制改革创新上已取得一定成绩，成为各地学习精准扶贫工作机制经验的省级“样板”。贵州精准扶贫积累了不少成功经验，总体来看，贵州省在精准扶贫工作机制、外源发展机制、内源发展机制等三个方面都做了大量工作，也取得了不少成就。

（一）瞄准机制、责任机制：精准扶贫工作机制创新

第一，依托技术进步，推动贫困瞄准机制完善。精准扶贫以来，贵州省通过“四看法”等识别机制创新本身就建立了较为科学的瞄准机制，近两年，贵州省注重扶贫科技手段创新，通过“大数据”和“扶贫云”等最新信息技术工程的建设，又极大地提高了精准扶贫的精准度。其始于玉屏县“民情电子系统”，而后全省推广的“扶贫云建设”，利用信息化手段，

实现了对贫困人口精细化管理、对扶贫资源精确化配置、对贫困农户精准化扶持。

贵州省依托“民情电子系统”深入推进“干群连心·率先小康”驻村工作，加强和创新社会管理的“细胞工程”建设和精准扶贫工作。全面统筹以“户”为单位建立“家庭档案”，聚集信息功能资源，利用软件系统强大的存储、查询、统计、分析功能，对贫困人口实行动态管理、精准识别，实现户有卡、村有册、乡（镇）有簿、县有档、省市有（信息）平台的精准扶贫管理机制，为率先小康、项目扶贫服务。

同时，根据“民情电子信息系统”制定了贫困人口登记表，内容涉及贫困人口家庭基本情况、致贫原因、帮扶责任人、贫困户的帮扶需求及规划、帮扶措施、帮扶成效六项内容，充分调动大学生村干部、驻村工作队和村民代表的积极性，发挥驻村干部“滴灌”管道作用，在政府的指导下，整合资源，由驻村干部对贫困人口登记造册、建档立卡、动态管理。同时，以“四在农家·美丽乡村”活动开展为契机，帮助帮扶村制定科学的规划，按照“一村一策、一户一法”的要求，帮助帮扶村和贫困户协调、争取资金，落实帮扶措施，帮助帮扶对象发展生产、提高素质，在规定时限内帮助帮扶对象稳定脱贫致富。

另外，按照“共搭平台、共享信息、精准对位、动态管理”的要求，依托“民情电子信息系统”，建立精准扶贫信息平台，让扶贫项目、资金、措施、力量精准用在贫困农户上，实现结对帮扶、产业扶持、教育培训、危房改造、生态移民、基础设施“六个到村到户”准确无误，实现了精准扶贫信息平台与民情电子信息系统无缝对接，为扶贫资源精确化配置、贫困农户精准化扶持、贫困人口精细化管理打下坚实基础。一些地方探索运用新技术手段加强对扶贫项目的监管，利用全球卫星定位系统，导入扶贫项目基本信息和实施地点的GPS数据、图片，对全州扶贫项目点准确定位、实物化管理、全程监控，压缩了“套取、冒领扶贫项目资金”的空间。

案例

贵州“扶贫云”系统“人口监测”部分内容

贵州省通过扶贫云监测，实现了对扶贫攻坚贫困人口监测、贫困人口的精准定位，能够全面监测贵州省贫困人口状况。以 GIS（地理信息系统）作为主要展示手段，利用大数据技术，依据贫困发生率和四看法的衡量指标，可以直观地反映贫困人口的分布情况、致贫原因、帮扶情况、脱贫路径以及脱贫情况。

首先，扶贫云能够展示省、市州、县、镇、村包含的贫困人口总数、贫困户总数、贫困发生率以及贫困人口构成情况（贫困人口构成按照一般贫困户、扶贫低保户、低保户、五保户展开），这样就能协助各级政府总体了解省、市州、县、镇、村内的贫困人口情况。

其次，通过四看法衡量指标，即一看房、二看粮、三看劳动力、四看读书郎，以饼图的方式，展示省、市州、县、镇、村的情况。房的饼图构成包括：人均住房 30 平方米以上、人均住房 10~30 平方米、人均住房 10 平方米以下；粮的饼图构成包括：耕地面积 2 亩以上、耕地面积 1~2 亩、耕地面积 1 亩以下、没有耕地；劳动力的饼图构成情况包括：劳动力占家庭人口数的户数 50%以上、占 40%、占 20%以下、没有劳动力；读书郎的饼图构成包括：没有负债、负债 5000 元以下、负债 5000~10000 元、负债 10000 元以上。通过四看法展示贫困人口（户）的贫困分值和分布，对贫困人口进一步定位采取什么样的帮扶措施。

此外，还能展示省、市州、县、镇、村贫困人口的致贫原因情况，包括：因病、因残、因学、因灾、缺土地、缺水、缺技术、缺劳力、缺资金、交通条件落后、自身发展动力不足等，通过致贫原因分析，协助制定精准的扶贫措施。

资料来源：根据贵州省扶贫办提供资料整理

第二，改革考核机制，推动责任机制完善。精准扶贫以来，贵州省围绕考核机制创新，极大地完善了脱贫攻坚责任机制。2014 年，贵州对地处重点生态功能区，不具备新型工业化发展条件的紫云等 10 个贫困县取消 GDP 考核指标，提高特色优势产业增收指标权重；对其他重点县弱化 GDP 考核；对所有重点县实行“摘帽不摘政策”，鼓励早脱贫，形成“早脱帽子早有好处，不脱帽子还有约束”的导向。对贫困县党政领导班子和领导干部的经济社会发展实绩考核中，据扶贫成效考核权重（2 项）20%，经济发展（5 项）15%，基本生产生活条件、公共服务和生态环境保护（25 项）34%，投入与管理（5 项）13%，党的建设（2 项）6%，组织领导（5 项）12%的方式。随后，各地围绕此进行了改革，毕节市出台具体考核指标体系，将扶贫攻坚行动计划作为考核的重点内容。同时指导县对乡镇的考核，要求县将每年考核排名后五位的乡镇名单向市备案。作为取消 GDP 考核试点地区，江口县立足全县资源禀赋和特色优势产业基础，实施《江口县 2015 年取消 GDP 考核试点工作实施方案》，对各项考核目标进行责任分解，层层签订责任状，纳入年度工作目标绩效考核内容。

（二）驻村帮扶与片区攻坚：外源扶贫机制创新

第一，片区攻坚机制创新。从整体来看，近几年贵州省围绕完善片区攻坚机制，从三个方面进行了创新：

一是立足资源禀赋，确定区域性扶贫产业规划。从片区、区域层面上看，主要是能够立足地区资源禀赋，制订了较为精准的区域性扶贫产业发展规划，能够把产业扶贫作为集中连片特殊困难地区贫困群众脱贫致富的主渠道，大力推进区域性经济结构调整，实施大规模、区域性、产业化连片开发，帮助集中连片特殊困难地区开发各类优势特色资源。

二是，积极推进财政金融机制创新，以“四到县”整合片区规划条块资金。扶贫项目资金使用管理机制，在县域层面整合条块资金，提高了片区攻坚规划项目资金使用的精准性。2011 年，贵州省在《2011 年度“县为单位、整合资金、整乡推进、连片开发”试点项目立项批复》中，明确了县级整合条块资金的初步框架。从 2014 年起，贵州省按照“乡镇申报、县级审批、乡村实施、乡镇初检、县级验收、乡级报账”的原则，全面实行目标、任务、资金和权责“四到县”制度，推行扶贫项目资金乡村公示制度、“民生特派”和第三方评估制度，实行全社会共同参与监督。2016 年，又出台了《关于改革创新财政专项扶贫资金管理的指导意见》，对扶贫项目的资金使用进行了进一步的完善。并且通过探索重大扶贫专项、以奖代补、先建后补等资金竞争性分配方法，切实提高扶贫资金的精准度和使用效率。

案例

《关于改革创新财政专项扶贫资金管理的指导意见》对资金扶贫资金分配和使用方式的规定

扶贫资金分配方式有关规定：中央和省级资金，除国家戴帽下达以及省委省政府有明确规定用途的专项资金外，其余资金按照“贫困县、贫困村、贫困人口、绩效考核”2∶2∶5∶1 的比例分配，前三个因素资金以全省 2014 年末 66 个贫困县、9000 个贫困村、623 万贫困人口为基数直接分配到县，绩效考核因素资金根据省对各地扶贫开发工作考核结果分配，以上分配方式延续到 2018 年。

贫困县、贫困村、贫困人口因素分配到县资金（以下简称“因素法分配资金”），由县级围绕年度贫困退出目标任务，按照本指导意见规定的投向分配到乡（镇）、村；绩效考核因素分配到县资金，由县级统筹安排到乡（镇）、村；项目管理费的50%以上按乡（镇）、村的扶贫资金数额分配到乡（镇）、村。

扶贫资金使用方式有关规定：因素法分配到县资金，原则上按照“33112”的比例投向五个方面：30%用于扶贫产业，主要发展区域性规模化特色优势产业，其中30%以上用于探索资源变股权、资金变股金、农民变股民“三变”改革，70%采取县级竞争入围方式分配到乡（镇）、村，与其他资金融合使用，发展地方特色优势产业；30%用于扶持农民专业合作社、村集体经济组织，带动贫困户发展到村到户生产经营性项目和公益性民生项目，要落实到贫困村、贫困户；10%用于小额扶贫“特惠贷”贴息，主要用于支持“5万元以下、3年期以内、免除担保抵押、扶贫贴息支持、县级风险补偿”的专项小额扶贫到户贷款贴息，要落实到贫困村、贫困户；10%用于扶贫培训，主要支持“雨露计划”和扶贫干部培训，其中扶贫干部培训资金不能超过10%；20%用于改善生产生活条件，支持贫困村（不含村级）以下小型公益基础设施建设，重点支持产业基础设施建设。以上比例，前两项不得调整，后三项如需调整，须由县级扶贫开发领导小组报市（州）扶贫开发领导小组同意后报省扶贫办备案。

资料来源：多彩贵州网2016年2月26日

三是积极推进考核机制创新，将行业部门考核纳入精准扶贫整体考核中。行业部门是推动片区攻坚、区域发展的重要力量，贵州省通过考核机制的“指挥棒”作用，成功地把各行各业纳入精准扶贫的整体考核体系中来。虽然在“1+N”系列文件中并没有专门的行业部门的扶贫业绩考核文件，但在《贫困县党政领导班子扶贫业绩考核办法》中，就职能部门、行业部门的考核也作了原则性的规定。各个县根据县直部门的工作对象和职责，也制定了相应的考核办法，对职能部门的考核一方面是对其承担的扶贫任务进行了详细的任务分解，另一方面将扶贫任务量化，转化为年度综合业绩考评。各县对承担精准扶贫重点任务的县水务局、县发改局、县交运局、县住建局、县农牧林业局、县畜牧兽医中心、县林业发展中心、县商务局、县教体局、县卫计局、县文广局、县民政局、县财政局、县人社局、县委组织部、县工信局、县扶贫办、县科技局、县金融办、县水保局等有关部门都有扶贫业绩的考核。

第二，驻村帮扶与党建扶贫机制创新。贵州早在 2010 年，就对 2011—2020 年新一轮党建扶贫工作有了新的奠基，布置了战役性的“四帮四促”工作。即“2010 年，省委决定在全省开展以帮助基层学习领会精神、促进思想统一，帮助理清发展思路、促进科学发展，帮助解决实际问题、促进增比进位，帮助化解矛盾纠纷、促进和谐稳定发展为主要内容的“四帮四促”活动，组织动员各级领导干部、机关党员带着感情、带着激情，深入贫困乡村和群众最困难、最需要帮助的地方，落实帮扶措施，协调发展资金，帮助解决实际问题。明确 94 家省直单位对全省 88 个县（市、区、特区）进行整体挂钩联系帮扶，一定 3 年，不脱贫、不脱钩。派出“四帮四促”工作小组，督察督办、协调处理扶贫开发中的重要问题。

精准扶贫以来，党建扶贫工作从纵向勾连上加大了派出单位的责任，也进行了系统化改进，将“四帮四促”工作整合为“部门帮县、处长联乡、干部驻村”活动，选派 2.3 万名干部驻村帮扶，实现每个县有一个以上省直部门挂帮，每个乡镇有一名以上县级干部联系，每个行政村有一名县级以上单位干部常驻帮扶。2013 年，省委在坚持“部门帮县、处长联乡”基础上加大“干部驻村”工作力度，在全省开展同步小康驻村工作。当年，按 5 人一组的标准共选派 3 万人，成队建制组成工作组，自带行李、自带灶具、吃住在村、工作在村，集中帮促 6000 个村，为增强精准扶贫工作提供人力和组织资源保障。

2014 年，贵州同步小康工作队与党建扶贫资源整合，从省、市、县、乡抽派机关干部开展结对帮扶贫困户，形成“4321”行动机制。“4321”行动机制指，副处级以上领导干部每人帮扶 4 户贫困户，正科级干部每人帮扶 3 户贫困户，副科级干部每人帮扶 2 户贫困户，一般干部每人帮扶 1 户贫困户。在驻村帮扶关系上，实行“党政部门帮难村、政法部门帮乱村、经济部门帮穷村、专业部门帮产业村”的分类帮扶原则。

2015 年以来，为认真贯彻落实习近平总书记视察贵州时关于“因村派人（第一书记）精准”的重要指标，按照省委十一届六次全会精神，把“第一书记”作为同步小康驻村工作的深化和扩展，作为加强基层基础，推动农村发展，回应群众期盼的重要力量，在精准选派、精准指导、精准管理上下功夫。全省共选派 9502 名“第一书记”，覆盖所有贫困村和党组织软弱涣散村。

（三）产业扶贫：内源扶贫机制创新

近几年，贵州省努力探索有别于东部、不同于西部其他省份的扶贫开发新路，注重通过培育区域性扶贫产业带动贫困人口脱贫，率先实行扶贫攻坚“三个十工程”，即培育“十大扶贫产业”、打造“十大扶贫攻坚示范县”、创建“十大现代高效农业扶贫示范园区”，立足地域差异，就产业发展、扶贫脱贫机制、区域经济发展三个层面分类实施，大大提升了片区发展的精准性，大大提升了贫困地区的内源发展动力。重点按照资源禀赋和市场需求，着力培育“十大扶贫产业”，打造具有鲜明贵州特点的“东油西薯、南药北茶、中部蔬菜、面上干果牛羊”扶贫产业格局，通过 300 多个现代高效农业示范园区和“十大扶贫产业”的发展，截至目前，除“两无”人员外，大部分贫困户都通过种植、养殖、劳务、乡村旅游等产业增收，得到国务院扶贫办的充分肯定。

第一，积极培育十大扶贫产业，为扶贫脱贫奠定了重要产业发展基础。根据自然条件、资源禀赋，按照“东油西薯、南药北茶、中部蔬菜、面上干果牛羊”的产业布局，大力发展核桃、生态畜牧、中药材、蔬菜、茶叶、精品水果、马铃薯、油茶、乡村旅游、农产品加工等扶贫特色优势产业。

第二，打造“十大扶贫攻坚示范县”，为扶贫脱贫可持续发展树立典型示范，“十二五”期间每年选取10个示范县，每县投入8000万元到1个亿元的财政资金，引导金融、社会资金参与扶贫开发，探索“整县推进”区域脱贫新路子。通过整县推进、区域带动，14个减贫摘帽县为全省片区扶贫攻坚发挥了重要示范带动作用。

第三，建设“十大现代高效农业扶贫示范园区”，积极推进特色农业高效发展带动脱贫之路。在武陵山、乌蒙山、滇桂黔石漠化三大片区，梯次推进，创建一批产业特色鲜明、具有鲜明贵州特点的现代高效农业扶贫示范园区，走出一条具有贵州特点的山地农业扶贫开发新路。省扶贫办积极帮助指导省级重点园区县搭建融资平台，通过贷款贴息、以奖代补等方式，确保为每个园区融资2亿元以上。16个扶贫产业园区完成总投资15亿元以上，入驻企业100多家，实现总产值13亿元以上。通过园区建设，有效地促进了“十大扶贫产业”转型升级，发挥了较好的示范带动作用。

（四）贵州模式创新几点启示

第一，技术创新是推动精准扶贫各类机制完善的重要推动力量。精准扶贫以来，大量资源投入贫困地区，各个扶贫主体之间缺乏统一的协调指挥和信息共享机制，相关部门缺乏必要的信息沟通，导致一些涉及较小范围、较精确范围的攻坚项目，精准度、科学化水平并不高。贵州省通过诸如扶贫云、民情电子信息系统的建立，创新扶贫开发治理技术，有效地解决了以上问题。首先，大幅地降低了信息共享的成本，条块分割的各类组织可以直接依托信息平台，省略信息沟通环节，实现信息共享。其次，新的治理技术，提升了精准扶贫和扶贫治理体系的精准度。最后，大幅提高了国家对基层社会的精细化管理水平，现有的信息系统已经实现了对贫困人口家庭基本情况、致贫原因、帮扶责任人、贫困户的帮扶需求及规划、帮扶措施等方方面面内容的监测，不仅提高了扶贫治理体系的精细化管理水平，也实现了中华人民共和国成立以来一直尝试而未实现的对基层社会的精确管理。

第二，立足地区特色，探索差异化产业精准是完善内源扶贫机制的关键。贫困地区脱贫的终极道路应该是通过跨越式发展实现弯道超车，虽然贫困地区发展产业的基础较为薄弱，但也应看到，贫困地区产业实现跨越式发展已经有一些有利条件。一是产业的发展环境和生产条件已进一步改善。基础设施是产业发展的基本前提和主要保障，经过多年的扶贫开发，我国贫困地区的基础设施情况明显改善，为贫困地区产业发展提供了条件。二是产业发展面临更为有利的政策环境。国家已经出台一系列有利于贫困地区产业发展的政策措施，将从财税支持、投资倾斜、金融服务、产业扶持、土地使用等方面继续加大政策、资金支持力度，进一步加强、改善贫困地区产业发展的政策环境，推动贫困地区产业发展。三是国家产业结构调整、生产方式转变，为贫困地区产业跨越式发展提供了有利契机。

因此，贫困地区可以立足地区特色，发挥比较优势，通过发展特色产业，实现跨越发展、弯道超车；通过更加有效地利用资源，发展绿色产业，培育绿色经济增长点。重点立足资源禀赋，以市场需求为导向，选择有特色、有一定规模、有竞争优势、发展前景较好的产业，发挥比较优势。充分利用贫困地区特有的土地、能源、自然景观、生物等自然资源，以及民族、文化等人文资源，因为这些资源具有转化为产业优势和经济优势的巨大潜力。随着外贸拉动向内需拉动经济发展动力的转变，贫困地区市场条件的完善和市场需求的扩大，上述资源优势进一步凸显，并将加快转化为经济优势，形成越来越多的具有区域比较优势的支柱产业。

第三，驻村帮扶、党建扶贫能够通过外源机制完善激发贫困地区内生动力。贵州以党建扶贫为抓手，构建脱贫攻坚支持性体系，是破解一直以来我国在专项扶贫、行业扶贫、社会扶贫体制机制阻隔不通，扶贫开发缺乏整体联动体制、机制，扶贫资源精准落地缺乏系统性机制保障的缺陷和短板问题的一支利剑。30 多年经验积累，表现出依托党的强大队伍和干部、组织管理系统，提供脱贫攻坚的组织，人才保障、纪律约束、工作规则、行动支持、经验与知识共享、目标责任明确的完整支持体系，是党建扶贫工作可以作为脱贫攻坚主心骨的落地平台。特别在当下农村严重缺乏社会内生自主行动能力的前提下，以党建扶贫工作为重要抓手，可以为重建村庄的生产生活秩序，从而支持减贫发展注入强大动力。此外，通过驻村帮扶，党建帮扶又极大地激发了贫困地区的内生动力。以人民为主体的减贫宗旨在中观操作层面逐渐形成引领性目标，是宗旨意识的系统操作化建构探索，一方面殊途同归，另一方面又“因地制宜”地发挥多元化效能。

二、甘肃省双联精准扶贫机制

2013 年 11 月习近平总书记在湖南湘西调研时指出：“扶贫要实事求是，因地制宜，要分类指导，把工作做细，精准扶贫。”2014 年 1 月中共中央、国务院印发《关于创新机制扎实推进农村扶贫开发工作的意见》，首次发布对建立精准扶贫工作机制相应举措的顶层设计，要求针对贫困区区域特征及分析贫困户致贫原因做到精准识别、帮扶、管理及考核。2015 年 11 月，中共中央、国务院印发《关于打赢脱贫攻坚战的决定》，部署了全面建成小康社会过程中脱贫攻坚任务，确保 7017 万贫困人口于 2020 年一同步入小康社会。

《中国农村扶贫开发纲要（2011—2020 年）》最新确立名单中，甘肃国家扶贫开发重点县增加至 58 个，相比全国全面小康社会程度 80.1%，甘肃省仅为 62.7%，且比西部平均水平还要低 8.7 个百分点，贫困人口预计达 1300 万人，占全省农村人口 80%。为进一步加快甘肃省整体脱贫步伐并实现 2020 年全面小康目标，甘肃省委、省政府决定自 2012 年 2 月开始开展以省、市、县、乡联系贫困村、干部联系贫困户为主要内容的“联村联户、为民富民”双联行动。双联行动要求包括省、市州、县（市、区）、乡（镇）及所属各部门、事业单位、大中型国有及国有控股企业、省军区、武警部队、中央在甘单位联系贫困村，上述单位中除教师、医务人员和企业职工之外所有干部参与联系特困户，其他经济和社会组织及个人自愿参与双联行动。

（一）甘肃省双联精准扶贫机制创新

近年来，双联精准扶贫机制的创新主要有以下几个方面：

第一，双联惠农贷款创新金融扶贫机制。甘肃省委、财政厅和农行甘肃省分行合作推出“双联惠农贷款”并签署《金融支持“联村联户、为民富民”行动合作协议》，按约定自 2012 年起，农行连续 5 年每年安排 60 亿元专项信贷资金，支持全省 58 个连片特困区贫困县和“插花”型贫困片中 8790 个贫困村农民、专业合作组织和农业企业，重点扶持中药材、蔬菜、草食畜牧、经济林果及现代制种等产业。

双联惠农贷款有以下几个特点：一是财政与金融资金有机配合。政府主导并注资成立政策性担保公司为农民贷款全程全额担保，改变财政与金融资金双轨运行模式，一定程度上缓解了贫困地区农户因担保对象难以落实而无法准入的制度性难题。财政担保资金按 1∶8 放大倍数撬动更大规模贷款资金进入农村市场，满足农户生产经营上的资金缺口。二是政府与银行共同管理。各级政府组建担保公司和担保调查团队，与农行管理人员共同开展贷前调查、贷后管理及贷款收回工作，既发挥地方政府地缘优势与行政推动作用，又在一定程度上解决银行相关业务能力和人员不足问题。三是财政及扶贫资金贴息让利。农行执行基准利率大规模投放信贷资金，政府财政整合扶贫资金全程全额贴息，实现政策性财政资金“输血”惠农与商业性信贷资金“造血”强农耦合发展。四是完备风险补偿机制。一方面建立起一套完备的风险防控、共担、补偿机制，通过公司担保保证金、县级风险补偿金、省级财政转移支付资金三道补偿防线有效分散并降低信贷资金风险，保证银行信贷工作持续稳定推进；另一方面明确贷款发放条件、范围、额度及各部门单位职责，制定贷款管理、清收、担保代偿具体办法，并保证关键环节出错后责任追究路径的信息畅通。

案例

双联惠农贷款的甘南做法

甘南藏族自治州在双联惠农贷款政策下，主要领导及调研团队制订下发了有关工作实施方案，具体包括：贷款发放、管理、偿还过程与担保调查团队、乡政府、村组干部、包村干部、“双联”干部工作责任相结合；重点扶持农牧民和农民专业合作组织；强调扶持有生产能力的低保户和贫困户；要求县乡各级政府参与到贷款全流程管理环节中并明确各级干部主体责任；同时抽调一部分政府职工和大学生协助各县农行开展工作；在其他金融机构已承贷农户也可享受双联贷款；贷款发放必须以维护当地社会稳定为基础。

双联惠农贷款在甘南取得了促进发展、维护稳定、改善民生及转变作风上的综合成效。贷款资金主要用于牦牛和藏羊养殖、牛羊育肥和高原特色种养业，为畜牧加工业提供充足原材料，促进甘南经济发展；干部进村入户开展贷款调查，获取贷款取得、使用及偿还基本信息，同时深入基层同步宣传扶贫政策并进行科学指导，有效夯实社会稳定基础；双联惠农贷款作为甘南州历史上最大规模及最广覆盖面的金融支持“三农”发展行动，直接服务于具有生产发展意愿和能力的贫困户群体，5 万元贷款的直接贴息转移使农牧民每户年增收 3000 元至 4000 元；州县乡村各级干部深入基层开展工作，有效争取群众信任，在此过程中对干部进行培训及考核。

资料来源：中青在线—中国青年报

第二，基于技能培训与劳动力转移的内源发展机制创新。一是，技能培训全覆盖。持续开展大规模农民教育培训活动，助推农户掌握现代农业生产实用技术或转移就业技术，提升农户生产生活能力并有效拓宽扶贫路径。根据村情、户情、农民意愿及农业产业化发展需求组织专业技术人员，大力推广新品种、新技术，促使贫困农户至少掌握一项现代实用生产技能，且争取均能取得相应职业证书，增强自我发展能力；抽调有技术专长党员干部及技术人员共同深入生产一线，将现代农业科技推广和农村实用技术培训相结合；加大对村干部和当地种养、运输大户等致富带头人培训力度，发挥地缘优势和致富辐射能力；根据农业科技前沿和劳务市场需求设置培训课程，提高当地农产品科技含量及外出务工人员素质。二是，劳动力输转全覆盖。完善劳动力输转机制并把劳务经济作为促农增收重要平台，促进农村闲置劳动力就业，综合利用各种宣传方式进村入户加强舆论引导，激发当地富余劳动力外出务工积极性，同时发布劳务信息、宣传劳动法律法规、务工及城市生活常识以提高输转劳动力主动性。有效利用劳务机构优势，充分发挥劳务工作机构、中介组织、经济人等正规型大规模劳务输出主渠道优势，筛选优质基地，依托县域范围项目鼓励农村劳动力就近转移输出。结合劳动力培训对象需求设计相应技能课程，为贫困家庭“两后生”开展实用性较强的电焊、汽车修理、汽车驾驶等专业技能培训；结合农村妇女外出困难开展电动缝纫、刺绣等培训；组织在县内企业务工青年开展岗前培训；根据当地农业产业化发展开展种植、养殖等培训。通过提升当地劳务输转队伍技术及素质水平，打造一批劳务品牌并提高市场竞争力。

第三，基于重点改善农村公共基础设施的外源拉动机制创新。改善公共基础设施条件是夯实农村发展基础的举措，联系单位根据贫困地区农户发展诉求设计相应基础设施建设项目，优先解决贫困村公路交通、饮水安全、电力保障、危房改造、易地搬迁及改土造田等，集中力量推进公共性、基础性、民生性项目建设发展。通过沥青或水泥路及农村公路畅通工程，在解决当地农户出行难问题同时畅通农村物资流通环节，使得当地根据自身自然资源优势发展产业化扶贫、生态旅游扶贫及新兴产业服务园区成为可能；干旱地区积极引进水利工程项目，增加农产品有效灌溉面积，大幅提高自来水入户率以保障农村地区饮水安全及便捷；围绕建设美丽乡村主题，完成农村危房改造和新修梯田任务，开展农村居住环境改善工作并引导群众整治村庄环境，实现公共卫生室、文化活动室、“两委”办公服务场所、村级商贸综合服务社全覆盖，综合服务社应纳入农民所需村级农资产品、日用消费品销售服务以及电信、邮政等信息服务；加快协调实施农村通电通网建设。

案例

双联行动实现“八个全覆盖”“五件实事”

为推进双联行动向纵深发展，省委及相关领导小组决定通过围绕“八个全覆盖”和“五件实事”细化双联行动。

“八个全覆盖”：一为小额信贷业务全覆盖；二为融资担保服务全覆盖；三为贫困农户劳动力技能培训全覆盖，争取用两年时间免费培训实现每一个有受训意愿的贫困户劳动者，掌握一门致富技能，且均能得到相应职业技能鉴定证书和学历证书；四为贫困农户劳动力传输全覆盖，力争实现每个有外出务工意愿的贫困家庭至少有一人能在外就业；五为乡村公路建设全覆盖；六为公共卫生室、文化活动室全覆盖；七为“两委”办公服务场所全覆盖；八为村级商贸综合服务社全覆盖。

“五件实事”：第一件为加强村级基层组织建设并解决农村“两委”功能涣散问题，重点抓好村支部书记、农村党员发展和农村建章立制等工作；第二件为力争完成农村危房改造任务；第三件为推进农村土地合理有偿流转，促进农业规模化经营；第四件为关注农村孤寡老人及留守儿童的身心健康；第五件为免费为捐赠营养包给贫困村0~3岁儿童。

资料来源：甘肃日报2017年7月30日

第四，推广创新扶贫模式典型。双联行动中各市州探索适宜当地区域特色发展模式，总结并推广农村改革发展中典型经验和成功做法，充分发挥扶贫典型引领、示范和带动作用。首先立足区域性、典型性和示范性，以特色优势产业为载体培育典型，成功打造出一批示范基地、示范村、先进单位和先进个人，科学规划双联行动示范区并强调联村单位之间优势互补，形成各具特色且相互补充的经济联合体以此提升双联行动示范、引领和辐射带动作用；其次按照示范村先行，其他村整体推进思路，加大对贫困村基础设施建设、产业发展和社会事业建设等方面扶持，带动效果明显；在此过程中对各种类型典型模式开展宣传报道，营造良好舆论氛围。

案例

脱贫创新发展模式典型

内外结合，结对帮扶模式：甘肃省在总结社会各方面力量帮扶贫困对象经验上，继续探索完善全社会参与工作机制，动员和组织省内有帮扶意愿企业及各领域人士参与双联行动，如庆阳市环县木钵镇高寨沟村与张掖市甘州区前进村结为帮扶友好村，形成“一对一”结对帮扶模式；同时引进省外发达地区企业和爱心人士参与行动，拓展定点帮扶、社会帮扶、东西协作等模式，先后有福建、广东、江苏、四川、山东、浙江等209家省外单位与甘肃省内61个县贫困村结对帮扶，如福建省南安市与天水市武山县缔结为友好市县，在全省率先探索并形成“东部带西部、先富带后富，县村结对、同奔小康”模式。

武威凉州创新农技服务模式：甘肃省武威市凉州区通过开展“千名农技人员包万棚活动”，及时有效解决农户生产中技术性难题，区、乡、村三级1100多名农业技术人员承包日光温室10607座、养殖场（小区）642个、养殖暖棚10442座，与建棚农户进行结对帮扶，通过面对面讲解和手把手示范，不断提升农技服务效果，并向农户发放结对农机人员联系卡，通过电话联系解决远距离技术指导问题。在此基础上探索形成“技术单位领导+首席专家+技术服务组+专业合作组织（种苗公司）+农户”五位一体服务模式，目前已组建13个动物疫病防治、畜产品和日光温室瓜菜质量安全监管技术服务专家组，11个猪牛羊鸡等和日光温室瓜菜实训基地，成为组织专家观摩、技术干部学习、种植农户解决技术难题的阵地。凉州区通过分类制订培训方案，分层次、分类别组织农技人员对乡村干部、专业合作组织管理者、村科技助理员、科技示范户及广大农户开展实用技术培训，采取培训班、巡回授课、现场指导、科技咨询、发放资料等多种形式，有效解决农户种养和销售难题。

资料来源：武威日报

（二）甘肃省双联精准扶贫机制的主要成效

第一，双联惠农贷款促进农户增收致富。作为具有扶贫功能的政策性贷款，双联惠农贷款已成为甘肃农民脱贫致富最有效金融举措之一，自项目2012年启动至2015年，此举对贫困农户收入增长贡献率占到2%，甘南藏区则达到5%~6%。

2014年累计贷款发放及回收情况

数额 内容	农户数（万户）	贷款数额（亿元）
累计发放	22.63	152.92
累计回收	8.61	53.23
累计贷款到期（到期回收率99.8%）	4.1	24.2
累计逾期	0.059	0.4318
累计担保公司代偿	0.0378	0.2871

截至2015年6月底，双联互惠贷款财政贴息10.05亿元，惠及28.46万贫困农户并覆盖贫困地区30.6%的贷款需求。全省县级政策性担保公司58家，注册资本共计23.3亿元，担保公司担保放大倍数8倍，担保额度为186.4亿元。

贷款发放农户类型

类型 \ 数额		贷款户数（万户）	贷款额度（亿元）	根据划分类型占比
按从事领域划分	种植业	2.2	13.5	31%
	养殖业	3.7	25.3	58%
	加工及流通领域	0.4	4.6	11%
按贷款数额划分	5万元（含）以下	9	41.9	62.8%
	5万元以上	0.9284	24.8	37.2%
按贷款年限划分	1年（含）以内	7	44.1	66.4%
	1年以上	2.9	22.4	33.6%

双联互惠贷款作为一套集体系、制度、产品为一体的商业金融扶贫开发创新模式，通过财政资金撬动商业信贷资金方式，整合集中分散支农资金和信贷资金，为“双联”行动进一步开展奠定了资金基础；通过成立担保调查团队，在收集农户基本信息的同时增强了彼此信任；政策性担保公司和财政全程全额贴息模式破解农民“贷款难”和“贷款贵”两大难题。有效推动农村特色产业发展。贷款优先投向契合甘肃农村特色产业，有效推动产业化扶贫发展，同时当地种养大户通过双联惠农贷款，扩大农业生产规模并吸纳本地劳动力，帮助贫困户就业同时发挥示范带动作用。按照以往农户贷款平均利率上浮40%，单笔以6.7万元计算，财政贴补年人均4000元，银行让利年人均1600元，合计农民人均纯收入增加5600元，特别是甘南累放贷款11.2亿元，居全省第3，带动农牧民增收超过30%。

第二，挖掘劳动力潜力，完善传输机制。双联行动以全员参与为基础，以市场为导向，以就业方向为重点开展职业技能培训，助力劳动力提高就业能力、种养大户增强示范效应、村干部领导创收能力，以此挖掘劳动力培训潜力并完善劳动力输转机制。2012—2014年全省累计投入农民技能培训资金10亿元，2012年一年输转闲置劳动力539.7万人，实现劳务创收590亿元，其中仅张掖市共投入2700名农业专业技术人员在“双联”行动中，先后开展科技指导和培训12.8万人次，受益农户达到2.1万户。

通过实用技术培训可达到以下三方面效应：一是迎合农业产业化发展需求，奠定产业化扶贫机制基础，通过技术培训提高农业生产率并保障规模化产业发展所需质量标准；二是提高农产品科技含量，打造特色农业品牌优势；三是提高输转劳动力素质和自主能动性。

促进农村闲置劳动力输转就业可取得以下三方面成效：一是以劳务经济为平台促农增收，通过技能和素质培训、正规劳务输出主渠道建设打造劳务品牌，进一步增强其市场竞争力和经济效益；二是通过建立当地劳务信息数据库，有利于当地政府管理并可促进劳务市场供需信息快速互动；三是鼓励在县域范围就近输转，保障县级项目劳动力供给充足。

第三，基础设施建设推动社会综合发展。首先推动贫困村公路、饮水、通电等基础设施建设和危房改造、新修梯田任务。一方面契合美丽乡村主题，另一方面通过项目实施推动当地农户就业，实现开发式扶贫；其次村级公共卫生室、文化室、“两委”办公服务场所和村级商贸综合服务社实现全覆盖，推动当地经济、社会、文化、人民素质全面提高；再次建设农村网络、电信和邮政信息服务，促进城乡信息交流并使市场供求变化及时引导农户生产调整。2012年双联行动开始实施三年内，甘肃省累计建成乡村道路2万多公里，村道硬化率达54%，自来水入户率提高20.87%，400万人口饮水安全问题得到解决，贫困村动力电覆盖率由48%提高至80%，解决9.47万农户通电问题；对62.36万贫困户实施危房改造计划，易地扶贫搬迁6.1万户共计30.5万人；为贫困村儿童捐赠营养包57.68万套；在此过程中146个贫困村建成美丽乡村，2042个贫困村建成整洁村。

第四，推广扶贫模式典型，创新基层组织机制。根据区域资源特色、产业发展优势和市场需求定位农村当地特色产业发展，并规划部署和其他产业集聚区特色产业耦合发展，以此为载体培育典型并发挥扶贫典型模式引领、示范和带动作用。农村基层组织建设的机制创新主要发挥了以下两方面功效：一是实现学习教育机制创新，全省各级部门和干部结合自身优势特色以言传、身教、自省相结合的教育特征，实现了基层组织教育内容综合性和方式多样性；二是实现管理监督机制创新，双联行动经过精心设计和周密部署，整体规划了贫困村经济、文化、村务管理等，而计划实施恰巧推动了村级组织管理水平，同时上级双联单位及村民参与加强了外部监督效应。

（三）结论与启示

第一，精准扶贫重在挖掘内生动力，提高农户生计资本和多样性，建立长效机制。在改善农户生计资本方面：首先提升金融资本，利用互惠双联贷款资金支持缓解贫困区准入性等问题；其次通过技术提升自然资本，从传统资源依赖性生产模式向科技导向、机械驱动的现代农业模式转变；再次培育人力资本，加大对乡村基础教育投资，同时提升中青年贫困农户文化程度和加强职业技能培训；最后吸引社会资本投资，鼓励农户建立专业合作社以降低交易成本、增强市场竞争力。

第二，精准扶贫是系统工程，需要完善外部拉动机制，协调推进脱贫与新农村建设。一方面加强基础设施建设，政府围绕生产生活基础条件加大投资力度，以改善农业生产条件并提高人民生活水平；另一方面完善社会保障体系，加快建设农村文化娱乐场所和信息服务体系，打造综合发展新农村。

第三，科学绩效考评和激励体系能够极大地促进脱贫攻坚效率。统筹兼顾建立绩效考核指标体系，各级领导小组组织抽调专门团队，对工作开展情况检查督导，做到及时发现问题和总结成功经验。考核结果作为各单位责任考核重要依据和干部选拔任用重要标准。

第四，营造良好帮扶和舆论氛围。引导帮扶者和帮扶对象思想认识保持高度一致，帮扶者作为扶贫行动参与者和协作者，要充分发挥自身主观能动性帮助贫困农户定位发展方向，并且鼓励帮扶对象借助外力支持走上自立发展道路，从而形成两者携手合作的良好氛围；其次充分利用媒体对双联行动意义、要求、成效及发展过程中的典型模式大力宣传推广，增强信息闭塞区政治敏感度并营造良好舆论和社会氛围。

三、绿色可持续发展减贫模式：贵州省绿色减贫案例

近几年，贵州省围绕绿色减贫，开展了较多实践，减贫效果较好，在促进贫困地区整体发展和绿色转型方面取得了一定的成效，我们以贵州省毕节市为例，就绿色减贫的若干问题进行案例分析。

（一）绿色产业化内源性减贫模式

绿色产业化是指通过积极采用清洁生产技术，采用无害或低害的新工艺、新技术，大力降低原材料和能源消耗，实现少投入、高产出、低污染，尽可能把对环境污染物的排放消除在生产过程之中。绿色减贫通过可再生能源的合理利用，建立绿色产业化的减贫路径，实现绿色资源与减贫的双赢战略。

毕节市绿色产业扶贫案例：毕节位于中国贵州省西北部，属于乌蒙山腹地典型的喀斯特岩溶山区，山高水险、沟壑纵横、土地零碎、生态脆弱，干旱、洪涝、冰雹、低温等自然灾害频繁。由于自然和历史的原因，这里长期交通闭塞、文化落后、生产力水平低下，形成了“经济贫困-生态恶化-人口膨胀”的恶性循环圈，人民生活极端贫困，人居环境极其艰苦，群众大多住茅草房，甚至是用树枝简单搭起的“杈杈房”，联合国有关机构在此考察时明确界定“这里许多地方已不具备人居条件”。1987 年，

毕节人均生产总值不到 300 元，农民人均纯收入仅 226 元，为全省人均的 52. 9%、全国人均的 38%，按当时的国家贫困标准，毕节的贫困发生率高达 56%；生态环境极差，森林覆盖率仅 14. 9%，水土流失面积占总面积的 52. 6%。当时的毕节是贵州省最贫穷落后的地区，是贵州省解决贫困问题和生态问题最难啃的一块“硬骨头”。

毕节是生态环境脆弱敏感地区，又是长江、珠江上游生态安全屏障，承担着维护区域、国家生态安全的战略任务。毕节市走出了“生态建设产业化，产业发展生态化”的产业发展道路。发挥山地气候多样、立体生态优势，大力发展特色林果业、现代生态畜牧业，建设了一批高产、绿色、有机农产品基地，如“3321”特色农业基地建设工程（经济林 300 万亩、草地生态畜牧业 300 万亩、蔬菜 300 万亩、茶叶 100 万亩、中药材 100 万亩）、“万亩油药用牡丹”种植工程，还创建了以种植业、养殖业、沼气能源建设为循环圈的农村循环经济模式。利用西部大开发的历史机遇，通过环保绿色发展方式将毕节的煤炭资源和水资源转变为经济优势，推动“黑色煤炭、绿色开发、就地转化、吃干榨尽”，实现乌江流域梯级电站开发，将水能资源转变成宝贵的财富。以百里杜鹃、织金洞、草海等精品旅游景区为龙头，结合当地的民族文化资源，将旅游休闲产业发展成为振兴区域经济、富裕一方百姓的支柱产业。

经过 20 多年的不懈努力和艰苦奋斗，毕节市初步实现了“让山绿起来，让水清起来，让群众富起来，让生态屏障建起来”的发展目标。一是生态建设成效明显。自毕节试验区成立以来，到 2015 年累计共完成营造林 2000 多万亩，治理石漠化区 900 平方千米，毕节试验区森林覆盖率上升到 48. 04%。由于生态建设工作取得的显著成就，毕节先后被评为“全国生态保护与建设示范区”“全国林业生态建设示范区”“全国石漠化防治示范区”“国家集体林业综合改革示范区”。二是农民生活水平显著提高。全市农村居民人均纯收入从 1987 年的 226 元增加到 2015 年的 6945 元，年均增幅超过13%，高于全国平均和全省平均水平的增幅。三是农村贫困明显减缓。毕节市农村贫困人口从1987年末的345万人（1984年农民人均纯收入200元标准）减少到2015年的115万人（2010年农民人均纯收入2300元标准），贫困发生率从65.4%下降到16.5%。四是人口数量得到控制。全市人口自然增长率从1988年的19.91‰下降到2015年的6.09‰，少出生人口150多万。同时，通过增加教育投入，推进教育综合改革，发展各级各类教育，人口素质显著提升。

（二）可再生资源产业化扶贫

可再生资源是绿色资源的重要内容之一，是可以重新利用的资源或者在短时期内可以再生或循环使用的自然资源，是发展可持续性的包容式绿色减贫的重要来源。绿色减贫通过发展可再生资源，利用可再生能源的循环特征和经济优势，形成可再生能源的聚集与加工，发展可循环的绿色产业，使生态环境质量与贫困人口收入水平同时得到提升，从而达到减贫目标。根据可再生资源的内容和特征，主要可分为以下几种减贫路径：

第一，低碳减贫。低碳减贫是指通过在贫困地区梳理低碳理念和消费方式，从而构建低排放、低污染的生产机制，进而实现可持续发展的良性减贫路径。低碳发展的理解具有狭义和广义之分，狭义的低碳扶贫是指，依靠对碳排放的控制，将温室气体排放降低到一定水平，以防止世界各国其国民受到气候变化的不利影响，并最终保障可持续的全球人居环境；广义的低碳发展强调的是人与人之间、人与自然之间的和谐，要以积累生态财富和增加人类绿色福利为根本目标，通过构建一种低能耗、低排放、低污染和高效能、高效率、高效益为特征的经济增长模式，大力发展低碳产品、低碳技术、低碳能源，创新低碳绿色消费方式，实现对温室气体排放总量的有效控制，推动经济产出增长与温室气体排放增长逐步脱钩，最终走出一条经济、社会、生态三位一体的新型发展道路。低碳扶贫主要依托广义的低碳发展内容、模式及特征，对贫困人口倾斜，因地制宜，发展低碳产品、低碳技术、低碳能源等，进而建立贫困人口的低碳观念和低碳消费方式，最终达到低消耗的良性生态环境以及高效率的贫困人口收入水平的“共赢”目标。

第二，光伏减贫。光伏减贫是我国近几年依靠可再生能源进行减贫的新型路径。光伏扶贫主要指通过在住房屋顶和农业大棚上铺设太阳能电池板，以“自发自用、多余上网”的模式为贫困人口带来一定的收益。其本质就是农民可以自己依靠设备产生电能，在自给自足的同时，将多余的电量卖给国家电网从而产生一定的经济收益。通过分布式太阳能发电，每户人家都将成为微型太阳能电站。光伏扶贫主要可分为几种模式：1. 户用分布式光伏扶贫发电装置。户用分布式光伏发电规模一般不超过 3 千瓦，主要形式是在贫困户屋顶及院落安装户用分布式光伏扶贫发电装置，产权归贫困户所有，收益全部归贫困户；对不具备贫困户屋顶及院落安装户用分布式光伏扶贫发电装置，可以由多个贫困户联合建设在荒山荒坡等处，产权和收益均归贫困户所有。2. 村级光伏扶贫电站。以村为单位建设村级光伏扶贫电站，各级政府资金支持建设的村级光伏电站的资产归村集体所有，由村集体确定项目收益分配方式，大部分收益应直接分配给符合条件的扶贫对象，少部分可作为村集体公益性扶贫资金使用。3. 集中式光伏扶贫电站。在地广人稀、土地资源丰富的地区，以县为单位集中建设适度规模的大型光伏电站，以市场化方式运营，每年光伏扶贫电站拿出部分收益帮助贫困户。

目前，我国光伏扶贫成效初现。2015 年，全国光伏精准扶贫试点建设规模达 1836 兆瓦，年均收益 22. 6 亿元，投资收益率接近 13. 72%。近 43 万建档立卡贫困户实现增收，其中包括 8. 8 万户失能贫困户，解决了 956 个贫困村无集体收入的问题。目前，在我国 832 个贫困县中，有 451 个县年均等效发电时间超过 1100 小时，适合发展光伏精准扶贫。

（三）守住“绿水青山”减贫模式

习近平总书记提出“两山”理论，其本质就是通过对生态环境的保护推动贫困地区的可持续发展，在贫困地区经济发展的同时注重生态环境的保护。对贫困地区而言，“既要金山银山，又要绿水青山”，是对实践绿色发展观的现实期许，即坚持生态文明建设，让绿色发展成为新时代脱贫攻坚的崭新动力，绿色减贫成为脱贫攻坚的重要理念，生态保护脱贫成为生态脆弱贫困地区脱贫的重要路径。

贵州省毕节市大方县案例：滑石村位于贵州省大方县二龙山脚下，之所以被称为“滑石”，缘于这里曾因毁林开荒而导致地质灾害频繁、泥石流多发。2000 年 5 月 7 日，一场突如其来的狂风暴雨引发了泥石流，短短几十分钟的时间，滑石村 18 人丧生，30 头（匹）大型牲畜、1152 只家禽死亡，27 幢房屋、62 间畜圈被毁。千余亩田地遭到摧残，损失惨重。在党委、政府领导下，滑石村村民开始了艰难而漫长的退耕还林进程，慢慢摸索出了一套符合本村实际的生态建设、脱贫致富之路。如今，滑石村森林覆盖率超过 70%，人均年收入达到 6000 元，彰显了生态建设的巨大作用。

大方县位于贵州省西北部、毕节中部、乌江上游六冲河北岸，是贵州省著名的自然生态保护区。作为国家扶贫开发重点县之一，大方县被列为扶贫开发重点的乡镇有 31 个，其中一类贫困乡镇 4 个，二类贫困乡镇 20 个，三类贫困乡镇 7 个，贫困人口达 8.62 万人，低收入人口约 13.47 万人。

滑石村位于大方县下辖小屯乡东北部，是一个典型的西南山村。“靠山吃山，靠水吃水”，自 20 世纪 80 年代开始，为解决生计问题，割柴毁林开荒成为村民们心照不宣的选择。村民们将土地从山脚一直种到山顶，大小山头，一眼望去，都是光秃秃的“和尚头”。而不加节制的毁林行动，也使村庄饱尝了破坏生态的恶果，甚至陷入生存发展的危机。特别是 2000 年 5 月 7 日的暴雨和泥石流灾害，造成了 18 人丧生、27 幢房屋被冲毁、1300 只牲畜家禽死亡、1800 株树木折断，经济损失达到 700 多万元。然而，紧邻滑石村的羊场镇穿岩村小沟组，遭遇了暴雨和泥石流后，房屋、人畜却丝毫无损。同样是山沟沟，两个村唯一不同的是，小沟山上有树，滑石山上没树。

灾难让滑石村民失去财产，失去亲人，同时也让滑石人深深明白：只有将荒山都种满树木，才能避免同样的灾难再次发生。也就是从那一年起，在各级党委、政府组织下，滑石村村民不论男女老幼，均掀起了退耕还林、植树造林、绿化荒山热潮。

第一，科学推进生态林建设，将开垦荒地还给自然。泥石流灾害过后，滑石村在村民大会上发起了植树造林的总动员，提出按照农户划片包干的原则，将原来开垦的荒地退还给自然。退耕还林工作采取“谁栽谁有，谁管谁负责”的方式，由当地林业部门提供种苗，村民出工出力，国家对林地进行补助等多种形式调动村民的积极性。

在具体实施上，滑石村结合总体规划，提出按照山形地貌整体推进和分片栽种方式进行生态林建设。其中，将高于 52 度的坡耕地作为退耕还林区域，并根据气候、温湿度、海拔选择退耕还林树种，发动村民投工投劳种植柳杉、意杨、香樟、漆树等。从 2000 年开始，滑石村退耕还林面积达 7814 亩，封山育林达 1.4 万亩。

此外，为建立完备的林业生态体系，滑石村根据大方县总体生态建设要求，实施了天然林保护、自然保护区建设等林业重点工程，以提高地区森林的生态功能。如今，经过 10 余年的生态恢复，2014 年滑石村森林覆盖率达到 73.6%，比 2000 年增长了 52.6 个百分点。当年的“癞头山”已经消失，取而代之的，是连绵不绝的融融绿意。

第二，造林与护林相结合，将退耕还林写入村规民约。“造而不护白费力”，护林和造林同样重要。为维护和巩固植树造林、退耕还林的成果，滑石村成立了一支素质硬、能力强的森林防火队伍，加强森林防火措施。同时，合理间伐过密树木，防治林木病虫害。2000 年“5·7”灾害让村民形成了“人的命脉在田，田的命脉在水，水的命脉在山，山的命脉在土，土的命脉在树”的共识；退耕还林管理制度被写入村规民约，严打乱砍滥伐、贩运木材等行为。通过一系列措施，大力保护已有的树林。

2005 年 5 月 4 日，大方周边的县、乡发生泥石流，造成邻村 4 人死亡，而由于植被保护得好，滑石村没有因为此次泥石流而受到任何损失。看着如今长势如潮的两万多亩林木，连绵不绝的绿色，村民们打心眼里高兴：“山更绿了，水更清了，村庄更整洁了！5 年的时间，滑石村荒山变青山，这比什么都重要!”随着森林覆盖率的提高，滑石村“风沙起，雾罩大，三里之内不见人”的景象成为历史，村民喝上了经过树木过滤不再含有泥沙的“放心水”，空气质量有了明显的提升，泥石流灾害也没有再发生过。

第三，创新发展引领绿色扶贫，生态经济助推村寨发展。守得住绿水青山，建得起金山银山。有了生态基础，还得找出一条既能保护生态建设成果，又能促进农民增收的路子。

为了给村民找寻新的发展道路，村两委积极组织退耕农户参加技术培训，与广州、深圳等沿海开放城市联系，向经济发达地区转移剩余劳动力。2014 年，全村退耕还林后的剩余劳动力中，有 2200 多人外出务工，每年带回来超过 4000 万元的务工收入。而另一部分村民则转产发展林下种养殖。目前，滑石村建有专业合作社 5 个，520 余户农民从事林下种植、养殖业，其中种植天麻的农户就有 52 户，种植面积 467 亩，亩均产值达 0.8 万元，户年均收入增加到 4.3 万元。

与此同时，农民工返乡创业的热潮也吹进了滑石村。生于 1976 年的刘庆江看到了养殖场的商机，返乡创业，跟好友共同投资 70 万元建立二龙山养殖场。自养殖场筹建以来，大方县有关部门利用扶持小微企业政策帮助刘庆江贷款 30 万元，多次邀请技术人员、防疫人员在购苗、育苗、防疫等环节提供技术帮助。“在家门口创业，实惠多。腰包鼓起来了，心里真高兴!”

通过发展林业生态经济，滑石村既守住了青山绿水，又创造了金山银山。退耕还林绿了滑石村的山岭，也鼓了滑石村村民的腰包。目前，全村农民人均纯收入超过 6000 元，为 2000 年的 6 倍多。

贵州大方县滑石村生态保护脱贫的实践，通过植树造林、发展特色产业，既实现了农业生产和农村经济发展以及贫困人口脱贫致富，又保护了地区生态环境，摆脱了脱贫消耗自然环境、继而环境破坏加重贫困的恶性循环，对于我国其他生态脆弱贫困地区实现生态脱贫、绿色发展具有一定的借鉴和启发意义。

（四）绿色生态文化旅游资源减贫模式

把贫困地区的生态资源优势转化为具有市场竞争力的生态产业，最大效用发挥生态资源的经济价值是贫困地区减贫的另一渠道。由于中国的贫困地区大多分布在农村，生态资源破坏程度相对较低，生态资源是贫困地区具有的相对优势，充分发挥生态产品的本身价值和使用价值，增强贫困地区生态产品的市场竞争力，是贫困地区整体发展和贫困人口脱贫致富的发展路径和方向。

雷山县民族文化特色旅游案例：近年来，雷山县深入贯彻落实习近平总书记系列重要讲话精神，全面贯彻落实省委、州委各项决策部署，紧紧围绕“守住两条底线、加快推进全域旅游化、全县景区化，努力打造国内外知名苗族文化旅游目的地”的战略定位，坚定不移地走“一主导、四围绕”的特色发展之路，深入推进一二三产业融合发展，全县景区景点体系逐步形成，旅游配套服务设施进一步完善，旅游业态进一步丰富，旅游营销力度进一步加大，旅游人才支撑进一步增强，旅游产业扶贫作用进一步发挥，文化旅游产业呈现出持续“井喷式”增长的良好态势。2016 年，雷山县接待游客 720.8 万人次，旅游综合收入达到 64.6 亿元，同比分别增长 41.5%、40%。文化产业增加值占 GDP 比重达到 10.22%，排全省第二位。

主要做法及成效：

第一，围绕民族文化旅游产业，坚持规划先行，明晰“路线图”。按照“守住两条底线，加快推进全域旅游化、全县景区化，全力打造国内外知名民族文化旅游目的地”的战略定位和“全景式打造、全季节体验、全产业发展、全方位服务、全社会参与、全区域管理”的理念，高水准编制了《雷山县文化旅游产业创新区暨民族文化旅游目的地规划》《雷山县民族文化乡村旅游扶贫规划》和乌东等 125 个村寨规划，对民族文化旅游扶贫的主要目标、空间结构、产业布局、开发时序、重大项目等进行系统谋划设计，实现区域联动、全域发展，构建要素完整、特色高效的“苗疆走廊”旅游产业带。因地制宜培育“民族传统村落+田园观光+森林康养+手工艺品+文化体验”等各具特色的旅游业态，累计投入资金 37.27 亿元，实施一批民族文化旅游扶贫项目。

第二，围绕民族文化旅游产业，完善基础设施，打通“大动脉”。坚持把交通作为民族文化旅游产业发展的一项基础性工作来抓。累计投资 24.68 亿元，建成了凯雷高速公路，雷山至榕江高速公路开工建设，全县实现村村通油（水泥）路，完成 500 千米农村道路生命防护工程，是全省第一个实现通村以上公路生命防护工程全覆盖的县，进一步畅通了民族文化旅游扶贫的“血脉”。目前正在积极谋划建设环雷公山旅游公路、雷山县城至凯里的城市快速通道，县城至大塘快速通道，积极争取涪陵—柳州铁路过境设站雷山，争取启动雷山旅游机场建设，为加快推进全域旅游化、全县景区化奠定更坚实的基础。累计投入 4.18 亿元，实施了“四在农家 · 美丽乡村”六项行动计划和“百村万户”环境整治工程，全县乡村环境明显改善，行政村、旅游景点移动信号、广播电视“村村通”实现全覆盖，极大地改善了城乡居民的生产生活条件。

第三，围绕民族文化旅游产业，打造景区体系，下好“先手棋”。以列入全国首批全域旅游示范区创建单位为契机，按照“全域旅游化、全县景区化”的思路，加快景区联动开发建设，助推脱贫攻坚。精心打造大西江景区。投资近15亿元，实施西江景区完善扩容提升工程，完成了营上游客服务中心、景区北大门及游客集散广场、生态停车场、郎西旅游公路和连（城）排（乐）公路、西江景区表演场扩建、景区灯光提升、寨内步道、排污系统、人饮消防、人居环境整治等工程建设，正在重点打造“一酒店一剧场两索道三片区”，开发建设悦榕庄酒店、营上大剧院、营上至大北门索道、营上至田园观光区索道、西江田园观光区、西江干荣农文旅一体化观光度假区、西江营上茶园休闲度假区，力争将西江景区创建成国家5A级景区，辐射带动西江景区周边的营上、连城、干荣、白碧、开觉、麻料、控拜等特色民族村寨发展，有效联动郎德景区、巴拉河沿线民族文化旅游观光带，打造大西江景区。精心打造环雷公山精品自驾游线路。打响雷公山“国家森林公园、国家级自然保护区、国家地质公园”三个国家级品牌，以申报建设国家公园为抓手，投资5亿元，建设蚩尤文化园、陶尧游客集散服务中心、响水岩、乌东、24公里、千年古树等景区景点，加快环雷公山精品自驾游营地建设，打造环雷公山旅游度假区。精心打造苗疆走廊。坚持以文化社区的概念，实施千户精品民宿、千户精品客栈“双千工程”，以郎德景区开发为突破口，按照3～5个临近的苗寨为一个单元的模式，把全县58个国家传统村落和100多个苗寨串联起来，统筹建设旅游驿站，带动村寨发展标准较高、环境舒适、服务标准的民宿旅馆和农家乐，全力打造苗疆走廊，实现区域联动、全域发展。精心打造南部短裙苗农耕文化暨珍稀植物观光旅游带。打响“最时尚的短裙苗”和“最独特的水上粮仓”品牌，以大塘新桥苗寨为重点，启动建设开屯梯田、也蒙苗寨等景区景点，打造南部农耕文化暨珍稀植物观光旅游带，吸引游客深度游。精心打造全县游客集散服务中心。按照5A级景区标准，加快县城景区化步伐，建设县城民族文化体育活动中心、苗族银饰刺绣创意中心、木鼓广场、铜鼓广场、蚩尤广场、蝴蝶广场等一批文化旅游设施建设，正在县城积极推出《蝴蝶妈妈》苗族歌舞史诗大型商演，实施一批“食住行游购娱”“商养学闲情奇”一体化的旅游产业项目，独具山地苗族特色、旅游功能完善的精品小城逐步形成。

第四，围绕民族文化旅游产业，做好“旅游+”文章，打好“组合拳”。民族文化旅游产业“一子落、全盘活”“兴一业旺百业”。千方百计做好“旅游+”这篇大文章，带动县域经济又好又快发展。坚持以“旅游+特色农业”促进农旅一体化。全县建成茶园15.7万亩，农民人均1.5亩茶园，农民纯收入中来自茶产业的收入超过2500元，雷山县成功创建国家级出口茶叶质量安全示范区，成功入选国家有机产品认证示范区，银球茶被评为贵州绿茶“茶王”，红茶荣获第四届“国饮杯”一等奖，雷公山清明茶被指定为党的十八大用茶。全县中药材面积达5.5万亩，农民人均近半亩药。特色种养殖业发展壮大，黑毛猪、红米等特色品牌知名度进一步提高。坚持以“旅游+特色工业”促进特色轻工业发展。“十二五”期间，以建设乌开特色工业园区、西江文化旅游产业园区为载体，大力发展以茶叶为主的特色食品加工业和以银饰刺绣为主的旅游商品加工业，全县各类企业从245户增加到1197户，个体工商户从2838个增加到6185个。坚持以“旅游+特色城镇化”推进山地特色城镇化。坚持以产兴城、以城促产、以景靓城、产城一体，按照“城镇景区化、道路景观化、建筑特色化”的要求，以景区标准打造特色旅游城镇，实现一城一景区、一镇一景点。以建设西江—丹江—大塘城镇带为抓手，以巩固提升“全国文明县城”和创建“全国卫生县城”为契机，正在启动县城南部路网、丹江体育森林公园、“中国传统村落·黔东南峰会”永久会址、陶尧苗药温泉养生小镇、雷山苗岭斗牛城、雷山县体育馆等一批大项目建设，按5A级标准把县城打造成为景区化的游客集散和服务中心。坚持以“旅游+特色服务业”助推服务业转型升级。目前，全县有4星级酒店2家，家庭旅馆、农家乐450家，床位数10600个，带动800余人贫困人口就业。坚持以“旅游+民族文化”促进民族文化传承、保护和开发。全县拥有“非遗”名录231项，其中国家级13项，58个民族村寨入选中国传统村落，是全国拥有“非遗”项目最多、传统村落密度最大的县。坚持以“旅游+大数据”大力发展“全域智慧旅游”。实现重点景区WiFi全覆盖，农村电商平台已覆盖全县154个村，全县90个贫困村均受益。坚持以“旅游+大健康”培育壮大以休闲养生、徒步探险、户外体育等为重点的健康产业，促进大健康产业与旅游业深度融合。

第五，围绕民族文化旅游产业，创新体制机制，种好“试验田”。大力推进“区镇合一”改革，以西江景区入选全省旅游体制机制改革试点景区为契机，将雷山文化旅游产业园区管委会（党工委）和西江镇党委、政府进行“区镇合一”整合重组，实行两块牌子一套人马，赋予副县级经济社会管理职权，统一管理西江镇及西江景区开发建设，机构由原来的43个整合为现在的14个，减少数超过2/3，有效解决了机构臃肿、职能重叠、多头指挥、管理混乱、服务不足的问题，西江景区“房子、车子、摊子、店子”等方面的管理进一步规范和加强，景区建设不断推进，旅游环境不断提升，游客接待量和旅游综合收入均逐年增长。创新合作组织体制机制，创造性地建设以村支两委领办合作社，采取“党支部+合作社+基地+农户”的模式，全县组建村支两委领办的农业（扶贫）专业合作社183个，占全县村数的119%；贫困村组建农业（扶贫）专业合作社90个，占贫困村100%，贫困户参与率达100%。安排资金5140万元注入全县154个合作社，实行资金滚动发展使用，进一步提高了农民组织化程度，形成了发展合力。深化“三变”和“五融五帮”工作，通过公开竞争方式选定

40 个村作为村级集体经济试点村，每村注入 100 万元到农村专业合作社用于发展村级集体经济，剩下 114 个村每村注入 10 万元到农村专业合作社，将注入资金的 80%量化给贫困户，20%作为村集体经济，资金可用于因地制宜发展特色产业，也可投向县城投资公司每年获取不低于 7%的分红收益，实现了资金变股金、农民变股民，既帮助贫困户脱贫，又壮大村集体经济。创新金融扶贫体制机制，注册成立了雷山县扶贫开发有限公司，注册资金 1 亿元，目前已融资 3436.8 万元。扎实开展“特惠贷”工作，设立专户安排 1500 万元作为“特惠贷”风险补偿基金，发放精准扶贫“特惠贷”35690.06 万元，惠及贫困户 7226 户，占贫困户总数（1.19 万户，含 2014、2015、2016 年已脱贫户）的 60.67%。“特惠贷”资金主要用于贫困农户因地制宜发展家庭旅馆、农家乐、茶叶、中药材种植、黑毛猪养殖等特色产业。例如，达地乡获得“特惠贷”贷款 809 户，获贷资金 3879.7 万元，其中用于自身发展特色产业的贫困户有 581 户，占获贷总户数的 71.82%，投入资金达 2741.6 万元，占获贷资金的 70.67%。同时，探索“特惠贷”参与龙头企业、合作社共同经营模式，对发展特色产业没有门路或意愿的建档立卡贫困户，将“特惠贷”资金入股县城投资公司，每年稳定获取不低于 7%的入股分红，降低“特惠贷”风险，增加贫困群众收入。启动农业银行“金穗扶贫惠农贷”工作，进一步解决“三农”和贫困农户贷款难、贷款贵等问题。

（五）两点启示

第一，可持续发展作为新型扶贫开发的重要理念和支柱，将是未来扶贫模式探索与制度创新的方向和重点。生态保护脱贫是可持续发展理念在扶贫开发领域的重要体现，也是贫困地区内生发展能力的命脉。贫困地区的长效发展要以生态保护为约束，生态保护与扶贫开发要进一步融合，成为脱贫和发展的新动力。因此，贫困地区探索未来可持续脱贫实践，不仅应将生态环境保护放在首位，也应坚持因地制宜原则，结合贫困地区生态资源优势大力发展产业，致力于将资源优势转化为经济优势，实现绿色发展、循环发展以及可持续发展的目标。

第二，坚持以可持续发展理念引领贫困地区经济社会发展，倡导绿色发展、绿色增长的生态脱贫道路。以生态经济理论为基础，通过建立高效率的人工生态系统，实现农业、林业与牧业及其他方面经济活动的有机联系，进而实现贫困地区经济与生态保护协调发展、良性循环的模式，实现贫困地区内外发展能力协同并进的健康路径。

·第八章·

扶贫机制理论与实践创新展望

中国扶贫脱贫机制的理论和实践取得的成效不容置疑，但新形式新环境和新时代国家面临着新使命，扶贫脱贫机制的理论研究探索和实践创新发展是永无止境的，对此，综合各种社会经济发展以及我国进入到中国特色社会主义新时代新特点新使命，我们对我国减贫脱贫的宏观体制机制创新和2020年后减贫机制创新转型进行了展望和预期。

一、减贫脱贫的宏观体制创新展望

自1986年我国开始大规模、有组织、有计划地脱贫攻坚以来，扶贫机构从无到有，扶贫资金从少到多，扶贫队伍从小到强，扶贫脱贫的机制得到大幅的完善。但从国家治理角度来看，扶贫政策的法制化程度还不够高，有关的法律还比较少，多是通过中央和地方的政策去明确、推动和执行；从扶贫机构的重要性来看，扶贫部门是一个常设的议事协调机构，还不是政府组成部门，在政府过程中的决定性作用还比较弱，掌握的资源、支配资源的能力也比较弱；从扶贫资金的使用、管理、投放来看，除了中央专项扶贫资金之外，其他各个口的扶贫资金还没有制度化的使用管理机制，其资金量、持续性、使用的便利程度等仍没有保障。在这个意义上，我国扶贫机制的创新，除了本书前面讨论过的诸多机制创新之外，未来的重点可能还需放在国家治理体系机制的创新上。从总体上看，未来较长时期应该在减贫的体制机制上就以下三个方面进行突破：

（一）扶贫脱贫的法制建设

精准扶贫实施以来，有必要基于扶贫法制建设，在法律体系上进行完善。总的来看：

首先，扶贫脱贫的实践亟须法律来约束、来规范。国家目前在政策上对贫困地区和贫困人口进行了倾斜，但在扶贫政策的具体实施、扶贫效率的提升、扶贫制度的常态化层面还没有进行明确的规定，地方政府出台了一些有关扶贫的条例，但整体来看，其立法层级较低、立法的质量也比较差，基本还没有起到规范扶贫实践的作用。这也是扶贫过程中扶贫资金效率不高，频繁出现短期行为、追求面子工程的原因。

其次，贫困的一些体制性问题需要通过立法解决。尤其是一些涉及城乡居民差别对待、涉及公共服务均等化的问题，这些问题在实际中已经广泛存在，其解决也确实需要一个长期的过程，目前国家也在通过其他的法律进行调整。但在没有从根本上消灭城乡居民差别对待的情况下，有必要通过贫困立法，对贫困地区、贫困人口的相关权益进行先行保障，最大可能地先给予贫困人口与其他人群平等的权利，从根本上杜绝由于公民身份差别化、公共服务差别化形成的制度致贫。

再者，扶贫脱贫亟须实现向日常治理的转型，需要通过法律明确其整体框架和地位以及相应的运行机制。中国扶贫开发40年来，一个重要的特征和基本经验就是“项目制”治理，通过项目来分配扶贫资源，在扶贫攻坚阶段，项目制治理有合理的地方，能够在一定程度上保障“好钢用在刀刃上”。此外，近几年脱贫攻坚另一个突出的特征就是运动式治理，利用强大的动员能力，动员一切可以动员的力量参与脱贫攻坚。从这两个特征来看，脱贫攻坚结束以后，需要一个有序的制度化的资源分配制度，而不是一直利用项目制这种分配技术；也需要一个制度化的日常治理形式，而不是大量消耗合法性资源和动员能力的运动式治理。

最后，扶贫资金的相关财政保障需要法律来明确来固定。目前有关扶贫资金的财政制度还没有建立起来，其资金的来源、管理、分配机制暂未建立，其与财政资金的比例关系、持续增长机制或动态调整机制也都没有建立。应该尽快立法明确扶贫资金占财政总量的比例，明确其总体的增长趋势。

因此，基于以上四个方面，考虑2020年后在基本解决极端贫困人口的情况下，有必要完善减贫脱贫法制建设，探索《扶贫法》的出台。具体就法律体系建设突破的方向来看，国内外都有比较好的经验：英国的《工业分部法》、美国的《地区再开发法》、德国的《联邦改善区域结构共同任务法》、日本的《北海道开发法》等，都从不同方面对平衡区域间的贫富关系进行了调节。扶贫立法在国内各省也有较为充分的实践，黑龙江省、湖北省、广东省、陕西省等十几个省区先后制定了农村扶贫开发条例，2016年9月贵州甚至在原《贵州省扶贫条例》的基础上出台了《贵州省大扶贫条例》。只是由于立法层级不高、立法质量较差，影响了法律效果。但其通过条例明确的扶贫实践的过程、地方财政安排扶贫资金的比例、扶贫项目管理、技术支持、考核评估等方面的内容，仍然可以给国家的立法提供参考。

（二）扶贫脱贫的组织建设

扶贫机构和队伍建设应当是我国扶贫脱贫机制完善的一个重点，但长期以来一直未能得到中央的重视，虽然各类文件偶有强调完善扶贫脱贫体制机制建设，完善扶贫队伍建设，但一直没有较为实际的措施。从宏观层面来看，扶贫机构在整个政府序列中掌握的资源还比较少，机构的设置还未形成较为规范的系统，在政府过程中的话语权也较低。

首先，扶贫机构一直还未形成上下统一的纵向序列。中央层面主管部门事实上是国务院扶贫办，其是国务院扶贫开发领导小组的日常办事机构，属于常设性议事协调机构。到省级层面，就没有较为统一的机构设置，既有设置扶贫办，也有设置扶贫局，有的甚至设在其他委办局的下属单位，在机构属性上，有的是行政机关，有的则是事业单位。据统计，全国有 25 个省份设置了相应的扶贫机构，其中 21 个省份是独立设置，4 个省份是其他委办局的下属机构；23 个省级机构是行政单位，2 个省级机构是事业单位。县级单位则更不规范，四川农业大学曾对贵州省县级部门扶贫机构的有关情况做过比较深入的研究，发现为政府组成部门的占 57.75%，政府直属机构占 14.08%，部门管理机构和政府直属参公的分别占 2.82%、16.9%，部门管理参公与非参公的占 5.6%。在这个意义上应尽快明确扶贫机构的属性，各级成立较为统一的机构。

其次，扶贫部门掌握的资源还十分有限，在政府序列中的地位还较低，其职权与脱贫攻坚的要求还不匹配，一定程度上是小马拉大车。扶贫机构从中央到省、市、县，定位都是议事协调机构，但在政府过程中，尤其在基层政府，不掌握一定的资源，其议事、协调、督察等职能根本难以履行，其在基层的话语权十分有限。此外，由于话语权有限，在实际工作中，政府体系的人力资源也一般较少地向扶贫部门倾斜，所谓精兵强将也很少在扶贫部门配置，扶贫部门内部人员晋升、流动也比较慢，综合导致了扶贫队伍的配置较其他强势部门还有差距。

最后，部分没有脱贫攻坚任务的省份暂未成立扶贫部门，不利于未来城乡统筹背景下相对贫困、城市贫困等问题的解决。全国有脱贫攻坚任务的省份共 22 个，均成立了扶贫部门。其他没有脱贫攻坚任务的省份，大多数没有成立扶贫机构，相关的职能由农业部门、民政部门代为执行。目前扶贫机构的设置具有一定的历史原因，也具有相当的合理性，没有脱贫攻坚任务的省份确实也无太大必要成立扶贫机构。但如着眼于 2020 年完成脱贫攻坚后我国贫困状况的整体发展态势，就有必要现在考虑探索完善解决城市贫困、相对贫困等问题的方法与路径，其中在体制机制上就有必要去探索完善相应的机构设置。

因此，未来扶贫脱贫体制创新的重点应放在扶贫机构和扶贫队伍的建设上。一是，建立常设的、纳入政府组成部门的扶贫机构。立足城乡统筹背景下的农村贫困、城市贫困和相对贫困问题，整合发展与改革、财政、民政、扶贫等部分职能，成立国家扶贫委员会。其主要职能立足于平衡地区间差异，促进贫困地区发展，保障贫困人口基本需求，实现共享发展。总体上看，其不再是简单地解决农村贫困人口的绝对贫困问题和发展问题，而是主要着力于对贫困人口的基本保障，发展性帮扶措施的制定，同时就国家资源向贫困地区倾斜做制度上的安排。同时，纳入一些必要的督察、考核、问责乃至执法职能。

二是，在未完成2020年脱贫攻坚任务的情况下，目前改革的路径可以着力提升各地扶贫办的规格，或者明确由高级别领导干部兼任，以提升其在政府部门的话语权。就现实情况来看，地方扶贫机构的领导的协调、议事能力有限，在县级政府各委办局的序列中，还相当靠后。脱贫攻坚的背景下，贫困县确实是一切以打赢脱贫攻坚战为核心，但一些具体工作仍然需要扶贫部门去协调，此时，脱贫攻坚的效果很大程度上就取决于扶贫部门的工作能力，因此，有必要通过探索性的改革，以重要领导兼任扶贫部门领导的形式，提升其话语权。

三是，尽快探索扶贫队伍的强化机制。通过一定的干部流动机制，促进优秀干部流动到扶贫队伍中来，促进扶贫干部流动到关键岗位任职。此外，应当利用脱贫攻坚以来向贫困村派驻第一书记和驻村干部的机会，将其中优秀的干部发展到扶贫队伍中，充实脱贫攻坚力量。

（三）扶贫资金的市场化使用机制

就精准扶贫以来我国扶贫资金使用情况来看，扶贫资金的效率还有待提高，尤其是扶贫资金的闲置、县级整合问题，长期以来饱受诟病。总的来看，我国扶贫资金总量并非十分充足，专项扶贫资金一直在几百亿的水平上有序增长，实际上分配至832个贫困县，每个贫困县获得的资金在六七千万的水平。但专项扶贫资金的闲置、浪费等问题占的比重一直较高，十八大以来，虽有稳步下降，从2012年的36.3%下降到2015年的25.8%，但就最新公布的数据来看，问题仍然较多。2016年，审计机关抽查全国40个县的50.13亿元扶贫资金中，至2016年3月底有8.43亿元闲置超过1年，最长的超过15年；17个县的29个扶贫项目建成后废弃、闲置或未达预期效果，形成损失浪费2706.11万元。除8.7亿元扶贫资金闲置或损失浪费外，还有1.51亿元扶贫资金被虚报冒领或违规使用。2017年，审计重点抽查扶贫资金336.17亿元，占有关部门和地方同期投入财政扶贫资金的44.05%，其中19.54亿元扶贫资金长时间闲置。

实际上，中央早已允许各类涉农资金、扶贫资金在县级整合，成立县级的扶贫资金整合平台。精准扶贫以来，就扶贫资金的县级整合问题已经在多个中央文件中有所强调，2013年中央《关于创新机制扎实推进农村扶贫开发工作的意见的通知》就已经明确了“以扶贫攻坚规划和重大扶贫项目为平台，整合扶贫和相关涉农资金，集中解决突出贫困问题”，提出就相关财政制度的改革创新。财政部于2017年也修订了2011年通过实施的《中央财政专项扶贫资金管理办法》，就相关机制进行了明确。但是由于条块分割的现实原因，实际工作中相关资金的整合还是很困难，推进较慢。例如2017年审计抽查，抽查的158个县中，有119个县财政涉农资金统筹整合试点推进慢，未能按要求及时出台试点方案，或基本还按原渠道、原方式分头申报、实施和管理，一些地方纳入统筹整合的资金不完整，拨付不及时，项目审批权未按要求完全下放到县。由于统筹整合使用不到位等，84个县形成闲置资金19.54亿元，有6.23亿元已闲置2年以上仍未能盘活统筹使用。

因此，未来一个时期，除了继续完善脱贫攻坚的财政机制，提升其精准性、有效性之外，还需要探索扶贫资金的市场化使用机制，通过市场的运作提升扶贫资金的使用效率。可以参考贵州成立脱贫攻坚基金的模式，2016 年贵州省设立了总规模达 3000 亿元的脱贫攻坚基金，其中省财政出资 350 亿元，作为引导资金，设立贵州脱贫攻坚投资基金，着力解决脱贫攻坚中面临的投资规模大、资金回收周期较长、项目涉及面广、地方财力较弱等实际问题，吸引社会资金投入，扩大建设资金来源，推动投资主体多元化，构建多层次扶贫开发融资体系。募集社会资本 2650 亿元。其中，投向扶贫产业的达 1200 亿元。银行业金融机构在全省共设立各类扶贫基金 1598 亿元，主要用于产业扶贫、基础设施建设、易地扶贫搬迁、教育、医疗等方面。如平安银行出资 500 亿元发起成立 “平安银行贵州产业扶贫基金”，助推贵州的基础设施、旅游业、农业、生态保护等产业的发展。

二、2020 年后减贫机制创新转型展望

2020 年是现行标准下农村贫困人口实现脱贫、贫困县全部摘帽、解决区域性整体贫困的时间节点。2020 年后我国的贫困发生状况肯定有新的变化，相应的扶贫脱贫机制也会有新的走向，但总体来看，扶贫机制的创新基于一定的贫困发生规律和减贫规律，其内在逻辑仍然有一定的传承。因此，我们基于对 2020 年后我国贫困发生规律的总体判断，结合精准扶贫以来扶贫脱贫机制创新的具体实践，对 2020 年后我国减贫机制的发展趋势、转型创新方向做一定的展望。

总体来看，2020 年后我国减贫形式会出现以下转型：

第一，减贫工作更加常规化。我国大规模扶贫始于 1986 年，30 年来一个主要经验就是政府主导和推动，尤其是精准扶贫以来，国家采取了超常规的举措，出台了一系列扶贫脱贫的政策。在贫困人口比较集中、突出形势下，集中性的举措占有十分重要的地位。但是，2020 年后，随着现行

标准下贫困人口全部脱贫，建设一个稳定、内嵌式的新型扶贫机制，由集中性转向常规性减贫成为我国扶贫事业的重要战略转移路径。

第二，相对贫困问题成为减贫工作的核心。2020年后减贫战略的本质转变由解决绝对贫困向解决相对贫困转变。2020年，我国绝对贫困问题将得以解决，2020年后，我国减贫战略的重点转向相对贫困，这也是包括发达国家在内的其他各国共同面临的贫困问题。届时减贫扶贫的工作重点不在于解决极端贫困人口的基本需求问题，而在于解决贫困地区的经济发展问题和部分较为贫困的人口的社会保障问题，而这些工作更是一个长期的过程，需要一个稳定、持续、常规的工作机制，通过长期工作实现区域间经济发展的均衡和共享。

第三，城乡统筹背景下的贫困问题成为重点。2020年以前甚至2025年以前，我国减贫战略重心仍以农村为主。但伴随中国城镇化速度的不断加快，我国农村城市化也将加快推进，大量的农村人口进入城市，加上原有的城市贫困人口，很有可能形成一个更大的城市贫困阶层。因此，2020年后，城市贫困也成为国家减贫的重要任务，减贫战略重心开始由农村减贫转向农村和城市减贫融合推进的方向上来，建构城乡统筹背景下的减贫脱贫机制。基于以上三个方面，结合精准扶贫以来的扶贫脱贫机制的创新实践，我们认为2020年后减贫机制创新会在以下方面有所突破：

（一）以提升国家治理能力现代化水平，不断提升贫困治理能力

党的十八届三中全会指出：“全面深化改革的总目标是完善和发展中国特色社会主义制度，推进国家治理体系和治理能力现代化。”中央对国家治理能力现代化定位于“运用国家制度管理社会各方面事务的能力，包括改革发展稳定、内政外交国防、治党治国治军等各个方面”，其核心在于对各方面事务的统筹、协调和妥善治理。2015年，研究贫困问题的美国经济学家迪顿获得诺贝尔奖，其提出贫困的一个直接成因就在于国家基本

能力的缺乏。所谓国家基本能力和国家治理能力在内涵上有很大的重合，基本是指有效地治理国家、提供服务其全部国民的必要的公共服务等能力。因此，只有不断提升国家治理能力的水平，才有可能从根本上解决贫困问题。这一点在我国就显得尤为突出，我国贫困的很多问题确实来自于治理的失败，中国的很多贫困家庭源于缺乏必要的社会保障，例如因病致贫，而这些问题在未来的脱贫攻坚尤其是2020年后，将更为突出。

我国的扶贫开发一直是中央主导、政府主导。精准扶贫以来，中央政府给贫困地区各级政府投入大量的资源支持其脱贫攻坚。大量的资源投入，已经造成了部分贫困地区过度依赖中央政府的局面，过于依赖于政策、资金、项目，将扶贫看作是一项福利，理解为给钱给物，其贫困状况虽然短期内得到改善，但很容易反弹，这些贫困地区的基层政府有一个共性，就是没有注重在扶贫过程中，通过提升基层政府的治理水平来解决贫困问题。没有注重发展区域经济，或者没有注重完善公共服务，或者缺乏提升社会保障水平的手段，而是把扶贫简单地理解为向上级政府要钱要物，向下级政府或贫困人口给钱给物。没有利用发展的思维和治理的思维看待贫困问题，而是仍然将扶贫脱贫看作是“救济”贫困人口的一种手段。

此外，近年来超常规的投入，一定程度上也削弱了贫困地区内部的治理能力。大量的资源投入贫困村庄，由于我国扶贫开发政府主导的特征，这些资源往往都是“戴帽资源”，有特定的用途和方式，甚至是“一条龙”服务，贫困村和贫困人口完全被动地处于扶贫链条的最末端，只是简单地享用最终成果，一些扶贫项目的全部流程完全没有贫困村和贫困人口的参与，贫困地区、贫困人口参与贫困地区内部治理的能力非但没有提升，反而因为政府的大包大揽而有所下降。精准扶贫以来，“精准扶贫养懒汉”现象各地屡有发生。在治理层面上，地方政府过度依赖中央政府也造成了“精准扶贫养懒政府”。

因此，我们可以说，治理能力是解决贫困问题的主要手段。突破经济贫困的单一思维，甚至突破简单的多维贫困思维，有必要着眼于贫困治理，来解决贫困问题。也就是贫困不单单是经济上的贫困，也是教育、健康、住房等方面的贫困，更是参与能力、解决公共事务能力方面的贫困。尤其是要树立贫困问题的根源是治理问题的观念，在解决贫困人口内生动力的前提下，不断提升贫困地区地方政府的“内生动力”，提升其治理能力。贫困地区的治理能力，至少应当包括以下方面：第一，提供公共服务的能力。未来一个时期，尤其是2020年全部脱贫以后，贫困地区仍然存在公共服务的任务和需求，解决极端贫困以后，人们对于其他方面的需求也会增长，贫困治理的首要目标在于完善贫困地区的各类公共服务。第二，提供必要社会保障的能力。2020年后，国家在财政制度、社会保障制度等方面统筹解决贫困地区社会保障问题的能力。第三，贫困治理能力自我发展的能力，也就是贫困治理体系不断完善、贫困治理技术不断成熟、贫困治理的功能不断扩展、贫困治理的运行不断顺畅，地方政府的能力不断提高。

（二）利用大数据技术，建立现代化的贫困识别与追踪监测机制

各类扶贫机制创新的基础在于对贫困发生状况精确的掌握，也就是贫困监测机制。我国目前的贫困监测机制是基于国家统计局进行的农村住户调查，通过抽样调查对农村的贫困状况进行统计推断。精准扶贫以来，通过建档立卡初步实现了对贫困人口贫困发生状况的精确掌握，可以说这是精准扶贫以来我国脱贫攻坚机制最大的成就之一。但从实践来看，贫困人口的识别成本比较高昂。有人计算建档立卡工作中每户的识别成本在25元人民币左右，也有人计算大约需要30元。此外，还需要投入大量的人力物力。精准识别过程中，有部分地区因识别过程中存在问题，被中央要求重新识别。广西“马山”事件以后，全自治区投入20万干部进行贫困识别

工作，每天光干部的补贴就高达750万元。因此，从精准扶贫的实践来看，目前的贫困识别工作效率是比较低下的。

此外，每年都有大量的人口脱贫也有大量的人口返贫，贫困人口实际是在不断变化中的。例如，就现有研究来看，有学者就2004年到2015年我国的返贫情况做了分析，2004年到2008年返贫比例在9%左右，近几年有所提高，在10%左右，从整体的趋势来看，返贫的比例在逐渐提高。这表明，贫困人口的动态调整机制在2020年后的反贫困战略中仍然具有重要位置。如何建立适应2020年后减贫形势的动态识别机制，仍然是反贫困实践和政策研究中的一个重点问题。其机制如何建立，贫困人口的识别又如何进一步完善，动态调整的民主机制如何建立，有关的贫困检测又如何开展，仍然需要在实践中探索。

基于以上两个判断，2020年后，如果仍以目前的方式进行贫困识别，是不太现实的，其所需的人力和资金都是非常巨大的。并且，如果2020后以全新的相对贫困来确定新的贫困人口群体，很有可能需要完全进行一次新的贫困识别工作，而且每年要进行动态调整，那样的工作量是扶贫系统甚至整个国家治理系统难以承受的。

因此，有必要基于2020年后减贫战略的实施、贫困人口的动态调整机制完善等方面，建立贫困监测制度或者贫困追踪制度。首先，可以肯定的是贫困监测制度的创新、完善有赖于对高科技手段的应用。精准扶贫以来，各地依据大数据系统建立了各式各样的扶贫云系统。2020年后贫困监测制度仍然需要立足大数据系统进行完善。其次，能够覆盖所有贫困人口的贫困监测机制，还有赖于各个部门数据的打通，需要通过共享各个部门、各个口径的数据，彻底对我国统计系统进行一场深度改革。最后，还有必要对贫困人口动态调整机制本身进行适当简化，加强其监督机制，简化其过程要求，重视其结果导向，通过对过程、结果、监督机制三方面的适当调整，总体降低其工作的复杂程度，提升其工作效率。

（三）平衡结果考核和过程考核，逐步探索以结果考核为主的责任机制

精准扶贫以来，脱贫攻坚的责任机制日臻完善，从中央到地方以考核机制为核心的责任机制已经十分完备，初步达到了“精准考核”的要求。但目前考核机制存在的最大问题在于：整个考核体系中对于过程考核的要求过于精细、过于精准。以驻村帮扶为例，各地对于驻村帮扶人员驻村考核基本都有一些针对帮扶过程的硬性考核，诸如每个月的驻村实践要保障多少天、入户多少户、完成多少次访谈摸底等，但对驻村帮扶人员如何具体展开扶贫工作，其效果如何却没有专业的考核方式，导致各地的考核都围绕抽查等方式对驻村帮扶的过程进行，而不是把扶贫结果与贫困对象的现实情况、帮扶情况结合起来去考察。又如，各地为确保扶贫实体正义、程序正义，大量通过文字、图片、影像资料来记录扶贫过程，一些地方收集扶贫资料过多过滥，出现“扶贫工作干得再好不如资料收集整理得好”的“资料扶贫”。在其他方面的考核上，也存在此类问题，这也是精准扶贫以来“精准填表”“数字脱贫”的重要原因之一。

因此，有必要逐步探索以结果考核为主的责任机制，通过考察其扶贫成效和效率两方面，综合评价扶贫脱贫工作。诚然，目前对于扶贫脱贫的效率测算始终是理论上和实际工作中的难点。一方面，对于扶贫效率的测算目前主要以成本收益法为主，但不同地区的脱贫难度实际上千差万别，对于不同地区需要采取不同的标准，这就难以确定一个固定的成本收益关系，导致不同地区的效率又无法互相比较。另一方面，扶贫政策是一项公共政策，公共政策如何在公平和效率之间确立一个平衡点确实很难。如果过于强调效率，就很难保证扶贫政策的公平性。如果对于扶贫政策的公平程度有一定要求，那不可避免又会遭受效率的损失。所以，以结果为主的责任机制的建立，很可能还是一个比较长期的过程，但至少应当在2020年后，对此问题进行探索：

首先，需要明确的是，建立以扶贫成效和扶贫效率等扶贫结果为导向的责任机制，其基础在于扶贫治理体系的完善，并且需要一定水平的扶贫监测机制作为基础，打通目前有关扶贫脱贫工作核心部门的核心数据，包括国务院扶贫办、国家统计局、国家发改委、财政部等部门掌握的各级政府组织实施的扶贫项目信息、建档立卡贫困户的具体数据等，并且通过共享平台实现数据互通。在这个基础上，判断其项目实施、资金投入等方面的绩效状况。

其次，需要制定有适度制度弹性的扶贫政策，以便于整体扶贫效率的测算。长期以来，我国扶贫政策的弹性相对较低，也就是各地的差别化程度较低，一刀切的政策较多。精准扶贫以来，由于强调资金、项目等帮扶措施到村到户，实际上扶贫政策在执行过程中的弹性又非常高，同一政策在不同区域、对不同贫困人口执行起来差异程度很高。如前所述，过高的政策弹性对于测算扶贫效率本身是一个技术难点，互相之间很难比较。2020 年后，减贫手段趋于常规，就有必要制定较为统一但又有一定政策弹性的扶贫政策，在制度设计上，为建立结果导向的责任机制提供基础。

最后，基于扶贫效率的结果，探索建立扶贫资金的分配机制。如前所述，扶贫政策作为公共政策，平衡效率与公平是难点问题。但就精准扶贫以来的实践来看，在完成脱贫攻坚的历史任务后，有必要探索建立基于扶贫效率的扶贫资金分配机制。精准扶贫以来，由于国家超常规的投入，出现了另外一种“撒胡椒面”，即无论扶贫的实际效果如何，都有大量的扶贫资源几乎无差别地投入各个贫困地区，对于一些扶贫效果较差的地区仍然长期、大量投入，不仅浪费了扶贫资源，还造成了这些贫困地区对外部资源的长期依赖，形成了“制度养懒汉”。2020 年后，有必要也有条件基于扶贫效率的结果，探索相应的扶贫资源分配机制，提升扶贫资源的总体效率。

（四）通过提升贫困人口的参与程度，逐步解决扶贫政策的益贫性问题

所谓益贫性就是指扶贫政策是否更有利于贫困人口的发展，或者说贫困人口是否从扶贫政策中获利更多，扶贫政策的益贫性很大程度上关系到整个扶贫政策的成功与否。由于种种现实原因，长期以来我国某些扶贫政策益贫性比较低，贫困人口从中获利并不大。

益贫性低的原因有两种，一种是常见的扶富不扶贫，即所谓的“精英捕获”现象，通常见于各类产业扶贫项目，由于产业扶贫通常都有一定的门槛，例如种养殖规模达到一定程度或者有一定基础的发展能力，这本身就已经将大部分贫困人口剔除在产业扶贫政策的目标之外，通过这类扶贫项目实现收入增长的，只能是一些条件相对较好，甚至并非是贫困人口的人群，导致政策执行出现偏差，离预期目标很远。另一种是由于贫困人口在整个扶贫项目的实施过程中参与程度较低，导致获利较少。比较典型的是近几年一些地方开展的旅游扶贫项目，很多地方政府为加快乡村旅游发展，过度依赖招商引资，而外部开发商的引入使社区居民的旅游参与多数停留于服务员、保安、清洁工等高劳力、低技术、低收入、低层次的参与水平。且来自外部的旅游投资越多，当地社区居民可获得的旅游收益越少，乡村存在演变为“旅游飞地”的风险。少数的外来旅游企业能够吸纳的农村剩余劳动力也较为有限。拥有强大资本的外部旅游企业无形中对社区居民的旅游参与形成一种挤压，也对社区居民的旅游获益形成一种剥夺。

精准扶贫以来，通过精准的靶向瞄准，对于前述两类益贫性低的状况有所缓解，通过瞄准机制的完善，“精英捕获”现象已经很大程度上得到缓解，就目前的趋势来看，随着贫困地区乡村治理能力的不断提升、民主程序和监督制度的完善，有望逐步彻底解决“精英捕获”。而第二类现象的解决还需要一个较为长期的过程，2020 年后，如何才能有效利用外部资

金、挖掘贫困地区内部资源，还能够实现较好的益贫性，需要在未来的实践中不断通过机制创新去解决。总体来看，我们认为核心在于不断完善利益联结机制、不断完善贫困人口的参与机制：

首先，形成外部资金、内部资源、贫困人口三者的利益联结机制，扩大带动贫困人口增收的能力。可以按照资金整合、互利共赢的原则，积极探索外部资金、内部资源、企业、合作社、大户等主体与贫困人口建立利益联结机制，不断发挥其带动贫困人口增收的能力，形成一定的资源共享、利益分配机制，保证贫困人口切实能从贫困地区的发展中获利。

其次，选择恰当的扶贫模式，尤其是产业扶贫模式，减少贫困人口参与障碍。不同的扶贫模式，其益贫性本身存在一定的差异，贫困人口参与其中的难度也不尽相同。因此，应当谨慎选择扶贫的具体模式，充分尊重贫困人口的主体性地位和发挥其能动性应该成为扶贫模式选择的重要条件。

第三，不断增强贫困地区和贫困人口的参与条件，最大可能使其能够在扶贫项目中获利。尤其是一些以外部推动力量扶持贫困地区发展的扶贫政策，应当不断扶持贫困人口的参与能力，基层政府在其本身职责范围内，通过一定的政策支持，通过技术培训等能力提升手段，不断增强贫困地区和人口的参与能力，拓展其参与条件。

（五）通过分类实施产业扶贫机制，重新审视适合不同贫困地区的产业发展方向

本书的第四章基于505个贫困县的发展能力做过一个简单的分类，总体来看，贫困地区发展能力还较为落后，尤其是人力资本、技术资本方面，因此，我们认为，对于大多数贫困县（即第四章贫困县特征散点图中分布于第二、第三象限的贫困县）来说，目前还应该立足于劳动密集型产业，适度发展一些资本密集型产业，谨慎发展技术密集型产业。

十八大以来，中央积极推动我国经济结构转型，提出了经济新常态、供给侧改革等一系列针对经济结构转型的总体思路，并围绕其进行了一些宏观政策的变革。精准扶贫以来，由于恰逢这一历史转型过程，很多贫困地区也提出进行产业升级、结构转型等提法，一些贫困地区利用新型技术和新型产业也确实取得了良好的减贫效果，例如贵州省利用大数据产业在贵州打造了全国大数据产业基地，有效地利用了贵州特殊的自然资源，对贫困地区的产业发展提供了新的选择，也一定程度上通过劳务和就业带动了贫困人口增收；再如一些地区利用电商平台开展的电商扶贫，直接带动贫困人口增收的效果非常突出，形成了一些好的经验和模式。但从全国贫困地区的整体状况来看，大多数利用新型产业进行的所谓产业升级和结构转型都在艰难中蹒跚而行。

可以预见，经济新常态、供给侧改革、产业结构转型等问题也是贫困地区未来很长一个时间将面临的现实问题，如何在此大背景下，选择贫困地区的产业发展方向，选择具体的扶贫产业，是产业扶贫机制需要解决的重大问题。从我国产业发展过往的经验来看，中国在劳动密集型产业向资本密集型产业升级的过程中，之所以有的区域产业升级成功，是因为在其资源禀赋、资本禀赋都满足相关约束的情况下，政府有合理的产业政策，对资本密集型产业的发展起到了促进作用。如在区域资本禀赋过低，不满足资本禀赋约束的情况下过早升级，则会起到反向作用。因此，贫困地区的产业升级需要因地制宜，在区域能源、技术、人力资本等禀赋适合产业升级的前提下，通过制定与该区域能源技术禀赋相匹配的产业政策因势利导产业升级；其他不满足能源技术禀赋约束的区域，应先偏向于劳动密集型产品和资本密集型产品的生产，当要素禀赋结构提升进而满足能源技术禀赋约束后，再进行产业升级。就目前来看，贫困地区的地方政府应当根据贫困地区特征，确定产业升级的时序目标，避免过度干预。

绝对贫困的解决很可能通过短期的努力去改变，但贫困地区人力资本条件、技术条件的改善需要一个长期的过程。未来几年，乃至2020年后较长一个时期，大多数贫困地区人力资本条件、技术条件与当下相比并不会产生翻天覆地的变化。因此，需要通过分类实施产业扶贫机制，重新审视适合不同贫困地区的产业发展方向。

总的来看，我们倾向于依据贫困地区资源特色，发展资金、技术门槛较低，市场风险小，市场竞争不是非常强烈的产业，以利于贫困人口收入的持续、稳定增长，避免其因市场竞争、产业变化等因素导致返贫现象。一些行业部门也以此为基础，提出了一些战略性的思路，对2020年后贫困地区的发展大有裨益。例如，国家林业总局局长署名文章提出，“要支持贫困地区农民在本地创业，这是短期内增收最直接见效的办法。林业是劳动密集型行业，资金、技术等就业门槛很低，可以为贫困林农提供大量的就业机会，让有劳动能力的贫困人口转成护林员等林业工人，实现就地就业。贫困林农长期生长生活在山区林区，对育苗、栽培、管护等林业生产，对林药、林果、林菜、林菌等林下种植业，对林蛙、林猪、林鸡、林兔等林下养殖业，都很熟悉。对他们来说，这种就业方式更容易、更直接、更可靠，不用背井离乡便能够实现就业创业”。

（六）区域发展和区域带动机制应重新成为未来减贫的重点

贫困问题的一个重要成因是区域发展的不均衡，长期以来，我国的反贫困政策乃至整个区域发展政策中一个重要的着力点就是解决区域发展的不均衡，在此基础上也有三线建设、西部大开发、振兴东北等区域发展战略。反贫困领域也注重区域发展，因此有了片区攻坚政策，也取得很大成效。党的十八大以后，“精准扶贫”逐步成为国家扶贫开发工作的新战略、新举措，其核心要义在于“要坚持因人因地施策，因贫困原因施策，因贫困类型施策，区别不同情况，做到对症下药、精准滴灌、靶向治疗，不搞大水漫灌、走马观花、大而化之”。精准扶贫战略的提出，对肇始于2011

年的“片区攻坚”都提出了相当的挑战，理论界和实践界开始疑惑。2015年，中共中央、国务院出台了《关于打赢脱贫攻坚战的决定》，指出“坚持精准帮扶与集中连片特殊困难地区开发紧密结合”，作为未来一个时期扶贫攻坚的指导思想，该文件对二者的关系和地位做了一定程度的明确。但就实践来看，由于精准扶贫推进实施的进展迅猛，区域发展等区域带动机制较前两年有所式微。

在《关于打赢脱贫攻坚战的决定》中，中央明确了一些脱贫攻坚阶段亟须解决的问题以及亟须建立的机制，其中很大一部分的根源在于贫困地区和其他地区区域发展水平的差异，有关铁路网络、高速公路网络建设，有关劳务输出、留守老人妇女儿童的关爱体系建设，有关人才聚集、技术聚集机制等，其根源都在于贫困地区整体发展水平落后，在这种非均衡的状态下，贫困地区内部资源流出，又无法吸引、吸纳资金、人力、技术。这种非均衡的状态导致贫困地区产生发展问题，又进一步地引发了一些社会问题。实际上我们一直主张，贫困问题的最终解决，有赖于贫困地区整体发展水准的提升和治理能力的提升，只有不断提升贫困地区的区域发展水平，才能彻底解决贫困问题。

基于此，我们认为，未来一个时期，尤其是2020年后，有必要在解决绝对贫困的前提下，将区域发展重新作为贫困地区的核心战略。理由如下：一方面，2020年后，目前的贫困人口将产生分化，类似因病致贫等因素导致没有发展能力的贫困人口将被大量地纳入社会保障体系范围之内；而另外一部分因为贫困线的提升或相对贫困标准的确定，成为新的贫困人口，但这些贫困人口已经有了一定的发展能力，可能并不迫切需要具体的扶持项目，而是需要制度保障其基本的发展权利，提供良好的外部环境，这需要贫困地区不断地推进区域发展水平。另一方面，如前所述，未来一个时期的减贫战略在于提升扶贫减贫战略的“益贫性”，益贫性的提升需要创新区域发展带动贫困人口增收的机制，也就是区域带动机制，通过创新贫困地区和贫困人口的利益联结机制，实现区域发展和贫困人口发展两个目标的双赢。

因此，区域发展和区域带动亟须成为未来扶贫的核心战略，目前来看，有两种可能的进路：第一种，立足区域发展特点，打造区域发展增长极，通过增长极带动区域发展。区域发展不平衡是中国城乡二元经济结构在更大空间尺度上的具体呈现，这种非均衡的发展状况是客观现象。“增长极”最大的功能在于其扩散作用，通过核心地区的高速发展，带动外围区域的技术进步、市场机制的完善、劳动就业的提升等。因此，可以选择特定的地理空间、产业方向作为增长极，在片区发展的同时，下沉区域发展单元，把精准扶贫与整村推进、整乡推进结合起来，带动区域经济发展。第二种，立足区域功能定位，以主体功能区为空间尺度，差别化施行区域发展战略。通过进一步明确区域功能定位，明确不同主体功能区的扶贫攻坚支持政策，提升区域发展的精准度。不同片区的资源禀赋、资源承载力、人口密度、经济发展潜力、现有的经济布局、土地利用水平和城镇化格局都有较大差异，片区内部应该结合我国现有主体功能区定位，进一步明确不同主体功能区的扶贫攻坚支持政策，逐步按照不同的主体功能区，实行差别化的扶贫攻坚发展战略和绩效评价体系。

（七）重视城乡统筹背景下相对贫困和城市贫困人群的减贫机制建设

城市贫困问题是未来一个时期不得不正视的问题。2016 年，我国的城市化率为 57.35%，有人预测到 2020 年城市化率会到 60%，2020 年以后，最终可能达到 70%至 75%左右，总体来看，还有 10%到 15%的城市化率的上升空间。这表明有大量的农村人口在未来一个时期要进入城市。但是此部分人口在城市里面谋生的手段是什么？农村本已脱贫的人口到城市后，由于生活和就业能力有限，很可能变成城市的边缘人或者贫困人口，分散到城市的各个角落里，形成城市贫困人口。此外，我国还有大量的农村进城务工人员，城市低保、城市五保户，目前的精准扶贫工作还未把这部分人算在内，如果这部分人2020年之后也被看作城市人口的一部分，未来在这个城市沉淀下来，会成为低收入人口，也会形成一部分的城市贫困人群。这些城市贫困人口所面临的问题和解决扶贫的方式，与现在以农村贫困为主的扶贫脱贫方式有很大的差异，因此，在这个意义上有必要重视城乡统筹背景下相对贫困人口和城市贫困人口的减贫机制建设。

总体来看，基于重视城乡统筹背景下相对贫困和城市贫困人群的减贫机制建设，目前可以进行以下几个方面的探索：

第一，探索城乡统筹的减贫机制，重点研究城乡统筹的城市贫困问题的解决。随着城市化的进程，城市贫困人口的构成会越发多元，有城市居民、农民工，也有因为各种原因失地进城人员，由于目前我国社会保障体系的城乡二元结构和属地管理要求，如何对各类城市贫困人口进行统一的帮扶，在实际操作中必然是一个难题。我们认为，应尽快探索城市贫困人口的减贫机制，至少在究竟是分类管理还是统筹城乡管理方面明确整体的宏观方向。

第二，探索城市贫困人口的识别机制。农村贫困人口的识别目前是依靠基层政府的动员能力，发动大量的县、乡、村干部通过入户调查逐户识别。城市贫困人口的识别机制显然不可能采取逐人、逐户的方式识别摸排。我们认为，目前可以选择某些流动人口较少的市、县，探索以贫困人口主动登记、政府部门识别审核的城市贫困人口识别机制，为城市贫困的减贫机制完善提供基础信息。此外，待其他统计监测技术和制度成熟以后，再探索城市贫困人口的监测机制。

第三，探索城市贫困的帮扶机制。城市贫困人口的帮扶机制与农村贫困人口的帮扶机制差异也很大，亟须现行先试。城市相对农村，有一定程度的社会保障机制覆盖，城市贫困的主要致贫因素是失业，由于各种原因无法工作，因此没有足够的收入。此外，城市贫困人口一般来说没有生产资料，不像农村贫困人口还有土地等最基本的生产资料，可以想办法发展种养殖业，城市贫困人口大多数是真正的一无所有。因此，也就很难通过发展产业、易地搬迁等模式实现减贫，减贫的主要模式是发展就业。因此，应该尽快围绕城市贫困人口就业脱贫机制、就业保障机制、就业能力建设机制的建立开始探索。

第四，探索城乡融合带来的新型贫困形式的解决机制。近几年，城市化进程、城乡融合带来了很多新型的贫困形式，尤其是一些在经济状态上并未显现出贫困，但生活状态上极度贫困的贫困形式。例如所谓城乡的“双鼠人”，农村的房子盖得比较好，盖起来以后就到城市打工，在家把房子盖起来以后没有人住，就养了老鼠，到城市住地下室，又接触老鼠，即“双鼠人”。这种有一定经济基础，但生活条件极度恶化的人口在进城务工人员中广泛存在，这种贫困形式，在相对贫困和城市贫困的大框架下如何解决，也亟待探索。

参考文献

［1］万君，张琦．“内外融合”：精准扶贫机制的发展转型与完善路径［J］．南京农业大学学报（社会科学版），2017，（04）：9-20+156.

［2］张琦，冯丹萌，张文杰．中国贫困地区减贫成效的多维评价［J］．统计与决策，2017，（11）：89-92.

［3］张琦，史志乐．我国教育扶贫政策创新及实践研究［J］．贵州社会科学，2017，（04）：154-160.

［4］唐丽霞．精准扶贫机制的实现——基于各地的政策实践［J］．贵州社会科学，2017，（01）：158-162.

［5］张琦．贫困退出机制的现实操作：冀黔甘三省实践与启示［J］．重庆社会科学，2016，（12）：20-31.

［6］黄承伟．习近平扶贫思想体系及其丰富内涵［J］．中南民族大学学报（人文社会科学版），2016，（06）：129-133.

［7］王雨磊．数字下乡：农村精准扶贫中的技术治理［J］．社会学研究，2016，（06）：119-142+244.

［8］黄承伟．中国扶贫开发道路研究：评述与展望［J］．中国农业大学学报（社会科学版），2016，（05）：5-17.

［9］万君，张琦．区域发展视角下我国连片特困地区精准扶贫及脱贫的思考［J］．中国农业大学学报（社会科学版），2016，（05）：36-45.

［10］黄承伟，叶韬，赖力．扶贫模式创新——精准扶贫：理论研究

与贵州实践［J］. 贵州社会科学，2016，（10）：4-11.

［11］李毅. 精准扶贫研究综述［J］. 昆明理工大学学报（社会科学版），2016，（04）：68-77.

［12］张琦. 减贫战略方向与新型扶贫治理体系建构［J］. 改革，2016，（08）：77-80.

［13］万江红，苏运勋. 精准扶贫基层实践困境及其解释——村民自治的视角［J］. 贵州社会科学，2016，（08）：149-154.

［14］黄承伟，刘欣. 新中国扶贫思想的形成与发展［J］. 国家行政学院学报，2016，（03）：63-68.

［15］王晓毅. 精准扶贫与驻村帮扶［J］. 国家行政学院学报，2016，（03）：56-62.

［16］庄天慧，杨帆，曾维忠. 精准扶贫内涵及其与精准脱贫的辩证关系探析［J］. 内蒙古社会科学（汉文版），2016，（03）：6-12.

［17］陈秋华，纪金雄. 乡村旅游精准扶贫实现路径研究［J］. 福建论坛（人文社会科学版），2016，（05）：196-200.

［18］王宇，李博，左停. 精准扶贫的理论导向与实践逻辑——基于精细社会理论的视角［J］. 贵州社会科学，2016，（05）：156-161.

［19］赵晓峰，邢成举. 农民合作社与精准扶贫协同发展机制构建：理论逻辑与实践路径［J］. 农业经济问题，2016，（04）：23-29+110.

［20］张琦，冯丹萌. 我国减贫实践探索及其理论创新：1978—2016年［J］. 改革，2016，（04）：27-42.

［21］陈灿平. 集中连片特困地区精准扶贫机制研究——以四川少数民族特困地区为例［J］. 西南民族大学学报（人文社科版），2016，（04）：129-133.

［22］李博. 项目制扶贫的运作逻辑与地方性实践——以精准扶贫视角看 A 县竞争性扶贫项目［J］. 北京社会科学，2016，（03）：106-112.

[23] 李博，左停. 遭遇搬迁：精准扶贫视角下扶贫移民搬迁政策执行逻辑的探讨——以陕南王村为例 [J]. 中国农业大学学报（社会科学版），2016，(02)：25-31.

[24] 黄承伟，刘欣. “十二五”时期我国反贫困理论研究述评 [J]. 云南民族大学学报（哲学社会科学版），2016，(02)：42-50.

[25] 刘彦随，周扬，刘继来. 中国农村贫困化地域分异特征及其精准扶贫策略 [J]. 中国科学院院刊，2016，(03)：269-278.

[26] 王介勇，陈玉福，严茂超. 我国精准扶贫政策及其创新路径研究 [J]. 中国科学院院刊，2016，(03)：289-295.

[27] 李瑞华，潘斌，韩庆龄. 实现精准扶贫必须完善贫困县退出机制 [J]. 宏观经济管理，2016，(02)：26-28.

[28] 林闽钢. 在精准扶贫中构建“因病致贫返贫”治理体系 [J]. 中国医疗保险，2016，(02)：20-22.

[29] 辜胜阻，李睿，杨艺贤，庄芹芹. 推进“十三五”脱贫攻坚的对策思考 [J]. 财政研究，2016，(02)：7-16.

[30] 万君，张琦. 制度设计及影响：贫困县考核机制效果评估——基于贵州省的实证研究 [J]. 贵州社会科学，2016，(02)：5-10.

[31] 汪三贵，刘未. “六个精准”是精准扶贫的本质要求——习近平精准扶贫系列论述探析 [J]. 毛泽东邓小平理论研究，2016，(01)：40-43.

[32] 虞崇胜，余扬. 提升可行能力：精准扶贫的政治哲学基础分析 [J]. 行政论坛，2016，(01)：22-25.

[33] 余佶. 资产收益扶持制度：精准扶贫新探索 [J]. 红旗文稿，2016，(02)：19-21.

[34] 王瑞芳. 精准扶贫：中国扶贫脱贫的新模式、新战略与新举措 [J]. 当代中国史研究，2016，(01)：82-85.

[35] 何得桂，党国英. 西部山区易地扶贫搬迁政策执行偏差研究——

基于陕南的实地调查［J］. 国家行政学院学报，2015，（06）：119-123.

［36］杨秀丽. 精准扶贫的困境及法制化研究［J］. 学习与探索，2016，（01）：108-110.

［37］马合肥. 精准电商扶贫的陇南模式［J］. 法制与社会，2016，（01）：215+217.

［38］赵武，王姣玥. 新常态下"精准扶贫"的包容性创新机制研究［J］. 中国人口·资源与环境，2015，（S2）：170-173.

［39］贾文龙."到村到户"精准扶贫模式实践及其启示探究——以贵州省毕节市为例［J］. 山西农业科学，2015，（12）：1701-1705.

［40］庄天慧，陈光燕，蓝红星. 精准扶贫主体行为逻辑与作用机制研究［J］. 广西民族研究，2015，（06）：138-146.

［41］刘胜林，王雨林，庄天慧. 基于文献研究法的精准扶贫综述［J］. 江西农业学报，2015，（12）：132-136.

［42］陆汉文. 我国扶贫形势的结构性变化与治理体系创新［J］. 中共党史研究，2015，（12）：12-15+112.

［43］吴晓燕，赵普兵. 农村精准扶贫中的协商：内容与机制——基于四川省南部县A村的观察［J］. 社会主义研究，2015，（06）：102-110.

［44］吴雄周，丁建军. 精准扶贫：单维瞄准向多维瞄准的嬗变——兼析湘西州十八洞村扶贫调查［J］. 湖南社会科学，2015，（06）：162-166.

［45］覃志敏. 连片特困地区农村贫困治理转型：内源性扶贫——以滇西北波多罗村为例［J］. 中国农业大学学报（社会科学版），2015，（06）：5-11.

［46］蒋永穆，周宇晗. 习近平扶贫思想述论［J］. 理论学刊，2015，（11）：11-18.

［47］邓小海. 旅游扶贫精准帮扶探析［J］. 新疆大学学报（哲学·人文社会科学版），2015，（06）：21-27.

［48］李春明. 精准扶贫的经济学思考［J］. 理论月刊，2015，（11）：5-8.

［49］郭舒. 基于产业链视角的旅游扶贫效应研究方法［J］. 旅游学刊，2015，（11）：31-39.

［50］唐任伍. 习近平精准扶贫思想阐释［J］. 人民论坛，2015，（30）：28-30.

［51］张举国. 精准扶贫与农村低保制度的融合发展研究［J］. 生产力研究，2015，（10）：37-40+44.

［52］陆汉文. 落实精准扶贫战略的可行途径［J］. 国家治理，2015，（38）：28-31.

［53］梁晨. 产业扶贫项目的运作机制与地方政府的角色［J］. 北京工业大学学报（社会科学版），2015，（05）：7-15.

［54］李晓嘉. 教育能促进脱贫吗——基于 CFPS 农户数据的实证研究［J］. 北京大学教育评论，2015，（04）：110-122+187.

［55］杨龙，汪三贵. 贫困地区农户脆弱性及其影响因素分析［J］. 中国人口·资源与环境，2015，（10）：150-156.

［56］左停. 精准扶贫战略的多层面解读［J］. 国家治理，2015，（36）：16-21.

［57］王国勇，邢溦. 我国精准扶贫工作机制问题探析［J］. 农村经济，2015，（09）：46-50.

［58］许汉泽. 扶贫瞄准困境与乡村治理转型［J］. 农村经济，2015，（09）：80-84.

［59］邢成举. 村庄视角的扶贫项目目标偏离与“内卷化”分析［J］. 江汉学术，2015，（05）：18-26.

［60］胡联，汪三贵，王娜. 贫困村互助资金存在精英俘获吗——基于 5 省 30 个贫困村互助资金试点村的经验证据［J］. 经济学家，2015，

(09)：78-85.

[61] 王萍萍，徐鑫，郝彦宏. 中国农村贫困标准问题研究 [J]. 调研世界，2015，(08)：3-8.

[62] 左停，杨雨鑫，钟玲. 精准扶贫：技术靶向、理论解析和现实挑战 [J]. 贵州社会科学，2015，(08)：156-162.

[63] 郑瑞强，曹国庆. 基于大数据思维的精准扶贫机制研究 [J]. 贵州社会科学，2015，(08)：163-168.

[64] 刘解龙. 经济新常态中的精准扶贫理论与机制创新 [J]. 湖南社会科学，2015，(04)：156-159.

[65] 郑航，张学浪. 农村留守儿童道德教育的学校影响因素及对策分析 [J]. 理论与改革，2015，(04)：183-186.

[66] 汪向东，王昕天. 电子商务与信息扶贫：互联网时代扶贫工作的新特点 [J]. 西北农林科技大学学报（社会科学版），2015，(04)：98-104.

[67] 李小云，唐丽霞，许汉泽. 论我国的扶贫治理：基于扶贫资源瞄准和传递的分析 [J]. 吉林大学社会科学学报，2015，(04)：90-98+250-251.

[68] 白丽，赵邦宏. 产业化扶贫模式选择与利益联结机制研究——以河北省易县食用菌产业发展为例 [J]. 河北学刊，2015，(04)：158-162.

[69] 刘艳华，徐勇. 中国农村多维贫困地理识别及类型划分 [J]. 地理学报，2015，(06)：993-1007.

[70] 韩斌. 推进集中连片特困地区精准扶贫初析——以滇黔桂石漠化片区为例 [J]. 学术探索，2015，(06)：73-77.

[71] 苏海，向德平. 社会扶贫的行动特点与路径创新 [J]. 中南民族大学学报（人文社会科学版），2015，(03)：144-148.

［72］唐丽霞，罗江月，李小云. 精准扶贫机制实施的政策和实践困境［J］. 贵州社会科学，2015，(05)：151-156.

［73］陆汉文，覃志敏. 我国扶贫移民政策的演变与发展趋势［J］. 贵州社会科学，2015，(05)：164-168.

［74］汪三贵，郭子豪. 论中国的精准扶贫［J］. 贵州社会科学，2015，(05)：147-150.

［75］葛志军，邢成举. 精准扶贫：内涵、实践困境及其原因阐释——基于宁夏银川两个村庄的调查［J］. 贵州社会科学，2015，(05)：157-163.

［76］黄承伟，覃志敏. 我国农村贫困治理体系演进与精准扶贫［J］. 开发研究，2015，(02)：56-59.

［77］李鹍，叶兴建. 农村精准扶贫：理论基础与实践情势探析——兼论复合型扶贫治理体系的建构［J］. 福建行政学院学报，2015，(02)：26-33+54.

［78］邓小海，曾亮，罗明义. 精准扶贫背景下旅游扶贫精准识别研究［J］. 生态经济，2015，(04)：94-98.

［79］汪三贵，张雁，杨龙，梁晓敏. 连片特困地区扶贫项目到户问题研究——基于乌蒙山片区三省六县的调研［J］. 中州学刊，2015，(03)：68-72.

［80］黄承伟，周晶. 共赢——协同发展理念下的民营企业参与贫困治理研究［J］. 内蒙古社会科学（汉文版），2015，(02)：144-149.

［81］王春光. 社会治理视角下的农村开发扶贫问题研究［J］. 中共福建省委党校学报，2015，(03)：5-13.

［82］孙兆霞. 脱嵌的产业扶贫——以贵州为案例［J］. 中共福建省委党校学报，2015，(03)：14-21.

［83］李会琴，侯林春，杨树旺，JR Brent Ritchie. 国外旅游扶贫研究

进展 [J]. 人文地理，2015，(01)：26-32.

[84] 王晓毅，张浩，占少华，荀丽丽. 发展中的贫困与贫困影响评价 [J]. 国家行政学院学报，2015，(01)：79-85.

[85] 张琦，陈伟伟. 连片特困地区扶贫开发成效多维动态评价分析研究——基于灰色关联分析法角度 [J]. 云南民族大学学报（哲学社会科学版），2015，(01)：136-142.

[86] 黄承伟，覃志敏. 论精准扶贫与国家扶贫治理体系建构 [J]. 中国延安干部学院学报，2015，(01)：131-136.

[87] 黄承伟，刘欣. 本土民间组织参与扶贫开发的行动特点及发展方向——以贵州省某民间组织为例 [J]. 贵州社会科学，2015，(01)：157-162.

[88] 樊杰，郭锐. 面向“十三五”创新区域治理体系的若干重点问题 [J]. 经济地理，2015，(01)：1-6.

[89] 张笑芸，唐燕. 创新扶贫方式，实现精准扶贫 [J]. 资源开发与市场，2014，(09)：1118-1119+1081.

[90] 邓维杰. 精准扶贫的难点、对策与路径选择 [J]. 农村经济，2014，(06)：78-81.

[91] 邢成举，李小云. 精英俘获与财政扶贫项目目标偏离的研究 [J]. 中国行政管理，2013，(09)：109-113.

[92] 李小云. 我国农村扶贫战略实施的治理问题 [J]. 贵州社会科学，2013，(07)：101-106.

[93] 马良灿. 项目制背景下农村扶贫工作及其限度 [J]. 社会科学战线，2013，(04)：211-217.

[94] 张伟宾，汪三贵. 扶贫政策、收入分配与中国农村减贫 [J]. 农业经济问题，2013，(02)：66-75+111.

[95] 王小林. 贫困标准及全球贫困状况 [J]. 经济研究参考，2012，

(55)：41-50.

［96］王建民. 扶贫开发与少数民族文化——以少数民族主体性讨论为核心［J］. 民族研究，2012，(03)：46-54+108.

［97］陈琦. 连片特困地区农村贫困的多维测量及政策意涵——以武陵山片区为例［J］. 四川师范大学学报（社会科学版），2012，(03)：58-63.

［98］张平. 中国农村小额信贷风险管理研究［D］. 西北农林科技大学，2012.

［99］林万龙，杨丛丛. 贫困农户能有效利用扶贫型小额信贷服务吗？——对四川省仪陇县贫困村互助资金试点的案例分析［J］. 中国农村经济，2012，(02)：35-45.

［100］王雪妮，孙才志，邹玮. 中国水贫困与经济贫困空间耦合关系研究［J］. 中国软科学，2011，(12)：180-192.

［101］张遵东，章立峰. 贵州民族地区乡村旅游扶贫对农民收入的影响研究——以雷山县西江苗寨为例［J］. 贵州民族研究，2011，(06)：66-71.

［102］向德平. 包容性增长视角下中国扶贫政策的变迁与走向［J］. 华中师范大学学报（人文社会科学版），2011，(04)：1-8.

［103］王曙光. 中国的贫困与反贫困［J］. 农村经济，2011，(03)：3-8.

［104］陈全功，程蹊. 空间贫困理论视野下的民族地区扶贫问题［J］. 中南民族大学学报（人文社会科学版），2011，(01)：58-63.

［105］何晖，邓大松. 中国农村最低生活保障制度运行绩效评价——基于中国31个省区的AHP法研究［J］. 江西社会科学，2010，(11)：212-218.

［106］李佳路. 农户多维度贫困测量——以S省30个国家扶贫开发工

作重点县为例［J］. 财贸经济，2010，(10)：63-68.

［107］徐孝勇，赖景生，寸家菊. 我国西部地区农村扶贫模式与扶贫绩效及政策建议［J］. 农业现代化研究，2010，(02)：161-165.

［108］张全红. 中国农村扶贫资金投入与贫困减少的经验分析［J］. 经济评论，2010，(02)：42-50.

［109］尹成远，任鹏充，陈伟华. 农村小额保险与小额信贷结合发展及其模式探讨［J］. 现代财经（天津财经大学学报），2010，(03)：22-26.

［110］刘洁. 我国小额贷款公司运营模式分析及政策建议［D］. 上海师范大学，2010.

［111］汪三贵，Albert Park. 中国农村贫困人口的估计与瞄准问题［J］. 贵州社会科学，2010，(02)：68-72.

［112］王小林，Sabina Alkire. 中国多维贫困测量：估计和政策含义［J］. 中国农村经济，2009，(12)：4-10+23.

［113］杨占国，于跃洋. 当代中国农村扶贫 30 年（1979—2009）述评［J］. 北京社会科学，2009，(05)：80-87.

［114］李佳，钟林生，成升魁. 中国旅游扶贫研究进展［J］. 中国人口. 资源与环境，2009，(03)：156-162.

［115］洪名勇. 开发扶贫瞄准机制的调整与完善［J］. 农业经济问题，2009，(05)：68-71.

［116］陕立勤，Kang ShouLu. 对我国政府主导型扶贫模式效率的思考［J］. 开发研究，2009，(01)：152-155.

［117］杜晓山. 我国小额信贷发展报告［J］. 农村金融研究，2009，(02)：37-44.

［118］陈立中. 收入增长和分配对我国农村减贫的影响——方法、特征与证据［J］. 经济学（季刊），2009，(02)：711-726.

[119] 汪三贵. 在发展中战胜贫困——对中国30年大规模减贫经验的总结与评价 [J]. 管理世界, 2008, (11): 78-88.

[120] 吴遵民, 刘芳. 免费师范生教育政策刍议 [J]. 杭州师范大学学报 (社会科学版), 2008, (06): 83-89.

[121] 魏后凯. 中国国家区域政策的调整与展望 [J]. 西南民族大学学报 (人文社科版), 2008, (10): 56-64.

[122] 陈光金. 中国农村贫困的程度、特征与影响因素分析 [J]. 中国农村经济, 2008, (09): 13-25+34.

[123] 曹凤岐, 郭志文. 我国小额信贷问题研究 [J]. 农村金融研究, 2008, (09): 42-47.

[124] 程恩江, AbdullahiD. Ahmed. 信贷需求: 小额信贷覆盖率的决定因素之一——来自中国北方四县调查的证据 [J]. 经济学 (季刊), 2008, (04): 1391-1414.

[125] 杜晓山. 非政府组织小额信贷机构可能的发展前景 [J]. 中国农村经济, 2008, (05): 4-10+55.

[126] 褚保金, 张龙耀, 郝彬. 农村信用社扶贫小额贷款的实证分析——以江苏省为例 [J]. 中国农村经济, 2008, (05): 11-21.

[127] 王科. 中国贫困地区自我发展能力解构与培育——基于主体功能区的新视角 [J]. 甘肃社会科学, 2008, (03): 100-103.

[128] 李兴江, 陈怀叶. 参与式扶贫模式的运行机制及绩效评价 [J]. 开发研究, 2008, (02): 94-99.

[129] 李小云, 唐丽霞, 张雪梅. 我国财政扶贫资金投入机制分析 [J]. 农业经济问题, 2007, (10): 77-82+112.

[130] 曹洪民. 中国农村开发式扶贫模式研究 [D]. 中国农业大学, 2003.

[131] 张琦, 史志乐. 我国贫困家庭的教育脱贫问题研究 [J]. 甘肃

社会科学，2017，(03)：201-206.

[132] 张琦. 中国绿色减贫指数报告 2014 [M]. 北京：经济日报出版社，2014.

[133] 北京师范大学中国扶贫研究中心. 中国绿色减贫指数报告 2016 [M]. 北京：经济日报出版社，2016.

[134] 张琦，黄承伟，等. 完善扶贫脱贫机制研究 [M]. 北京：经济科学出版社，2015.

[135] 张琦. 中国减贫理论与实践热点评论：2013—2016 [M]. 北京：经济日报出版社，2017.

[136] 张琦，等. 中国共享发展研究报告 2016 [M]. 北京：经济科学出版社，2017.

[137] 张琦，万君，等. 脱贫攻坚保障：完善创新贫困考核机制与退出机制 [M]. 北京：经济日报出版社，2017.

[138] 张琦. 中国雨露计划实施综合效应及新对策研究 [M]. 北京：经济日报出版社，2016.

[139] 张琦，等. 特殊困难地区发展方式转变与减贫战略研究 [M]. 北京：中国财经出版社，2013.

[140] 黄承伟，张琦，等. 防灾减灾/灾后重建与扶贫开发相结合机制与模式——汶川地震为例 [M]. 北京：中国财政经济出版社，2012.

[141] 张琦，王建民，等. 产业扶贫模式与少数民族社区发展 [M]. 北京：民族出版社，2013.

[142] 张琦，王建民，等. 整村推进与少数民族社区发展 [M]. 北京：民族出版社，2013.

后记

坚决打赢扶脱贫攻坚战，确保到2020年所有贫困地区和贫困人口一道迈入全面小康社会，这是以习近平同志为核心的党中央对全国人民的庄严承诺。十八大以来，党和国家对脱贫攻坚工作高度重视，对贫困地区和贫困人口的关怀力度是前所未有，可以说是举国之力、无以复加。创新扶贫脱贫攻坚机制，是脱贫攻坚战的重要保障，近几年，无论是顶层设计还是地方落实都有了诸多实践和创新。2014年1月，中共中央办公厅、国务院办公厅发布了《关于创新机制扎实推进农村扶贫开发工作的意见》，对于精准扶贫的各项工作机制进行了全面的部署。2015年，《中共中央关于制定国民经济和社会发展第十三个五年规划的建议》《关于打赢脱贫攻坚战的决定》《“十三五”脱贫攻坚规划》，对于精准脱贫的工作机制、脱贫领域、实施重点、具体方法等方面进一步明确，尤其是对于脱贫攻坚属于外源推动机制和内源发展机制分门别类做了比较详尽的安排和规定。各地围绕中央的战略部署和地方实际情况，就脱贫攻坚的机制进行了大胆的探索实践，大大地加快了脱贫攻坚推进速度，也形成了一批具有典型意义的示范模式，脱贫效果极为突出。就目前来看，由于中央的高度重视和地方的充分实践，我国脱贫攻坚机制得到大幅改进完善，初步建成了符合中国实际、脱贫效率较高的贫困治理体系基本框架。

近两年，中央对于新时代的脱贫攻坚机制完善也提出了更高的要求，在《关于打赢脱贫攻坚战的决定》中，对于脱贫攻坚的工作机制、脱贫的具体路径等方面都做了详细的安排。2015 年 6 月 18 日，在贵州召开的部分省区市扶贫攻坚与“十三五”时期经济社会发展座谈会上，习近平总书记指出，“改革开放以来，经过全国范围有计划有组织的大规模开发式扶贫，我国贫困人口大量减少，贫困地区面貌显著变化，但扶贫开发工作依然面临十分艰巨而繁重的任务，已进入啃硬骨头、攻坚拔寨的冲刺期。形势逼人，形势不等人”。“各级党委和政府要把握时间节点，努力补齐短板，科学谋划好‘十三五’时期扶贫开发工作，确保贫困人口到 2020 年如期脱贫。”2016 年 7 月 20 日，在宁夏银川召开的东西部扶贫协作座谈会上习近平总书记指出，“需要以更大的决心、更明确的思路、更精准的举措抓工作。要坚持时间服从质量，科学确定脱贫时间，不搞层层加码。要真扶贫、扶真贫、真脱贫”。“针对脱贫攻坚短板，采取系统政策和措施”。

但是，随着脱贫攻坚的不断深入，以及距 2020 年的时间节点不断接近，脱贫攻坚任务不断加重。截至 2017 年年底，我国仍有 3046 万贫困人口，随着脱贫效应边际递减，剩余贫困人口的脱贫攻坚难度越来越大；经济新常态对于脱贫攻坚的影响也逐年增大。此外，精准扶贫以来，一些扶贫脱贫机制上的老问题旧矛盾一直未能彻底解决。例如，精准扶贫的供给侧和需求侧的平衡，扶贫资金的使用效率问题，外源扶贫机制的可持续发展问题，内源发展机制的健全问题等。可以说，无论从中央的“郑重承诺”，还是从扶贫脱贫的客观规律、外部环境、实践现状等多方面来看，脱贫攻坚机制都亟须进行创新和发展。

2015 年我与黄承伟教授主持完成了国家“十三五”前期研究重大课题项目“‘十三五’期间完善扶贫脱贫机制研究”。之后，我们在对甘肃、贵州、云南、陕西等省份调研的基础上，对原有的研究成果进行了完善，与众多专家合作一起出版了《完善扶贫脱贫机制研究》一书，该书主要围绕《关于创新机制扎实推进农村扶贫开发工作的意见》中确定的六项工作机制展开。但近两年，脱贫攻坚进程进一步加快，扶贫脱贫机制改进完善方面的理论研究和实践成果不断涌现，贫困治理体系得到了很多完善，可以说初步形成了中国特色贫困治理体系的雏形，但系统性理论分析和实践探索总结，还需要进一步加强。在国务院扶贫办全国扶贫宣传教育中心主任黄承伟研究员倡导组织和湖南人民出版社的大力支持和热心催促下，我们在原有基础上，对我国扶贫脱贫机制的最新动态和创新发展以及未来如何深化、改进和完善进行了一些探讨，对我国扶贫机制的的理论发展和创新实践进行了系统总结，对精准扶贫以来我国脱贫攻坚机制的创新实践、模式、效果进行了分析，并就新时代我国扶贫机制创新面临的新形势、新挑战进行了分析，在此基础上，对于新时代我国扶贫机制的总体战略进行了初步研判，提出了新时代我国扶贫机制创新的总体指导思想、目标与任务、重点方面、路径与基本框架。同时，我们分专题、分领域，对于外源推动机制和内源发展机制创新实践的模式进行了初步总结和评估分析，并提出了相应的对策建议，重点总结了驻村帮扶机制、社会和公益扶贫机制、金融保险扶贫机制、片区推动与东西协作、考核退出和督查第三方评估、教育文化扶贫、社区主体参与扶贫、产业和就业主体能力建设、绿色生态减贫等九个方面。此外，我们还选取了若干案例，就扶贫机制创新的实践模式与经验进行了介绍。最后，我们基于2020年后的减贫机制理论与实践创新进行了一些展望与探索，期望能够对中国脱贫机制创新理论和实践有所启迪和参考，对我国扶贫脱贫机制的创新和完善做一些小小贡献。

本书得以完成，首先要感谢国务院扶贫办全国扶贫宣传教育中心黄承伟主任的组织和指导，感谢湖南人民出版社领导、编辑的高度责任心和热心细致的工作精神。还要感谢国务院扶贫办全国扶贫宣传教育中心刘晓山副主任等的帮助和大力支持。感谢国务院扶贫办苏国霞司长一直以来的专业指导。还要感谢王晓毅、向德平、孙兆霞、陆汉文、左停、汪三贵等专家在写作过程中提出的意见和建议。

本书由我和万君负责组织、提纲思路和部分章节撰写、修改和定稿。

但本书得以完成，是北京师范大学中国扶贫研究院团队集体努力的成果，既包括参加本书撰写团队，也包括了以前团队成员，如陈伟伟、胡志九、石新颜、封惠子、李禧俍、徐晓君、王赟、李冠杰等。完成本书各章的作者分工如下：第一章，张琦、万君。第二章，第一节：孔梅，第二节、第三节：张涛、张诗怡。第三章，张琦、万君。第四章，张琦、万君。第五章，第一节：万君，第二节：贺胜年，第三节：樊响，第四节、第五节：史志乐。第六章，第一节：史志乐，第二节：万君，第三节：张涛，第四节：冯丹萌。第七章，第一节：万君，第二节：张艳荣，第三节：冯丹萌。第八章：张琦、万君。各章节完成初稿后，万君进行了统稿和初步修改完善，黄承伟主任审阅了全书并提出修改意见，最后我进行修改完善和最后定稿。

扶贫脱贫机制研究是一个很有难度且复杂的研究内容，有很多理论、政策和实践上的问题需要深入探讨，未来同样也会有很多问题需要继续研究，这个问题的研究仅仅才是开始，由于水平所限，此研究肯定还存在很多问题，请大家批评指正。

最后，还要感谢湖南人民出版社的辛勤工作。

图书在版编目（CIP）数据

扶贫机制创新的理论与实践 / 张琦等著. —长沙：湖南人民出版社，2018. 7
（中国扶贫攻坚前沿问题研究丛书 / 黄承伟主编）
ISBN 978-7-5561-1744-4

I. ①扶… II. ①张… III. ①扶贫—研究—中国 IV. ①F126

中国版本图书馆CIP数据核字（2017）第292879号

FUPIN JIZHI CHUANGXIN DE LILUN YU SHIJIAN

扶贫机制创新的理论与实践

著　　者　张　琦　万　君　等
责任编辑　黎红霞　谢　喆
装帧设计　黎　珊

出版发行　湖南人民出版社［http://www.hnppp.com］
地　　址　长沙市营盘东路3号
邮　　编　410005

印　　刷　长沙超峰印刷有限公司
版　　次　2018年7月第1版
　　　　　2018年7月第1次印刷
开　　本　710 mm × 1000 mm　1/16
印　　张　17. 25
字　　数　225千字
书　　号　ISBN 978-7-5561-1744-4
定　　价　68.00元

营销电话：0731-82683348　（如发现印装质量问题请与出版社调换）